22

新世纪心理与心理健康教育文库
Xinshiji Xinli Yu Xinlijiankangjiaoyu Wenku

学习心理学

Xuexi Xinlixue

王小明 ◆ 著
Wang Xiaoming

开明出版社

总 序
Sequence

　　早在上个世纪 70 年代就有专家预言：21 世纪是心理学的世纪。21 世纪人类所面临的最大挑战，不是其他，而是心理困惑和心理问题。

　　进入新世纪，我国社会主义物质文明、政治文明、精神文明建设不断加强，综合国力大幅度提高，人民生活显著改善。同时，我们也要看到，我国已进入改革发展的关键时期，经济体制深刻变革，社会结构深刻变动，利益格局深刻调整，思想观念深刻变化。这种空前的社会变革，给我国发展进步带来巨大活力，也必然带来这样那样的矛盾和问题。例如，城乡、区域经济社会发展很不平衡；就业、收入分配、社会保障、教育、医疗、住房等方面关系群众切身利益的问题比较突出；一些社会成员诚信缺失、道德失范；一些领域的腐败现象比较严重等。这些矛盾和问题让人们感到心理困惑，时刻冲击着人们的心理承受能力。

　　2006 年，中共中央《关于构建社会主义和谐社会若干重大问题的决定》明确指出：我们必须坚持以人为本。要注重促进人的心理和谐，加强人文关怀和心理疏导，引导人们正确对待自己、他人和社会，正确对待困难、挫折和荣誉。要加强心理健康教育和保健，塑造自尊自信、理性平和、积极向上的社会心态。心理和谐是构建和谐社会的心理基础和重要标志。胡锦涛同志指出："科学发展观，第一要义是发展，核心是以人为本。"以人为本就必须重视人、尊重人、关心人、爱护人，就必须重视人的心理发展。加强心理健康教育和心理保健，不断提高人们的心理素质，帮助人们形成积极心理品质，为和谐社会建设奠定和谐的心理基础已经成为举国上下的共识。

　　促进人的心理和谐需要有科学心理学指引，加强心理健康教育需要有合适的教材。近年来，国内虽然也陆续出版了一些心理学或心理健康教育方面的图书，但不够系统，缺乏总体规划。正因为如此，我们组织了一批心理学专家、学者，编写了这套反映我国心理学发展及心理健康教育理论成果的"新世纪心理与心理健康教育文库"。

"新世纪心理与心理健康教育文库"具有系统性。文库参照心理学学科体系和我国现实需要，分为基础理论、应用理论和技术与实践三个系列。

"新世纪心理与心理健康教育文库"具有权威性。文库是国家出版基金资助项目；文库撰稿人的选择面向全国，每一本图书都由该领域的专家学者撰稿；文库的统稿工作由国内权威心理学家和心理健康教育专家负责完成。

"新世纪心理与心理健康教育文库"具有前沿性。文库在全国范围选聘心理学和心理健康教育领域的专家学者撰稿，既可以吸收心理学与心理健康教育的权威理论和最新研究成果，也可以保证所选内容资料贴近时代、贴近生活、贴近实际。

"新世纪心理与心理健康教育文库"具有实用性。文库在强调系统性、理论性、科学性的同时，更加强调实用性。力求做到理论联系实际，给出的理论实用，给出的技术可行，给出的方法可操作。

"新世纪心理与心理健康教育文库"理论性、实用性、资料性、工具性兼备，是心理学与心理健康教育的"百科全书"。它可以作为从事心理与心理健康教育工作的管理者和研究者的参考书、工具书；可以作为心理健康教育教师继续学习、自我提高的自修图书；可以作为心理健康教育教师的培训用书；可以作为师范院校心理与心理健康教育专业的教材或参考书。

我们相信，"新世纪心理与心理健康教育文库"对于从事心理与心理健康教育工作的人士会有所帮助；对于我国的心理与心理健康教育工作会起到推动促进作用；对于促进人的心理和谐、促进社会心理和谐会发挥一定作用。

我们希望，这套文库能够得到广大心理与心理健康教育工作者的认可、接纳。

郑日昌

于京师园

前 言
Preface

    各种教育教学的改革措施，最终目的都是促进学习者的学习，因而对学习者学习规律的知悉，是做好各项教育工作的基础。100 多年来，心理学家为了探明学生学习的心理学规律，一直做着不懈的努力。在心理学创建和发展初期，心理学家试图通过对动物学习的研究或对人类学习人为的、易于实验控制的材料的学习来探索和发现学习的一般规律，以便用来指导学习和教学实践。但由于研究对象、内容、方法与学生的学校学习相去甚远，心理学家的这一努力并没有取得令人振奋的成效。随着心理学的不断发展和心理学家的不断总结反思，当代的心理学家终于认识到，要在真实的学校情境中研究真实的学生如何学习真实的学习任务，这样得出的研究结论才能给学习和教学实践提供有效指导。在这一思想的指引下，心理学家们利用和借鉴新发展的研究方法和理论，致力于研究和揭示学生在特定领域或情境中的学习，如学生如何学会阅读、如何学会作文、如何学习数学、如何学习科学等。

    本书就是在当代心理学这一大的研究趋势和背景下，结合我国中小学的学科学习与教学实践，阐释学生在语文、数学、英语、科学、社会五大学科中学习的心理学规律。全书共分七章，第一章以综合的视角，较为全面地介绍学习心理学的研究内容、研究历史以及一般的研究结论，而后分设五章介绍学生学习语文、数学、英语、科学、社会五大学科的心理学规律，每章都首先阐述该学科的学习结果（亦即教育目标）类型，而后分别介绍各类学习结果习得的规律，最后阐释这些学习规律的教学含义。最后一章对各学科学习的心理学规律作了一些横向比较，意在突出各学科学习规律的共性与特殊性。全书是围绕学生的学习展开的，这里的学习是"在教学中的学习"，而不是脱离了教育环境的孤立的、纯粹的学习，换言之，学生的学习是在教学的引发和支持下进行的，教师的教学是学生学习的重要外部条件。因而本书各章揭示的学习规律中也包括了教师教的规律（当然是在促进学生学习的外部条件这一意义上揭示的)。和当代学习心理学的认识一致，本书不认为存在一种普遍适用的学习规律，不同的学习结果、不同的学习内容有着各自不同的学习规律，因而"学习分类"的思想贯穿本书始终。

本书的第一章是全书的基础。阐释学科学习的心理学规律的中间五章是并列关系，读者可以在学习第一章的基础上接着学习中间的任何一章。五大学科中的一些学习结果、学习规律是相通的，在阐释时，本书尽量使用不同话语，因为同一学科的不同语言可以增长见识。对各章相互对应的内容，读者可以彼此参照着阅读。最后一章是以前六章为基础的，如果读者有意愿以学习心理学的理论和研究为指导，尝试教学不同的学科，那么，研读这一章中的内容并思考其中的问题是有帮助的。

本书之所以能与读者见面是多方促成的结果。我国教育心理学家皮连生教授一直致力于心理学的理论与研究在中小学教学中的应用，他虽已退休多年，仍不断思考和探索如何运用心理学理论改进教学实践的问题。受他多年的影响和教诲，我也尝试运用学习心理学的理论来探索中小学的学科学习规律，本书是我多年思考和研究的一个总结。小学语文特级教师、浙江省象山县教科研中心的唐懋龙老师，广州市教育局教研室谭国华副主任，长期钻研学习心理与教学心理的理论，并用之指导和改进中小学的学科教学，其探索不仅执着而且专业。与他们的多次交流探讨，不仅增强了我写作本书的动力，还让我获得了许多写作的素材和灵感。在此对三位老师的引领、启发和支持一并表示衷心感谢！最后，感谢开明出版社教育与人文分社范英社长提供机会，将本书纳入"新世纪心理与心理健康教育文库"出版。

由于作者水平有限，书中的错误疏漏之处在所难免，敬请广大读者批评指正！

王小明
于华东师范大学课程与教学研究所

目 录
Contents

第一章　学习心理学概论

【本章提要】

　　对学习的研究主要是由学习学、学习科学、学习心理学三门学科承担。学习学是从经验总结和哲学思辨的角度研究学习；学习科学则综合了神经科学、认知科学、设计科学等多个学科来研究学校和社会上的学习现象；学习心理学则运用心理学的理论和方法通过实验研究的方式来研究学习。学习心理学认为，学习是由经验引起的能力或倾向的相对持久的变化，加涅的学习结果分类、布卢姆的教育目标分类、安德森的知识分类对习得的能力或倾向作了细致的划分。奥苏贝尔、班杜拉等人对学习者学习的不同方式作了区分，而加涅、梅耶、维果茨基等人则对学习的过程与机制作了细致又相对完整的描绘。奥苏贝尔、加涅和埃里克森还对学习需要的不同条件作了分析。早期的学习心理学研究从认知的角度研究了动物和人类的简单学习，而后行为主义的理论和方法又统治了对学习的研究，近年来认知心理学的理论和方法成为学习研究的主流，在关注学习涉及的内在认知架构、关注学科领域的学习的同时，还关注社会文化情境对学习的影响。本书以学习分类的思想为指导，阐述中小学主要学科的学习规律，希冀有助于培养教师的专业能力，有助于综合师资的培养及推动高师公共课心理学的改革。

【学习重点】

　　1. 陈述研究学习的主要学科及其主要研究方法。
　　2. 举例说明心理学对学习的界定。
　　3. 举例说明加涅、布卢姆、安德森的学习结果分类。
　　4. 举例说明奥苏贝尔、班杜拉的学习方式分类。
　　5. 用自己的话描述加涅的学习的信息加工模型，梅耶的多媒体学习模型，并比较两者的异同。
　　6. 陈述维果茨基的高级心理机能内化学说。
　　7. 用学科教学的例子说明奥苏贝尔的三种同化模式。
　　8. 陈述奥苏贝尔、加涅对学习条件的论述。

【重要术语】

　　学习学　学习科学　学习心理学　学习　言语信息　智慧技能　认知策略
动作技能　态度　陈述性知识　程序性知识　知识维度　认知过程维度　学习方式

接受学习　发现学习　有意义学习　机械学习　观察学习　亲历学习　样例学习
注意　整合　组织　内化　同化论　激活论　有意练习　必要性的先决条件
支持性的先决条件　潜伏学习　强化　经典条件作用　操作条件作用

　　著名科学家钱学森（1986）指出，"教育科学中最难的问题，也是最核心的问题是教育科学的基础理论，即人的知识和应用知识的智力是怎样获得的，有什么规律。解决了这个核心问题，教育科学的其他学问和教育工作的其他部门都有了基础，有了依据"。钱老的这一论述指出了对学习者学习规律的知悉与做好教育工作的紧密关系。而对于人的知识和应用知识的智力获得的规律这一问题，学习心理学经过 100 多年的发展，已能作出初步的回答。本章首先对有关学习的研究作一概述，而后重点介绍心理学对学习规律的研究，最后阐述本书从何种角度来进一步揭示学生学习的心理学规律。

第一节　学习的研究概览

　　人的一生要不断地进行学习，也会经常接触许多学习现象，于是在谈及学习这一问题时，每个人都会有许多切身的体会，但要把这些切身的体会加以提炼，上升到规律性的认识，发现并把握学习的规律，并不是每个人都能胜任的，这需要专门的研究人员对学习进行系统的有意识的研究。虽然在中外历史上，有许多名人、学者、教育家对学习及学习的规律进行过论述，其中也不乏许多真知灼见，但这些阐述还不够系统，也没有明确地把学习现象及其规律作为单独的研究内容，只是散见于其学术思想中，有待后人去整理和挖掘。对学习的系统而明确的研究始于 19 世纪末 20 世纪初，现在对学习的研究吸引了多个学科研究者的兴趣，学习学、学习科学、学习心理学都是对学习进行明确研究的学科。

一、学习学

　　学习学（learningics，也有人称之为学习科学）是 20 世纪 80 年代在我国兴起的一门通过哲学思辨和经验总结来研究学习规律的学科。

　　20 世纪 80 年代初，世界科学技术的发展非常迅猛，有关科学技术的信息呈"爆炸"之势，快速掌握新的科学技术成了我国国民经济和社会发展的迫切需要。在这种情况下，国内一些有识之士开始认识到有必要对学习及其规律进行专门研究。如人才学家王通讯 1980 年 4 月 12 日在《文汇报》上撰文呼吁"建立一门学习学"；张笛梅 1981 年在《人才》杂志上发文，认为"学习本身是一门科学"。在各地学者对学习进行分散研究的基础上，1987 年 6 月，全国首届学习科学学术讨论会暨讲习班在南京召开，会上成立了"全国学习研究会筹委会"，一些学习学研究者将此事视为学习学在国内诞生的标志（谢德民，1992）。2000 年

1 月，全国学习学研究会被国家批准成立，得到了政府的正式认可。

全国学习学研究会筹委会成立后，研究者们做了许多有关学习的研究，出版了一些学习学方面的著作。从这些研究活动中，可以看出我国的学习学研究主要集中于如下几个方面。一是对学习及其规律的理论研究。如探讨了学习的概念和本质、学习的功能与价值、学习的原则与方法、学习的非智力因素、国内外有关学习思想的研究等。二是开展了许多学法指导实验。学法指导的对象涉及小学生、中学生、大学生及成人，取得了一定的成效。三是探讨了学科领域的学习问题，如语文学习学研究、数学学习学研究、历史学习学研究等。

学习学研究所使用的方法主要是哲学思辨和经验总结。学习学的研究者认为，人们的学习实践活动是学习学产生发展的基础和前提。在此基础上，通过一些"知识分子"的脑力劳动而形成观念形态和理论形态的知识，即有关学习的思想和理论（李培俊，2006）。这就是说，学习者的学习经验是学习学研究的内容，这种经验既包括古今中外优秀的学习者（如名人、学者、成功人士）的学习经验，也包括人们在学习活动中的反面经验，如学习过程中走过的弯路、受到的挫折等。但仅有学习经验不足以形成学习学，还需要研究者的总结、提高等脑力劳动。在进行这种脑力劳动时，学习学的研究者主张运用辩证法的理论和方法，如运用普遍联系的观点分析学习现象；用矛盾的观点来把握学习活动的发展过程等等。总之，要用唯物辩证法作指导来对古今中外极其丰富的学习经验进行科学的分析和综合，从中找出一些规律性的东西并上升为一般理论（谢德民，1992）。

学习学的研究队伍在我国的学习研究领域是一支重要的研究力量，他们坚持辩证唯物主义的基本原理，从学习经验出发，又回到学习实践中。学习学所总结的一些学习技巧和方法，在一定程度上把握住了学习的规律，而且，由于这些规律来自学习者的学习经验，因而有利于学习者的理解和接受。在提升学习者学习的科学性和效率这一点上，学习学有其独特的作用和贡献。

二、学习科学

学习科学（learning sciences，或 sciences of learning）是近年在西方兴起和发展起来的一门综合性的交叉学科。虽然在我国形成和发展起来的学习学有时也叫学习科学，但同一名称指称的却是两个不尽相同的学科。成型于西方的学习科学萌芽于 20 世纪 70、80 年代，当时，美国一些研究人员运用人工智能技术设计、开发一些软件以便促进学习者的学习。这方面工作的不断深入和积累，使得一些研究人工智能的学者组织起来，于 1991 年在美国西北大学召开了第一届学习科学国际会议，并创办、发行了《学习科学杂志》，从而宣告"学习科学"的诞生。

据美国华盛顿大学的索耶（R. K. Sawyer，2006）介绍，学习科学是一门研究教学与学习的交叉学科，它不仅研究正规的学校课堂学习，还研究发生在家中、工作中及同伴间的非正式学习。学习科学的研究目标是更好地理解导致最有效学习的认知与社会过程，并运用这些知识来重新设计课堂和其他学习环境以便人们能更深入、更有效地学习。学习科学涉及认知科学、教育心理学、计算机科学、人类学、社会学、信息科学、神经科学、教育学、设计科学、教学设计等领域。

在研究方法上，学习科学形成了其特有的研究方法——设计研究或基于设计的研究（design-based research）。这种研究方法是与学习科学研究者秉持的理念密切相关的。学习科学家们认为，学习者个体与其学习环境是不可分割的，任何内容的具体意义是在其与许多具体的情境因素相互作用过程中而确定的。因此，在这种复杂的学习环境中，很难用实验设计的方法来检验某些因素的因果效应。在这些认识基础上，学习科学家在研究学习现象时，既追求对学习形成一种一般性的理解，又追求将这种理解应用于具体的情境中，即形成"情境中的理论（theory-in-context）"。具体来讲，基于设计的研究是指研究者在复杂真实的环境中，通过不断设计环境或系统地改变环境来研究学习的一种方法。在这种研究中，研究者改变学习环境，然后收集这些变化在学习者身上产生的效应的证据，并用于改进以后对学习环境的设计。在这一过程中，如下四个成分十分关键：理论、设计、问题、自然的情境。这样的过程是循环往复进行的。在这样不断细化、完善的过程中，研究者不仅可以通过识别和考察复杂、真实的学习环境中多种因素的相互作用来理解学习得以发生或变化的内在原因，而且可以开发出能够适用于其他情境（学校或课堂）的产品或实践。柯林斯（A. Collins）等人将这种研究过程称为渐进性的完善（progressive refinement）：对研究过程的每次重复都进一步完善了学习环境或教学产品的设计，从而也对指导设计的理论进行了检验，促进了理论的发展（Sawyer，2006）。

可见，兴起于西方的和兴起于我国的学习科学虽然研究的对象都是学习，但在研究的内容和方法上还是存在较大差异，二者不能等同。兴起于西方的学习科学由于吸收了多种学科尤其是神经科学、计算机科学、认知心理学的研究成果，因而是对学习的更为广泛的研究，我国一些大学近年来受国外这一学科发展的影响，相继创办或开设了学习科学的系所或专业。学习科学的研究不仅关注学习的规律，还关注如何设计更好的环境来促进学习，其研究的内容不只局限于学习的规律，也包括教学或学习环境创设的规律。

三、学习心理学

学习心理学是一门运用心理学的理论与方法研究学习规律的学科，也有一些学习心理学研究人员将其称为学习科学（science of learning）。

学习的问题一直是心理学家研究和关注的问题。1879 年，当心理学从哲学中分离出来成为一门独立的学科时，心理学家对学习的研究也随之展开，先是艾宾浩斯（H. Ebbinghaus）对无意义音节学习的研究，而后是桑代克（E. L. Thorndike）、巴甫洛夫（I. Pavlov）、斯金纳（B. F. Skinner）对动物学习的研究，随后又形成了不同的学习研究流派，如行为主义流派、认知流派等。

在研究方法上，学习心理学是通过科学实验的方式来探索学习规律的。科学实验的一个特点是可重复性，即某个有关学习的实验研究及结果要能被其他研究者予以重复。这样得来的结论才是科学的。学习心理学中有关学习的理论、观点都需要有科学实验的证据才易被学者们所认可。

学习的现象和规律是许多学科研究的对象，学习心理学只是其中之一。相较于研究学习的其他学科，学习心理学对学习的研究时间最长、理论最丰富、积累的研究成果最多、其应用价值也最大，而且，学习心理学研究学习的方法的科学性也是其他学科难以企及的，因而我们要想深入细致地了解学习的规律，学习心理学是首选的学科。本章接下来的两节就专门介绍学习心理学的主要研究。

第二节　学习的含义与学习的结果

一、学习的含义

虽然人们很熟悉"学习"一词，但要给学习下一个严谨的定义并不是每个人都能做到的。心理学家经过多年的争论，给学习下了一个至今为大多数学者所认可的定义：学习是由经验引起的能力或倾向的相对持久的变化。这一界定字数虽不多，但含义深刻，它指出了学习的定义至少涉及三方面的内容。

一是"由经验引起的"。这里的经验是相对于遗传和成熟而言的。个体身上表现出的变化有些是由遗传决定的，如膝跳反射、眨眼反射等。这些行为变化是与生俱来不学而会的，个体在行为上表现出的这类变化不属于学习的范畴。有些变化是由成熟决定的，如随着婴儿肌肉、神经系统的发育成熟，到一定年龄，婴儿会爬行、站立，这些变化主要不是习得的，而是受成熟的影响，因而也不属于学习的范畴。排除了遗传和成熟这两个因素后，这里的"经验"的意义便与"后天"、"与外界相互作用"等词语联系了起来。个体在后天的环境中，因与周围环境的相互作用（如摆弄玩具、观察他人、与家长老师互动等）而导致的变化，才有可能归因于学习。

二是"相对持久的变化"。这里的"相对持久"是相对于"暂时的"、"短暂的"而言的。由疲劳、酒醉等原因也可引起个体行为发生变化，但这些变化随着休息、体力的恢复及酒醒之后，会趋于消失。这些变化通常被排斥在学习之外。但相对持久到底是多久，目前心理学家还不能给出具体答案。不过大多数专家认为，行为改变持续的时间太短（如几秒钟），就不能算做是学习（申克，2003）。

小学语文老师判断学生是否学会了生字字形，通常不是依据学生当堂的正确默写率，而是依据一段时间（如几天、一周）后学生对生字字形的巩固率。学生默写字形的行为有了相对持久的变化，才能说他们身上发生了学习。

三是"能力或倾向"。这里的"能力或倾向"暗含两种含义：能力或倾向是学习的结果而非学习的过程；能力或倾向是学习者内部的因素。学习的结果涉及学习之后学习者得到了什么。在这一问题上，心理学家存在很大争议。早期的心理学家认为习得的是可以观察、可以测量的行为。后来，很多研究者发现，个体学到了很多东西，但不一定在行为上表现出来。换言之，个体行为上没有任何变化，但他确实学到了某些东西。单纯地用行为来界定习得的内容不足以全面把握学习的结果。于是有心理学家对这一结果的描述作了修改，改为"行为或行为潜能"（鲍尔，希尔加德，1987）。所谓行为的潜能是指有表现出这种行为的可能性，但不一定会表现出来。还有的心理学家将这种结果界定为"知识"。如梅耶（R. E. Mayer，也译为迈耶）就将学习界定为"由个体经验所导致的个体知识的相对持久的变化"。他同时指出，学习定义中的两种成分（即"由经验引起的"和"相对持久的变化"）一个世纪以来基本没有变化，而第三种成分（即习得或变化的是什么）却存在争议，争议的焦点在于这种变化是行为的变化还是认知的变化。梅耶倾向于认知的变化（Mayer，2008）。本书将学习的结果用能力或倾向来界定，能力涉及会不会、能不能的问题，倾向涉及愿不愿意的问题，前者关注认知方面的结果，后者关注态度、动机等方面的结果。个体在这两方面的变化都可由学习所导致。

"能力或倾向"暗含的第二种含义其实是第一种含义的自然延伸。"行为潜能"、"知识"等学习结果和"能力或倾向"一样，都是学习者内部的因素。既然学习是学习者内部的能力或倾向的变化，而且这一内部的变化不能被直接观察到，那么，我们如何知晓这种变化是否发生了呢？这涉及到学习定义中一个重要的问题：学习与表现的关系。

表现（performance，又译行为表现、作业、操作，在培训领域常译为绩效）是指学习者做出的可以观察、可以测量的行为。表现是学习者展现于外的，而学习则是内在的变化。表现与学习虽有区别，但也有密切的联系。学习所涉及的内在能力或倾向的变化不能直接被观察到，只能通过学习者的表现来推断，换言之，内在的能力或倾向发生了变化，会体现在外在表现的变化上，可以说，表现的变化为我们提供了一个了解内在能力或倾向变化的窗口。如某个小学生经常表现出帮助别人的行为，我们就可以从他的行为变化上推断他形成了"关爱他人的倾向"。又如某个中学生原先不会解二元一次方程组，现在给出 10 道二元一次方程组，他都能正确地解出，据此我们推断他习得了解二元一次方程组的能力。需要指出的是，由于学习涉及能力或倾向的相对持久的变化，因而作为学习指标的表现的变化也应是相对持久的，即通过学习者行为表现的相对持久的变化，我们才可推断出内在的能力或倾向发生了相对持久的变化；内在的能力或倾向发生了相对持久的变化，也必然会在表现上体现出相对持久的变化。这一关系为我们具体测量学习提供了依据。由于表现是可观察可测量的，因而通过测量表现的相对持久的变化就可推论或测量出学习的变化。测量表现相对持久变化的方法主要有保持测验和迁移测验。所谓保持测验是在相隔一段时间之后对表现进行测量，如上文提及的语文老师在一周之后测量学生对字形的记忆情况。所谓迁移测验是在与学习情境不一样的情境中测量学生的表现，如学生学会计算课本上给出的求圆面积的题目之后，让其去计算校园圆形花坛的面积。保持测验测量的是需要学生记住所学的东西；迁移测验测量的不仅是需要学生记住所学习的东西，而且是能理解和运用所学习的东西。换言之，保持重在过去，迁移重在将来（安德森等，2008）。

二、学习的结果

在学习的心理学定义中，学习是"能力或倾向"的变化，这里的"能力或倾向"就是学习的结果。心理学家对学习者习得的结果做了深入研究，细致区分了不同类型的结果，深化了我们对"能力或倾向"的认识，有助于我们厘清学生学到的究竟是什么这一问题。

（一）加涅的学习结果分类

美国心理学家加涅（R. M. Gagné）1977 年在《学习的条件》一书中提出了一种学习结果的分类，他将学生习得的学习结果用一个词来概括——性能（capability）。性能是后天习得的一种内潜的心理状态或心理品质，其存在是根据学习者外在的表现推测出来的（加涅，1999）。显然，加涅讲的性能与上文提及的学习定义中的"能力与倾向"相对应。加涅将学生习得的性能分为五类。

1. 智慧技能

智慧技能是个体运用符号与其周围环境相互作用的能力。如小学生习得了长方形的面积公式后能用其来计算课本、课桌的面积；或者学生学习了英语规则动词变过去式的方法，能通过在动词之后加 ed 来写出某一动词的过去式。智慧技能一般涉及概念和原理的运用。中小学各学科中的概念、定理、定律、公式等的运用，都可归入智慧技能的范畴。

2. 认知策略

认知策略是个体用于支配自身学习、记忆与思维活动的手段。认知策略作用的对象是学习者自己的思维、记忆等内部过程。如为了更好地记住英语单词"merchant"的中文意思"商人"，一名中学生便通过将"merchant"谐音成"摸钱的"，从而与"商人"一词发生联系，这样就牢牢记住了该单词的意思。这名中学生就是通过采用谐音的手段对自己的记忆过程进行了调节，提高了记忆效果。这种记忆的方法就属于认知策略。

7

3. 言语信息

言语信息是运用语言陈述信息的能力。如学生能说出"π 表示的是圆的周长与直径的比","北京是中国的首都",能写出"太平天国运动失败的主要原因",就说明学生具有相应的言语信息。言语信息不仅涉及对信息的记忆,更涉及对信息的理解,即学生能用自己的话进行阐释,不一定一字不差地复述出来。

4. 动作技能

动作技能是涉及肌肉使用的对行为表现准确、流畅、及时的执行。如学生在体育课上要学习的背越式跳高、立定跳远、广播体操等,都需要肌肉运动的参与,都是动作技能的典型例子。此外,音乐课上要学习的发音,书法课上要学习的握笔、运笔等动作,因为要涉及学习口腔、声带、舌头、手、手臂肌肉的协调运动,因而也属于动作技能。动作技能与智慧技能的一个重要区别是智慧技能可以在头脑内部执行,或执行时虽涉及肌肉运动,但这些肌肉运动是学生早已学会的,而动作技能则必须涉及肌肉运动的学习。

5. 态度

态度是影响个体对某类事物、人、事件的行为选择的内部状态。如对于哗哗流水的水龙头,个体能选择去关掉而不是视而不见,说明个体具有节约水资源的态度。态度是一种内在的反应倾向,它也要通过个体的具体行为表现来推断,但态度并不是具体的行为,我们只是从个体关水龙头、给老人让座的行为推测他们具有节约用水、尊敬老人的态度。

(二) 现代认知心理学的知识分类

现代认知心理学将知识分为两类:陈述性知识和程序性知识。陈述性知识通常被定义为个体能有意识地提取,因而能用言语或其他方式直接陈述的知识;程序性知识是个体不能有意识地提取因而其存在只能通过某些形式的行为间接展示的知识(Eysenck,1990)。如我们能有意识地回想并说出五四运动的历史意义,就说明我们具有相关的陈述性知识;我们虽不能明确地描述自己是如何骑自行车的,但拿来自行车就能轻松地骑行,就说明我们具有骑自行车的程序性知识。我们经常讲的关于"结果"的知识和关于"过程"的知识、认识世界的知识和改造世界的知识也分别与陈述性知识和程序性知识的区分相对应。有了陈述性知识,我们可以认识、了解我们周围的世界是什么样;有了程序性知识,我们可以作用于和改变我们周围的世界。

陈述性知识和程序性知识的区分也得到了神经科学研究的支持。如健忘症病人可以学会镜像追踪,而且随着练习的进行,会在这一任务上越来越熟练。但每天进行追踪练习时,他都否认曾见过这一任务。可见,病人对这一任务缺乏有意识的认识,但能通过实际的追踪行为而向我们展示他具备与这一任务有关的知识。这说明,病人对镜像追踪这一任务,只具有相关的程序性知识,不具备相关的陈述性知识。

（三）布卢姆等人的教育目标分类

布卢姆（B. S. Bloom）等人的教育目标分类实质上也是学习结果分类。布卢姆等人在 1956 年开发出了认知领域的教育目标分类，后来，克拉斯沃尔（D. R. Krathwohl）、布卢姆、马西亚（B. B. Masia）在 1964 年开发了情感领域的教育目标分类，辛普森（B. J. Simpson）和哈洛（A. Harrow）分别在 1966 年和 1972 年开发了动作技能领域的目标分类框架，由此完成了对认知、情感、心因动作三大领域的教育目标分类工作。2001 年，在时隔 45 年后，由认知心理学家梅耶、宾特里奇（P. R. Pintrich）、维特罗克（M. C. Wittrock），课程与教学专家安德森（L. W. Anderson）、克里克辛克（K. A. Cruikshank）、拉斯（J. Raths），测量评价专家克拉斯沃尔、阿来萨（P. W. Airasian）组成的专家组与中小学教师合作，完成了对布卢姆 1956 年认知领域教育目标分类的修订工作。

在布卢姆等人 1956 年及其之后提出的教育目标分类中，将教育目标分为认知、情感、心因动作三个领域，而后又对每个领域作出了进一步的划分。对认知领域的目标，按由低到高的层次分为六级，分别是知识、领会、运用、分析、综合、评价。对情感领域的目标，依其价值内化的程度分为接受、反应、价值化、组织、价值与价值体系的性格化五级。对心因动作领域，哈洛 1972 年的分类是知觉、定向、有指导的反应、机械动作、复杂的外显反应、适应、创新等七级。

在 2001 年认知领域教育目标的修订版中，修订者是从课程之父泰勒（R. Tyler）1949 年有关教育目标的工作出发的。泰勒主张陈述目标应从内容和行为类别两方面来进行。修订者吸收了认知心理学的研究成果，用"知识"替代"内容"，用"认知过程"替代"行为"，从而从知识和认知过程两个维度对认知领域的教育目标作出了描述和分类，这一分类有别于布卢姆等人 1956 年分类中的一维分类，修订过的分类更强调学习、教学与评价的一致性。

在新的分类中，知识维度包括四类知识，分别是：1. 事实性知识，指学习者在掌握某一学科或解决问题时必须知道的基本要素，包括术语知识以及具体细节和要素的知识。2. 概念性知识，指某个整体结构中发挥共同作用的各基本要素之间的关系，包括类别与分类的知识、原理与概括的知识以及理论、模式与结构的知识。3. 程序性知识，指如何做事的知识；探究的方法；运用技能的准则；算法、技巧和方法的知识。包括具体学科技能和算法的知识、具体学科技巧和方法的知识、确定何时运用适当程序的知识。4. 元认知知识，指关于一般的认知知识和自我认知的知识，包括策略性知识、关于认知任务的知识（包括适当的情境性和条件性知识）、自我知识。

认知过程维度包括如下六类认知过程：1. 记忆，指从长时记忆库中提取相关知识，包括识别和回忆。2. 理解，指能够确定口头的、书面的或图表图形的

9

信息中所表达的意义，包括释义、举例、分类、总结、推断、比较、解释。3.应用，指在特定情境中运用某个程序，包括执行和实施。4.分析，指将材料分解为其组成部分并且确定这些部分是如何相互关联的以及部分同总体之间的联系，包括区分、组织、归属。5.评价，指依据准则和标准来作出判断，包括核查和评判。6.创造，指将要素整合为一个内在一致、功能统一的整体或形成一个原创的产品，包括生成、计划和贯彻（安德森等，2008）。

两个维度结合起来构成了表1－1的分类表，可用来描述认知领域不同的目标。

表1－1　2001年认知领域教育目标分类表

知识维度	认知过程维度					
	记忆	理解	运用	分析	评价	创造
事实性知识						
概念性知识						
程序性知识						
元认知知识						

表的横行是不同的认知过程类别，表的纵列是不同的知识类别，表中的单元格是知识和认知过程的交汇处，表示的是预期学生对某一类别的知识采取什么样的认知操作，这样，不同的单元格就描述了不同的目标，而所有的目标也都可以置于某一个或某几个单元格中，从而有助于教育者更清楚地了解目标所涉及的知识及认知过程。

综合布卢姆等人教育目标新旧分类体系来看，这是一个全面的目标分类体系，涉及认知、情感、心因动作三大领域，与我国提出的德智体三育相对应。这一分类还吸收了当代心理科学尤其是认知心理学的研究成果，将认知领域的教育目标描绘成对不同类型知识的不同认知操作，这其实是对认知领域目标或能力的新解读，值得我们关注和研究。

第三节　学习的一般心理学规律

学习心理学100多年的研究为我们揭示了学习的许多规律，为论述方便，本书从学习的方式、学习的过程与机制、学习的条件三方面来介绍。需要注意的是，不同方面对学习规律的揭示是相互补充的，而不是彼此排斥的。

一、学习方式

学习方式（learning mode）反映的是不同学习者对相同或类似的学习内容进行学习时的一般规律。由学习方式所揭示的学习规律，适用于不同的学习者。有时我们讲的学习方式涉及学习者的个别差异，即不同的学习者偏好不同的学习方式，如加涅等人根据学习者学习时所偏爱的感觉通道的不同，区分出视觉—言语型、视觉—非言语型、触觉—动觉型、听觉—言语型等学习方式（加涅等，2007）。这种意义上的学习方式又叫学习风格（learning style），不同于本书讲的学习方式。心理学家们在各自的研究基础上，为我们揭示了如下几种学习方式。

（一）奥苏贝尔的学习方式分类

奥苏贝尔的学习方式分类是对学生在课堂上进行的认知学习的分类。奥苏贝尔不主张用单一模式来解释本质上不同的学习类型，他认为，为促进学生的学习，有必要区分课堂上学生所进行的学习类型，而区分这些类型的方法是两分法，即把彼此交错在一起的两个极其重要的过程区分开来。根据这一思想，奥苏贝尔从两个独立的维度把学习分为接受学习和发现学习，机械学习和有意义学习。

接受学习是指学习的内容以定论的方式传授给学习者，学习者不需要任何独立发现；发现学习是指要学习的内容不是传授的，而是在学习者能把这种学习内容同化到其认知结构以前由学习者发现出来的。机械学习指任意的或字面的联想的获得，是在学习材料不能与原有认知结构建立非人为的和实质性的联系时出现的；有意义学习是指学习材料以非人为的和实质性的方式与学习者的原有知识联系起来的学习。奥苏贝尔指出，这两个维度的两个极端并不是绝对的，在它们中间还有一些过渡形式，如有些学习既有机械学习的性质，又有有意义学习的性质，或者既具有发现学习的性质，又具有接受学习的性质。学习的两个维度及中间过渡学习形式的关系及各类学习的例子见图1-1（奥苏贝尔等，1994）。

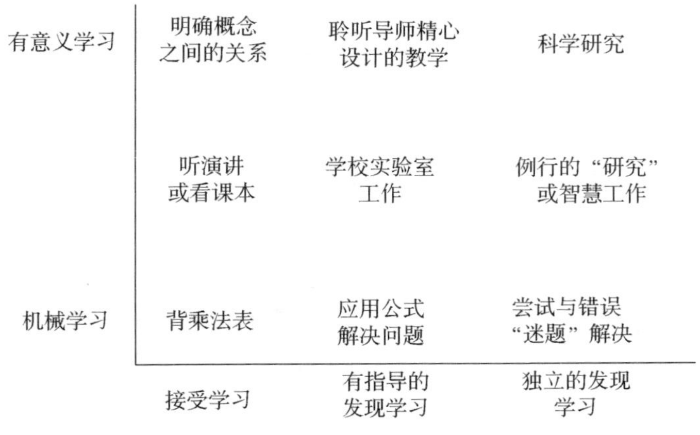

11

图1-1 奥苏贝尔的学习方式分类

奥苏贝尔十分看重有意义的接受学习，认为它是学校学习的主要形式，但他并没有否定其他形式的学习在学校中的作用，只不过他认为其他形式的学习并不是学校学习的主要形式。这一思想对我国的教育改革来讲更有现实意义。我国教育部 2001 年颁布的《基础教育课程改革纲要（试行）》（以下简称《纲要》）指出，改变课程实施过于强调接受学习、死记硬背、机械训练的现状，倡导学生主动参与、乐于探究、勤于动手。这一观点在实践中产生了一些误解，很多教师上课不敢讲授，认为这与课程改革的精神不符。出现这种情况，一方面的原因是教师简单地将接受学习等同于机械学习，另一方面是教师未能正确领会《纲要》的精神。《纲要》改变的是"过于强调接受学习"，并不是单纯地要改变"接受学习"。奥苏贝尔的这一学习方式分类虽提出于 20 世纪 70 年代末期，但对于我们在 21 世纪开展课程改革还是有重要指导意义的。

（二）班杜拉的学习方式分类

班杜拉区分了两种学习方式：亲历学习和观察学习。亲历学习是指学习者通过亲身去做并体验相应行为的后果而进行的学习，相当于"从做中学"。如汽车驾驶员开车违章（行为）而被罚款（行为的后果），于是他便学到了，以后开车要遵守交通规则。又如小朋友将大的苹果让给客人吃（行为）并受到了父母和客人的夸奖（行为的后果），于是小朋友就学到了谦让会受到表扬，这些学习就是亲历学习。在亲历学习中，行为和行为所带来的后果都要由学习者本人亲自做出和体验。

观察学习是指通过观察他人的行为及其行为后果而进行的学习，有时也叫替代学习。如汽车驾驶员看到其他驾驶员开车违章而受到罚款，他便从中学到了以后开车要遵守交通规则。在这一情境中，行为与行为的后果不是学习者自己做出和体验的，这一点不同于亲历学习。班杜拉早期的一项研究说明了观察学习这种学习方式。在其研究中，学前儿童观看一个榜样踢打一个充气洋娃娃的电影。第一组儿童看到的是榜样的侵犯行为受到了奖励，第二组则看到榜样受到了惩罚，第三组没有看到榜样的行为带来什么后果。当把他们领到有洋娃娃的房间里时，第一组儿童对洋娃娃表现出了很强的侵犯性；看到榜样行为受到惩罚的儿童，其侵犯行为最少。

（三）样例学习方式

样例学习（learning from worked-out examples）是指学习者从已经得到解决的问题中习得问题解决方法的学习方式，其中已经解出的例题叫样例，一般包括问题的陈述、问题的解决步骤、问题解决的结果或最终得到的产品。研究发现，学习者在以这种方式学习时，他们自己对样例的自我解释活动对其学习有重要影响，具体的解释内容一般涉及三个方面。一是运用学科中的基本原理解释样例为什么要这样解题，如解方程 $7x - 4 = 2x + 11$，涉及如下一些解题步骤：$7x - 2x =$

$11+4$；$5x=15$；$x=3$。学习者看到这些解题步骤，会运用代数的有关原理，解释第一步是移项，第二步是合并同类项等，这种解释有人称之为基于原理的解释。二是解释样例中某个解决措施或步骤要达成的目标。如在有关几何证明的例题中，所采取的一些步骤是证明两个三角形全等，这一问题解决的措施目的是为了证明三角形的两个角相等。学习者的这种解释活动又被称为解释算子—目标之间的关系。三是学习者在研习样例的一部分解决步骤后，预测接下来的解决步骤是什么，这也是一种重要的自我解释活动。

样例学习又叫例中学，与做中学相对。研究发现，样例学习方式较之做中学（即不给样例，只给学生提供问题要其练习解决），不仅学习时花费时间少，迁移效果好，而且有助于减轻学习者学习时的认知负荷（Mayer，2003）。样例学习方式是一种有指导的发现学习方式，其中的指导就是已经为学习者解出的例题。样例学习的效果优于纯发现的做中学的效果，其实也反映了心理学研究反复证实的一条原理，即有指导的发现学习的效果优于纯粹的发现学习（Mayer，2004）。

二、学习的过程与机制

学习并不是"全或无"式的，或"一锤子买卖"的事情，而是涉及一系列渐近的过程。在这一过程中，还涉及不同成分的相互作用。因而从学习的结果上看，我们可以说学习者习得了或没有习得某种结果，但从学习过程与机制的角度看，对学习的描绘绝不能简单化。心理学家经过100多年的研究，从不同层次为我们揭示了学习的过程与机制，有动物学习的过程与机制，也有学生的学习过程与机制；有外显的、可以直接观察到的学习过程，也有内在的学习者大脑"黑箱"中的过程与机制。这里择取与学生的学习关系密切的学习过程与机制加以介绍。

（一）奥苏贝尔的同化论

奥苏贝尔认为，学生在学校里进行的学习主要是有意义的言语学习，他运用同化的思想对这种学习的内在机制作了细致描绘。同化的思想最初来自生理学，指人体把从食物中吸取的能量变为自身一部分的过程。奥苏贝尔用这一思想解释学生的学习，认为学生的学习也是一个将外部媒介中储存的信息（他称之为逻辑意义）变为自身知识结构一部分的过程，这一过程涉及学习者的原有知识与新知识之间的相互作用。奥苏贝尔进一步区分了新旧知识之间的三种相互作用模式，分别是上位学习、下位学习和并列结合学习。在这三种模式中，如果新旧知识之间建立了实质性的、非人为的联系，就认为新知识被原有知识同化了。

1. 上位学习

当学习者原有知识的包容和概括水平低于新学习的知识时，所进行的学习是上位学习，又叫总括学习。这种学习一般是在若干个比较具体的例子基础上习得一个较为概括的概念、原理，如在小学里教"面积"概念时，教师让学生比较台面、桌面、教室地面、墙面、操场等等的面积大小，最后概括出"面积就是平面图形或物体表面的大小"这一命题，即面积的定义，这样的学习就是上位学习。

2. 下位学习

当学习者原有知识的包容和概括水平高于新学习的知识时，所进行的学习是下位学习，有时也叫类属学习。如学习者头脑中的原有知识是"空气中的水蒸气遇冷凝结成水"，要学习的新知识是"冬天从寒冷的室外进入温暖的室内，眼镜片会变得模糊"时，由于原有知识的概括程度高于新知识，因而在这种情况下的新知识学习叫下位学习，是从一般到个别的学习。

在下位学习或类属学习中，需要区分两种不同的类属过程。

第一，派生类属过程（derivative subsumption）。当新的学习材料作为原先获得的概念的特例，或作为原先获得的命题的证据或例证而加以解释时，便产生了派生类属学习。在上述两种情形中，所要学习的新材料可以直接从认知结构中原有的具有更高包容性和概括性的概念或命题中推衍出来，或者蕴含在其中，也就是说，新知识只是旧知识的派生物。在这样的条件下，派生材料的意义出现很快，学习比较省力。例如，若学生在学习正方形、长方形、三角形时已形成轴对称图形概念。在学习"圆"时，"圆也是轴对称图形"这一命题被纳入或类属于原有的"轴对称图形"概念，新的命题很快就获得意义，学生立即能发现圆具有轴对称图形的一切特征。这种类属作用的结果，不仅使新的命题获得意义，而且使原有的概念或命题得到充实或证实。

第二，相关类属过程（correlative subsumption）。新的材料类属于原有的具有较高概括性的概念中，原有的观念得到扩展、精确化、限制或修饰，新的命题或概念获得意义，在这种条件下产生相关类属学习。例如，过去已经知道"挂国旗是爱国行为"，现在学习一个新命题："保护能源是爱国行为"。新命题类属于原先的"爱国行为"中，结果新命题获得意义，原有的"爱国行为"被扩展或深化。在这类学习中，新学习的材料与一些具有较高包容性和概括性的类属者如"爱国行为"结合，发生相互作用，但前者的意义并未完全蕴含在后者之中，也不能为后者所代表。

通过类属过程，原有的概念或命题是否发生本质属性的改变，这是区分上述两种类属过程的关键。在派生类属学习中，新知识纳入原有的旧知识中，原有的概念或命题只是得到证实或说明，本质未变。例如，"圆"类属于"轴对称图形"中，"轴对称图形"的本质特征未变。但在相关类属学习中，每次新知识类属于原有的概念或命题中，原有的概念或命题便扩张、深化、精确化或修改，如"保护能源"、"卫生大扫除"、"五讲四美"等新知识类属于"爱国行为"，原有

14

的"爱国行为"概念不断地得到扩展和深化。

3．并列结合学习

当学习者的原有知识与新学习的知识之间既不存在从属关系，又不存在总括
关系，但两者又在横向上存在某种吻合或对应关系时所进行的学习就是并列结合
学习，又叫类比学习。如物理课上学习"电压越大，电流越强"这一新知识时，
常用学生的原有知识经验"水压越大，水流越强"来类比。新旧知识间不存在
上下位关系，但电压与水压相对应，电流与水流相对应，电压与电流之间的关系
与水压和水流之间的关系相对应，通过这些对应关系，新旧知识联系了起来。

新知识被原有知识同化后，新旧知识之间的相互作用并没有停止。学生头脑
中较为概括、较为稳定的观念倾向于擦去新的、不稳定的观念的痕迹。由此导致
新习得的知识的遗忘。奥苏贝尔称这种相互作用方式为擦迹同化，是学生的学习
发生遗忘的一种机制。

（二）加涅的学习的信息加工过程模型

加涅等人吸收认知心理学的思想，在 1988 年从信息加工的角度刻画了学习
与记忆所涉及的内在结构与过程，见图 1－2（加涅等，2007）。

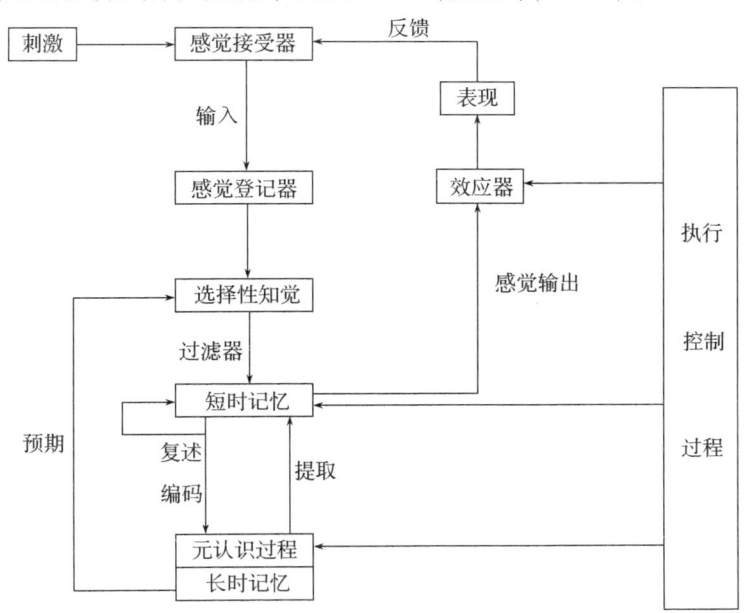

图 1－2 加涅的学习与记忆的信息加工模型

在这一模型中，来自环境的信息作用于我们的感觉接受器（如眼睛、耳朵、
皮肤等），感觉接受器则将信息送到感觉登记器中短暂登记。感觉登记器又叫感
觉记忆，其容量通常被认为是无限的，且信息在其中保持的时间很短，如视觉信
息只能在其中保持 0.5 秒左右。

15

感觉登记器中登记的大量信息经选择性的知觉这一过程而被选出一部分送入短时记忆中进一步加工。短时记忆又叫工作记忆，它有两个突出特点，一是信息在其中保持的时间相对短暂，如果不对信息进行复述，保持时间一般不超过20秒。二是其容量有限。米勒（G. A. Miller）1956年的研究指出，工作记忆能同时保存的信息单位（他称之为组块）为 7 ± 2 个。而西蒙（H. A. Simon）则在1974年认为更少，只有5个左右（Kahney，1993）。短时记忆是学习发生的重要场所，在短时记忆中不仅可进行为保持信息而进行的复述活动，还有一种称之为编码的活动，即给短时记忆中的信息赋予一定意义（在这种情况下常将短时记忆称为工作记忆），经过编码的信息被送到长时记忆中永久保存。

长时记忆是永久保存信息的地方，其容量也被认为是无限的。长时记忆中的信息经过提取过程而进入短时记忆，在其中经过加工以后又可以激活效应器（主要是我们的肌肉和腺体），从而导致学习者身上出现可以观察到的行为表现。

这样，外界的信息经过一系列的记忆结构和加工过程而导致了作用于外界的行为。在这一过程中，信息经过不同的记忆结构并受到不同的处理。激活和调节信息加工过程的是预期和执行控制。执行控制调节着整个信息加工的过程，如复述、编码、提取等过程都受其调控，而预期则影响对外部信息的选择性知觉等过程。

总之，在加涅的这一学习的信息加工模型中，学习的内部机制涉及感觉接受器、感觉登记器、短时记忆、长时记忆、效应器等结构，其中经历的内部过程主要有如下一些：

1. 通过感觉接受器接受刺激；
2. 通过感觉登记器登记信息；
3. 选择性知觉信息，以便在短时记忆中储存；
4. 通过复述在短时记忆中保持信息；
5. 为了在长时记忆中保存而对信息进行语义编码；
6. 将长时记忆中的信息提取到工作记忆中；
7. 反应生成并进入效应器；
8. 学习结果表现于学习者的环境中；
9. 通过执行策略对过程实行控制。

加涅等人（2007）还指出，这一模型被当代研究者广泛认可，它融合了当代学习理论的主要观点，而且能为如何设计教学以促进学习提供理论支持。

（三）梅耶的多媒体学习过程模型

梅耶（Mayer，2001）在综合了认知心理学的多项研究成果基础上，从信息加工的角度提出了一个适合多媒体信息学习的模型，如图1-3。

和加涅的模型一样，梅耶的模型也认为，学习涉及感觉记忆、工作记忆、长时记忆这三种记忆结构。不过梅耶的模型还区分了信息加工的两个相对独立的通

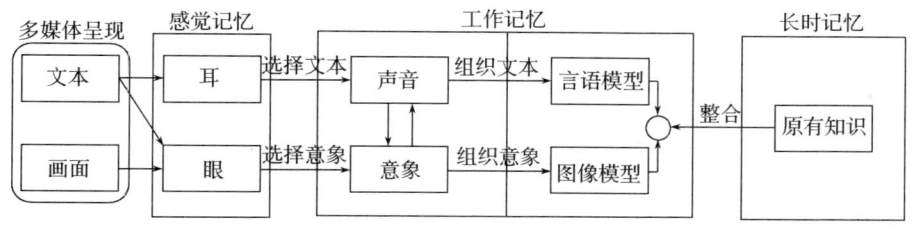

图 1-3　梅耶的多媒体学习模型

道：听觉通道和视觉通道。这两个通道可以分别加工处理文本信息（包括听觉方面的信息和视觉方面的信息）和图片信息（包括静态的图片和动态的图片），因而这一模型更适合梅耶所讲的多媒体信息（融合了文本和图片信息的材料）的学习。此外，梅耶还区分了学习中涉及的三种主要的认知过程，分别是：1. 选择：将注意集中于相关的信息上并将其从感觉记忆移入到工作记忆中，如图中的"选择文本"和"选择意象"箭头所示。这一过程被认知心理学家斯滕伯格（R. J. Sternberg）称为选择性编码，并将其定义为"从无关信息中筛选出相关信息"。2. 组织：在工作记忆中建立新信息内部的联系，或将所选择的新信息组织成一个连贯一致的整体，如图中"组织文本"和"组织意象"箭头所示。斯滕伯格将这一过程称为选择性组合，并定义为"将编码过的信息选择性地组合在一起以形成一个整合的、内部相联系的整体。"3. 整合：在工作记忆中新组织起来的知识与学习者从长时记忆中提取的相关原有知识间建立外部联系，或者是将组织过的信息与记忆中已有的其他熟悉的知识结构联系起来，如图中"整合"箭头所示。斯滕伯格将这一过程称为选择性比较，是将新获得或提取出来的知识与旧的知识联系起来以形成一个外部联系起来的整体。梅耶认为，整合还包括在两条新组织起来的知识（如同一概念的言语表征和图片表征）之间建立联系（Mayer，2008）。

（四）安德森的两类知识学习过程

认知心理学家安德森不仅主张区分陈述性知识和程序性知识，还对这两类知识学习的过程分别作了描述。

安德森用激活论来解释陈述性知识的学习过程与机制。陈述性知识在学习者的头脑中不是孤立分散地储存的，而是以相互联系的网络状结构（称之为命题网络）储存的。不同的陈述性知识之间存在密切的多种联系，习得新的陈述性知识就是学习者将新的陈述性知识与头脑中原有的陈述性知识网络联系起来，这种联系要在学习者容量有限的工作记忆中进行。当学习者开始学习新的陈述性知识时，新的陈述性知识从环境中进入学习者的工作记忆中，同时又使学习者回想起头脑中储存的相关的陈述性知识，这部分陈述性知识便被提取到工作记忆中。安德森认为在工作记忆中的这些陈述性知识处于激活状态，而未被提取到工作记忆中的陈述性知识则处于未被激活的状态。此外，已激活的陈述性知识的激活状态

17

还会沿着已有的命题网络进一步激活更多的陈述性知识。只有处于工作记忆中的、已被激活的陈述性知识之间才可以建立联系，并生成新的陈述性知识。建立好这种联系的新的陈述性知识就被送入长时记忆储存。

对于程序性知识，安德森认为它是由陈述性知识转化来的，并将程序性知识的学习分为三个阶段。第一阶段是陈述性阶段，学习者习得了有关步骤或程序的知识（陈述性知识），并通过对这一陈述性知识的解释来解决问题、指导行为。如刚学习某种电脑软件的操作时，有关该软件的运用有一系列操作步骤，我们要看一下书上描述的某一步，而后采取一定的操作，接下来看下一步，再执行相应的操作，这是运用有关步骤的陈述性知识来指导行为。第二阶段叫知识的编辑。在这一阶段，陈述性知识被转化成程序性知识，学习者逐渐摆脱了对陈述性知识提示的依赖，他们不需要再通过回看步骤的描述来采取操作了。第三阶段叫调整阶段，学习者通过泛化或辨别来对程序性知识作出调整，泛化使得程序性知识的应用范围更广；而辨别则使程序性知识的应用只限于合适的情境中。同时，在这一阶段，通过练习，学习者执行程序性知识的速度也得到提高（Anderson，1982）。

皮连生在吸收加涅的学习信息加工模型、奥苏贝尔的同化论及安德森的两类知识学习理论基础上，提出了一个知识分类学习的模型，可以较好地解释陈述性知识、程序性知识及认知策略的学习过程（见图1-4）。

18

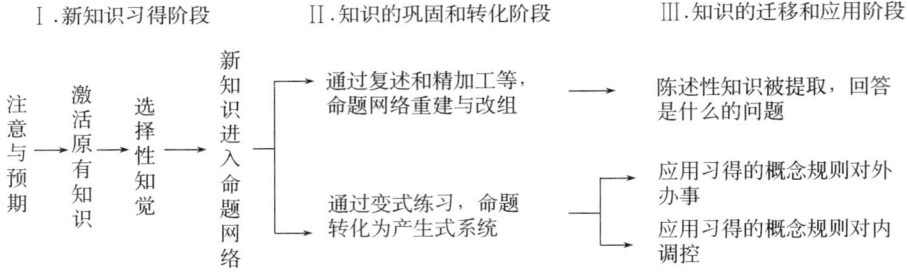

图1-4　广义知识学习阶段与分类模型

（五）维果茨基的高级心理机能内化过程

俄国心理学家维果茨基（L. S. Vygotsky）认为，学生在学校要学习的是他所称的高级心理机能，主要是指个体对自己思维的有意识关注，对其行为的有效掌控，处理抽象的观念以及运用逻辑关系和概括的能力。个体的分类行为、基于概念间的关系所进行的记忆（逻辑记忆）、有意注意、言语和数学式的概念性思维等，都是高级心理机能的例子。维果茨基指出，高级心理机能的习得是一个内化过程，具体来讲，高级心理机能的发展就是将外在的社会关系转换成个体内部的心理机能。对此，维果茨基（1978）阐释道，在儿童发展过程中，每项机能出现两次。第一次在社会层面，第二次在心理层面；第一次处在人际关系中，第二次处在儿童之内。所有的高级心理机能是内化了的社会关系。维果茨基将这种外部操作的内部重构叫做内化（internalization），列昂捷夫（A. Leont'ev）称之为占有（appropriation）。

三、学习的条件

如果说学习的方式是心理学对学习规律的分类概括，学习的过程与机制是对学习规律的动态描述，那么学习的条件则以较为静态的观点描述了学习的规律，即预期的学习结果在学习者身上的出现需要事先具备哪些基础或因素。

（一）奥苏贝尔的有意义学习条件

奥苏贝尔认为，有意义的学习需要三个条件，缺少了其中一条或几条，学习者只能进行机械学习。这三个条件分别是：

1. 学习材料本身必须具有逻辑意义

这一条件是奥苏贝尔提出的影响有意义学习的外部条件。这里的逻辑意义是指学习材料与人类学习潜能范围内的相关观念之间可以形成非人为的和实质性的联系。一般来说，教科书中的内容是人类对现实世界的解释或某些合乎逻辑的推断，都符合逻辑意义要求。而心理学家做实验时使用的无意义音节、随机的数字串等材料，则不具有逻辑意义。

2. 学习者的原有知识基础

学习者原有的知识基础是同化新观念所必须具备的，缺少了相关的原有知识基础，新旧知识之间不能建立有意义的联系。对此，奥苏贝尔（1994）强调指出：假如让我把全部教育心理学仅仅归结为一条原理的话，那么，我将一言以蔽之——影响学习的唯一最重要的因素，就是学习者已经知道了什么。要探明这一点，并应据此进行教学。

3. 有意义学习的心向

这一条件涉及学习者学习的动机因素。所谓有意义学习的心向是指学习者积极主动地将新旧观念联系起来的倾向。否则，即使学习者具备相关的原有知识，如果缺乏了这一条件，就不能进行有意义的学习，而只能进行机械的学习。

（二）加涅的五类学习结果的学习条件

加涅对其区分的五类学习结果——言语信息、智慧技能、认知策略、动作技能、态度——分别描述了其学习所需要的条件。这些条件加涅统称为先决条件（prerequisit conditions），意即学习者在达成学习结果之前必须事先具备的条件。他又进一步将这些先决条件分为必要性的先决条件和支持性的先决条件，前者是指学习中不可缺少的条件。缺少必要条件，相应的学习便不能出现。后者是对学习产生加速或减速作用的条件。缺少支持性的先决条件，学习可能也会发生，但其效率不高。五类学习结果的学习条件见表1－2。

19

表 1-2　加涅的五类学习结果的学习条件

学习结果分类	必要性的先决条件	支持性的先决条件
智慧技能	较简单的智慧技能的构成成分（规则、概念、辨别）	态度、认知策略、言语信息
言语信息	有意义组织的信息	言语技能、态度、认知策略
认知策略	某些基本心理能力和认知发展水平	智慧技能、态度、言语信息
态度	某些智慧技能和言语信息	其他态度、言语信息
动作技能	部分动作技能、某些操作规则	态度

（三）专业知识获得的条件

埃里克森（K. A. Ericsson）经过大量的调查研究后认为，习得专门领域的知识需要进行有意练习（deliberate practice）。有意练习不只是习得专业知识的必要条件，也是一个充分条件，换言之，在正常情况下，进行足够的有意练习就可以造就专家。

到底什么是有意练习呢？有意练习并不是单纯的重复或经验，而是指旨在提高成绩的结构化活动。根据埃里克森等人的描述，能促进专家技能发展的有意练习至少有如下一些特点。一是练习者在练习过程中有明确的目标，并仔细监控练习的结果以判断目标是否达到；二是练习者在练习过程中要有人予以指导并能从中获得自己练习的反馈；三是练习者要有提高自身表现水平的动机，在练习过程中不断为自己设置新的、更大的挑战；四是这种练习可使练习者形成一种对所练习技能的心理表征，这种表征能使练习者产生灵活而有适应性的表现（Lehmann & Ericsson，2000）。埃里克森对德国一所音乐学院的小提琴家的研究发现，不同专业水平的学生间的主要差异是他们所进行的有意练习的量。顶级的小提琴手到18岁时有意练习的平均时间几乎是7 500小时，而好的小提琴手平均只有5 300小时（Sternberg & Ben-Zeev，2001）。

但并不是所有学者都同意埃里克森的主张。有学者认为，有意练习对专业知识的发展只是一个必要条件而非充分条件，换言之，要成为专家，仅有有意练习是不够的。为此，反对者也提出了一些反驳的意见。一条意见认为，有意练习没有考虑到遗传和天赋在专业知识发展中的作用。天赋和有意练习对于成为专家可能都很重要，而且，可能只有天赋高的人才会持续投入到有意练习中，因为他们的天赋激励他们更努力地去尝试，这样就有了更多的有意练习时间。很多人都学过音乐，但大部分人中途放弃了学习，或许是因为他们发现自己缺乏成为音乐家的天赋，因而就不花时间来进行练习。这样看来，有意练习和专业知识发展之间的关系可能还受到天赋水平的影响。二是仅有有意练习并不一定能成为专家。如反驳者质疑说，我们能相信任何人只要肯花时间就能成为莫扎特吗？或者任何人只要足够努力地练习就能达到乔丹的篮球技能水平吗？或者，成为爱因斯坦只是有意练习的问题吗？这些质疑虽缺乏研究的支持，但要驳斥它并不是一件简单的事情。三是有意练习的研究缺乏控制组，即只关注了经有意练习而成为专家的人，而没有关注那些花了和专家一样的有意练习时间却没有成为专家的人，这就使得得出的结论有商榷的余地。

虽然学者们还有争议，但争议的只是有意练习是不是专业知识发展的充分条件，有意练习作为专业知识发展的必要条件得到了研究的支持和广泛的认同，因此，至少在目前看来，有意练习在专业知识发展中起巨大作用，而且如果充分地投入，有可能保证专业知识的获得。

第四节　学习心理学研究的趋势与本书的写作思路

一、学习心理学的研究历史

学习心理学的研究与心理学的独立发展是相并行的。自 1879 年心理学从哲学中分离出来之时，心理学家就开始了对学习的研究。100 多年的研究历程可以大致分为三个阶段：早期的认知研究，行为主义研究和当代的认知研究。

（一）早期的认知研究

1. 艾宾浩斯的无意义音节学习研究

艾宾浩斯是和心理学之父冯特同时代的人。冯特采用实验的手段研究感觉、知觉等较初级的心理现象，并将心理学发展成了一门科学。艾宾浩斯则采用实验的方法研究了学习、记忆等高级心理现象。当时，心理学中盛行的理论是联想主义学习理论，认为学习就是观念通过经验而联系起来，如看到了"桌子"，我们会马上想到"椅子"，这是因为我们多次经验了桌子和椅子而将这两个观念在心理上联系在了一起。根据这一思想，艾宾浩斯假设，如果观念之间因不断地重复体验而被联系起来，则对观念的重复次数会影响到对观念的回忆。

为检验这一假设，艾宾浩斯创造了无意义音节，即由辅音—元音—辅音三个字母构成的音节，如 qap，kow，ced 等。由于这些音节本身不构成有意义的单词，因而就排除了过去经验对其学习的影响。艾宾浩斯设计了一系列的无意义音节并将其组成一个列表，而后以自己为被试，测验自己要重复多少次才能学会这些音节的列表。从这些研究中，艾宾浩斯得出了无意义音节遗忘的规律，即遗忘的进程起先很快，而后遗忘速度会慢下来。此外，艾宾浩斯还用实验方法证实了一些明显的学习与记忆方面的事实，如要学习的材料越多，所花的时间越长；学习一些材料后，经历的时间越长，回忆的难度越大等。艾宾浩斯的工作在学习心理学研究历史上有重要意义，他首先用实验的方法研究了较高级的心理过程，他用无意义音节所做的研究开创了言语学习的传统，并使联想的原则得以延续。

2. 托尔曼的潜伏学习研究

托尔曼认为，学习是有机体内部的变化，他以白鼠学习走迷宫的研究为例，对这一观点作了进一步的阐发。首先，托尔曼用"认知地图"这一概念来描述

21

白鼠从迷津学习中习得的内容。在 1932 年的一项研究中，托尔曼训练两组白鼠走如下的十字迷津，见图 1 – 5。一组叫反应学习组，食物放在迷津的 F2 或 F1 处，白鼠从 S1 或 S2 出发，只需朝一个方向转就能找到食物（如从 S1 出发，右转至 F1 处找到食物；从 S2 处出发，右转至 F2 处找到食物）。另一组叫位置学习组，食物固定地放在一处（如 F1 处），这样，从不同起点出发（S1 或 S2），要走不同的路线，作不同的反应才能找到食物。训练持续了 12 天，每天练习 6 次。学习的标准是连续 10 次尝试不犯错误。结果发现，位置学习组的白鼠全达到了标准，而反应学习组中只有 3 只达到了标准（张卿，1995）。据此，托尔曼认为，位置学习组的白鼠形成了迷津的"认知地图"。

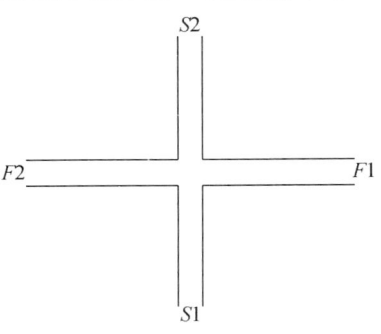

图 1 – 5　十字迷津

　　此外，托尔曼描述了由学习导致的有机体内部变化与外在行为的关系，提出了潜伏学习的概念。所谓潜伏学习是指学习已经发生，但没有表现出来，只是在条件适当的情况下才表现出来。这意味着学习是内部的变化，其存在要通过外显的行为来体现。托尔曼和霍尼克（C. H. Honzik）1930 年的研究将白鼠分成三组跑迷津。一组叫无强化组，每次成功跑出迷津后都不给以食物奖励；另一组叫强化组，每次成功跑出迷津后都给以食物奖励；还有一组是实验组，在前 10 天跑迷津时，成功跑出后不给以食物奖励，但从第 11 天起，对其成功跑出迷津的行为进行奖励。结果发现，在接下来的 6 天（第 12 天至第 17 天）实验中，无强化组的错误反应次数仍旧维持在较高的水平，强化组的错误反应次数逐渐减少。实验组的错误反应次数急剧减少，与强化组的表现没有明显差别，甚至还超过了强化组。托尔曼认为，实验组的白鼠在第 11 天得到食物奖励前已学会了如何正确地走迷津，不过条件不合适（缺乏食物奖励）而没有将这一学习表现出来。在第 11 天以后，由于条件合适（有食物奖励），这组白鼠便将这种"潜伏的学习"表现了出来（高觉敷，叶浩生，1996）。托尔曼的这一发现有力地阐明了学习与表现的关系原理。

　　3．格式塔学派的顿悟学习研究

　　格式塔学派形成于德国，其代表人物有韦特海默（M. Wertheimer）、苛勒

（W. Kohler）、考夫卡（K. Koffka）等。格式塔学派认为，学习不是在刺激与反应间形成联结，而是要形成完形（Gestalt，这是德语单词，音译为"格式塔"，"完形"是其意译），即对事物间相互联系和相互作用的整体认识。学习的过程也不是桑代克所描述的尝试错误的过程，而是一个顿悟的过程。所谓顿悟是对事物之间关系的突然领悟。苛勒在 20 世纪初用黑猩猩做的研究说明了这一学习观。

在苛勒的研究中，黑猩猩被关在笼中，在笼外黑猩猩够不到的地方放有香蕉，笼内放有两根竹竿，但这两根竹竿都不够长，用任何一根都不能够到香蕉，必须将两根竹竿对接起来才能够到。苛勒发现，在解决这一问题的过程中，黑猩猩并不是一味地进行盲目尝试，而是常常出现很长的停顿，并且还环顾四周的情境。在停顿之后，黑猩猩表现出了连续的动作序列，它首先将两根竹竿接在一起，而后用加长了的竹竿够到了香蕉。据此，苛勒认为，经过顿悟，黑猩猩发现了问题情境的"完形"，即认识到了两根竹竿与香蕉之间的关系（张卿，1995）。

（二）行为主义研究

行为主义通常将学习界定为"由经验引起的行为的相对持久的变化"，其研究的对象是行为，即新行为的出现和旧行为的改变。在研究的方法上，行为主义主张通过系统观察行为并操纵其周围的环境变量来探究学习的规律。行为主义认为，学习其实就是在刺激和反应之间建立联系，而从刺激到反应中间有机体内部发生了什么，则不属于学习心理学的研究对象。从历史上看，桑代克、巴甫洛夫和斯金纳是行为主义流派杰出的代表人物。

1. 桑代克与学习的三大定律

桑代克（E. L. Thorndike）以动物为研究对象探讨学习的规律。他做的一个经典实验是将饥饿的猫关进一个迷箱中，迷箱附近放有鱼，箱内有一个机关，触动它即可打开门而逃出迷箱。一开始，关进迷箱的猫做出许多无关的、随机的、不成功的行为（如四处乱窜、抓、咬等）试图从中逃出来。然后，饿猫偶然碰到了机关，于是便逃了出来。经多次把猫放回迷箱中，桑代克发现，一开始猫表现出许多混乱无关的行为，但随着尝试并逃出迷箱次数的增多，猫逃出迷箱的时间逐渐减少，最终猫学会了如何打开门逃出迷箱。

在大量实验基础上，桑代克提出了他的学习理论。首先，学习就是在刺激与反应之间建立联系，他称这种联系为联结。其次，学习是不断地进行尝试与错误而最后取得成功的过程。再次，动物没有记忆、没有思维、没有观念，动物只能在刺激与反应之间建立联系，而不能在观念之间建立联系。这一思想对后来的行为主义有重要影响。最后，桑代克提出了著名的学习定律以解释联结形成的规律。这些定律分别是练习律、效果律、准备律。所谓练习律是指刺激与反应之间的联系因不断使用而得到增强；因练习的中断或不练习而削弱。后来，进一步的研究表明，简单的重复并不能增强刺激与反应间的联结强度，练习的结果在联结

23

形成中起重要作用。所谓效果律是指针对刺激的反应因受到奖赏而使刺激与反应之间的联结得到增强，因受到惩罚而使这一联结削弱。这一定律暗含的一个思想是，奖赏和惩罚在改变联结强度中有同等重要的作用。后来，在新的研究事实基础上，桑代克改变了这一看法，认为通过奖赏来改变联结较之通过惩罚来改变联结更普遍、更直接。所谓准备律是指有机体准备作出反应时，让其作出反应会使其产生满意的结果，不让其作出反应会产生烦恼的结果；当有机体不准备作出反应时，强迫其作出反应也会产生烦恼的结果。

2. 巴甫洛夫与经典条件作用

巴甫洛夫（I. Pavlov）是俄国生理学家，在对狗的消化腺研究中偶然发现了条件作用现象。在他所做的一个经典研究中，先给饥饿的狗呈现食物。这时食物这一刺激会引起狗分泌唾液的反应，这一现象属于生理学中的无条件反射，其中的食物叫无条件刺激，它所引发的分泌唾液的反应叫无条件反应。接下来，在给狗呈现食物的同时也呈现铃声，这时的铃声叫中性刺激，因为单独呈现铃声并不能引起狗分泌唾液。经过多次将食物与铃声同时呈现之后，单独呈现铃声而不呈现食物，也能引起狗分泌唾液，这时的铃声叫条件刺激，它所引发的分泌唾液的反应叫条件反应。巴甫洛夫的这一发现后来被称之为经典条件作用（相对于斯金纳的操作条件作用而言的），其形成的实质与过程是条件刺激与无条件刺激多次配对呈现后，条件刺激能引发条件反应。

进一步的研究还发现了经典条件作用的其他规律。如在条件作用形成后，若反复呈现条件刺激而不配之呈现无条件刺激，则条件反应趋向于消退。如只给狗呈现铃声而没有食物呈现，时间长了铃声就不能引发狗分泌唾液了。但经过一段时间后，若再次呈现条件刺激，条件反应会重新出现，这种现象称之为自然恢复。在经典条件作用形成后，有机体会对与条件刺激相似的刺激作出条件反应，这一现象被称为条件作用的泛化。如狗已形成对某一强度的铃声分泌唾液，若给狗呈现强度、频率相近的铃声，也会引发狗分泌唾液。而有机体只对条件刺激作出条件反应，对与之类似的刺激不作出条件反应的现象称为条件作用的分化。还有一条重要的规律是高级条件作用，是在已形成的某一条件刺激引发某一条件反应基础上将新的中性刺激与条件刺激配对呈现，则新的中性刺激会转变为条件刺激而能引发条件反应。如狗已形成了对铃声分泌唾液，这时将灯光与铃声同时呈现多次，则灯光也会引发狗分泌唾液。

巴甫洛夫的条件作用理论强调刺激—反应联系的建立，而且这一过程是自动的，不需要以意识为中介。在这一理论基础上开发的系统脱敏技术可以有效地治疗焦虑、恐惧等症状。但后来的研究表明，条件刺激与条件反应之间联系的建立需要以意识和认知为中介，换言之，条件作用的形成并不是自动进行的。如果人们没有意识到条件刺激与无条件刺激间有联系，就不会形成条件作用；如果人们相信条件刺激和无条件刺激间有联系，则即使事实上不存在这种联系，也同样会形成条件作用（申克，2003）。这说明，条件作用的形成很复杂，单纯用巴甫洛夫的经典理论有时很难全部解释清楚。

3. 斯金纳与操作条件作用

斯金纳（B. F. Skinner）是行为主义学习理论的集大成者。在美国心理学界，行为主义的思想是由华生（J. B. Watson）引入的。华生主张，心理学应只关注行为的研究，意识、复杂的心理状态因其主观性而不能被客观研究，不应成为心理学的研究对象。受华生的影响，斯金纳也把行为作为心理学的研究对象。在研习巴甫洛夫经典条件作用理论的基础上，斯金纳进一步区分了两类行为：一类叫应答行为，指对刺激做出的不由自主的行为，这类行为是巴甫洛夫经典条件作用研究的对象。另一类行为叫操作行为，是由有机体主动做出并能作用于环境的行为，斯金纳研究的就是这类行为的学习。

在研究操作行为的学习时，斯金纳继承并发扬了桑代克的效果律的思想。在桑代克修订过的效果律中，他十分看重奖赏而不是惩罚在联结形成中的作用。斯金纳也接受了桑代克的这一思想，并将奖赏发展成了"强化"的概念。所谓强化是指在反应之后呈现的能够增强反应频率的刺激或事件。这是通过强化的功能或强化对行为的影响效果来界定的。强化是斯金纳操作条件作用理论的核心。利用这一概念，斯金纳提出了分析操作学习的如下框架：

$$S^D——R——S^R$$

其中的 S^D 是辨别刺激或反应出现的场景，它的作用是提示或引出某种反应。R 是有机体在辨别刺激提示下作出的反应，S^R 是反应之后的强化刺激，又叫相依刺激，即相依于反应提供的刺激。斯金纳认为，要科学地描述有机体行为的习得，就需要确定出上述三种成分，这三种成分斯金纳称为强化的相依性（contigencies of reinforcement）。这样看来，某种行为的习得与表现，既受辨别刺激的控制，又受强化刺激的控制。

如在斯金纳的研究装置（斯金纳箱）中，面板上有红绿两种灯光，有一个杠杆可供白鼠按下，而杠杆又与食盒相连。这样，按下杠杆就会导致一粒食丸释放到食槽中。假设绿灯亮表明食盒中有食丸。把白鼠放在斯金纳箱中，一开始它会针对绿光（辨别刺激）作出许多反应，有抓、咬等。当它偶尔作出按下杠杆的反应时，就会得到一粒食丸（强化物）。经过多次这样的尝试后，白鼠学会了作出压杆以得到食物的反应。但当红灯亮时，即使作出压杆反应也得不到食丸，这样，白鼠就学会了看到绿灯亮（辨别刺激）按压杠杆（反应），这样可以得到食物（强化）。于是辨别刺激和强化刺激就控制或塑造了白鼠的特定反应。

斯金纳对"强化"这一概念做了深入研究。首先，他区分了正强化和负强化，一级强化物与二级强化物。正强化是指通过呈现令有机体满意的刺激来增强

25

反应，负强化是指通过移除令有机体厌恶或不愉快的刺激来增强反应。负强化不同于惩罚，后者是给有机体施加厌恶的刺激或移除满意的刺激来削弱反应。一级强化物（又叫初级强化物）是指能满足有机体基本生理需要的刺激，如食物、睡眠等。一级强化物的强化价值是在生物学上决定了的。二级强化物（又叫条件强化物）是指通过与初级强化物相联系而获得强化价值的刺激，如金钱、玩具、旅游等。

其次，斯金纳还区分了不同的强化程式及其在维持行为上的效果。固定比率程式是每隔固定的反应次数而给以强化，如工人每装配 300 只玩具发一次工资。固定间隔程式是指每隔固定的时间而给以强化，如工人每月发一次工资。可变比率程式是指每隔不定的反应次数而给以强化，如买彩票中奖。可变间隔程式是指每隔不定的时间长度而给以强化，如学校不定期组织评优奖先活动。前两种强化程式在维持反应的效果上较弱。一般而言，过了预期的时间或反应次数而不进行强化，会导致反应迅速衰退。后两种强化程式则有较好的维持反应效果，尤其是可变比率程式，在停止强化后，反应频率一度较高，然后才逐渐下降。这种强化程式的效果可以很好地解释赌徒为何深陷赌场而不能自拔。

（三）当代的认知研究

早期的认知研究主要是在行为主义盛行的背景下进行的，而且，由于其研究方法、研究手段的限制，不能对刺激和反应之间的内部过程作更深入研究，因而和当时盛行的行为主义相比，这时的认知研究仍处于弱势地位。自 20 世纪 50—60 年代以后，心理学家找到了更为有效和深入的研究内部过程的手段方法，从而使认知的研究取代了行为主义的研究而成为学习心理学的主导研究范式。本章第二、三两节介绍了当代认知研究的主要结果，这里从略。

二、当代学习心理学的研究趋势

从学习心理学研究的历程来看，当代学习心理学的研究呈现出如下几个趋势。

（一）关注学习涉及的内在认知架构

当代学习心理学受认知心理学的影响，采用其研究方法和技术如口语报告法、计算机模拟等，对学习者的大脑这一"黑箱"作了深入研究，描绘出了"黑箱"内在的结构和工作机制。工作记忆、长时记忆、编码、执行控制、元认知这些术语成了当代学习心理学常用来刻画学习的术语。近年来，随着脑科学、认知神经科学的不断发展，人脑学习所涉及的内在结构和机制在分子、细胞水平，在人类大脑的解剖结构的层次得到了更深入的探究。随着科学技术和研究手段的不断发展，心理学将不断深入地为我们揭示人脑"黑箱"的秘密。

（二）关注学习的社会文化情境性

学习者是处在一定的社会关系中，属于一定的社会群体。他的学习不可能只受其内在结构与机制的影响，还受社会文化环境的影响。近年来，维果茨基强调学习的社会性发展与学习理论以及强调学习情境性的情境认知理论在学习心理学的研究中影响日盛。这一趋势是从更宏观的社会层面来揭示学习者学习的规律，与关注学习的认知架构的趋势一道，有助于从社会和个体两个层面更全面地揭示学习的规律。

（三）关注学习者在具体内容（或学科）领域的学习

早期的学习心理学家在研究学习时，常用动物（如狗、白鼠、鸽子等）作实验的对象，在以人为研究对象的研究中，也常用机械的、人为的材料，从这些研究中虽然能得出一些有关学习的规律，但这些规律不能很好地应用于学校教育情境中学生对具体学科内容的学习上。认识到这一研究的局限，当代的学习心理学家开始关注具体学科中的学习规律。如雷斯尼克（L. B. Resnick）和福特（W. W. Ford）就是研究数学学习规律的心理学家。他们将自己研究的问题与实验心理学家、发展心理学家研究的问题作了比较。实验心理学家和发展心理学家关注的问题是"人们是如何思维的"，"人们的思维过程是如何发展的"，而作为研究数学学科学习的心理学家，雷斯尼克和福特关注的问题则是"人们是如何思考数学的"，"对数学概念的认识是如何发展的"（Resnick & Ford，1981）。研究和关注问题的变化，突出体现了学习心理学家对具体学科学习规律的重视。由于这些问题的研究结论与具体的学科学习有直接关联，因而能更有效地揭示具体学科学习的规律。

近年来，有关学习心理学的一些著作和教材纷纷增加了具体学科学习的有关内容，以反映这一领域的研究进展。如加涅等人（Gagné, Yechovich & Yechovich，1993）在《学校学习的认知心理学》一书中，列四章介绍了认知心理学在阅读、写作、数学、科学等学校学科学习上的研究成果。布鲁尔（J. T. Bruer，1993）在《为了思维的学校：课堂中的学习科学》一书中也分四章论述学习心理学在数学、科学、阅读、写作领域的研究。申克（D. H. Schunk，2003）的《学习理论：教育的视角》一书中，专设一章《内容领域的学习》，探讨阅读、写作、数学、科学、社会几大学科的学习研究。梅耶（Mayer，2008）在《学习与教学》一书中分别阐述学习与教学的心理学研究，其中的学习部分，主要是对学生在阅读、写作、数学、科学等学科学习的研究介绍。布鲁宁等人（Bruning, Schraw & Norby，2011）在《认知心理学与教学》一书中，也分设几章论述阅读、写作、科学、数学学科学习的研究。对学习者在具体学科学习规律的关注，使得学习心理学的研究更贴近学习者的学习实际，能更好地指导学习与教学实践。

三、本书的写作思路

本书的写作思路是在对学习心理学发展的历史、当代研究的现状、发展趋势

27

进行梳理的基础上提出来的。作为一本学习心理学方面的著作，要力求反映当代学习心理学的研究成果和发展趋势，同时还要能对教学实践有指导价值，便于学习者和教学者在实践中应用，以改善其学习和教学的效果。基于这一认识，确定本书的写作思路如下：

（一）本书的主旨

本书的写作主旨一是体现学习分类的思想，二是体现学习规律的学科应用取向。学习心理学 100 多年的发展经验和教训之一是，要区分不同类型的学习，分别找出其学习的规律，不应当用一种普遍适用的学习规律来解释和指导所有的学习现象。因而区分不同类型学习的规律，是本书的着力点之一。学习心理学揭示的学习规律是为了指导学习与教学的实践，这一实践很大程度上就是学生在学校期间各门学科学习的实践，因而要阐释学习心理学的应用价值，就需要揭示学生在学校学科中学习的规律。中小学各门学科的学习现象和规律很复杂，不同类型的学习有不同的规律，在具体学科领域厘清不同类型学习的规律，就可促进对该学科学习规律的把握。因而本书的主旨归结到一点就是，用学习分类的思想来阐明中小学主要学科不同类型学习的规律。

（二）本书的组织框架

根据本书的写作主旨，可描绘出本书的内容组织框架。首先第一章介绍当代学习心理学揭示的不同学习规律，以便作为阐述学科学习规律的基础。而后再对语文、数学、英语、科学、社会五门学科，运用当代心理学揭示的学习规律及学习分类的思想，阐明这五门学科中具体的学习结果类型及其学习的规律。在此基础上，进一步阐释如何基于这些学习规律安排教学。最后一章是在分别阐释五门学科学习规律的基础上，对不同学科学习规律进行横向比较，以便在更高层次上把握学科学习与教学的规律，这一章阐释的学习规律与第一章揭示的规律遥相呼应，而且经过学科内容的洗礼，这些规律可以更紧密地置于学科学习的情境中，也有更强的应用性。

（三）本书写作的目的

考虑到本书的写作主旨与组织框架，写作本书希望有助于如下一些目的的实现。

1. 有助于教师核心教学能力的培养

根据舒尔曼（L. S. Shulman）的观点，教师所具有的最具教师职业特殊性的地方是教师具有针对具体内容的教学法知识（pedagogical-content knowledge），这种知识一般是指对某一领域中关键论题最有效的例子、类比、解释的知识；使内容易为学生理解的呈现方式；帮助学生澄清对某一学科的论题、原理、技能所产生的误解的知识；学生在掌握知识过程中遭遇的"认知瓶颈"以及如何帮助学生解决的知识（Bruer，1993）。可见，这类知识是关于具体的内容如何教的，是

28

在教师的学科教学实践中起实际作用的知识。但这一知识长期以来未受到教师或教育研究者的重视，舒尔曼称之为"缺失的研究范式"。如果我们要提高教师的教学能力，就要让教师习得这种知识，那些浮在各个学科之上的一般性教育理论知识，对教师学科教学法知识的培养作用不大。本书在当代学习心理学研究基础上，深入到具体学科中揭示学生学习以及教师教学的规律，这些知识与学科内容的联系密切，有助于教师形成针对具体内容的教学法知识，提升其关键的教学能力。

2. 有助于高师公共课心理学的转型

我国高等师范院校在培养师资时，心理学是必修科目之一。长期以来，我国高师的公共心理学内容沿袭前苏联普通心理学的体系，介绍正常成年人的一般心理的知识，如感知觉、注意、想象、思维等内容。这些内容与中小学教学实际的联系不是很紧密，学生学了用处也不大。自 20 世纪 80—90 年代开始，国内一些心理学教学与研究人员开始尝试改革高师公共课心理学的内容体系，主要是用研究学校教育情境中学与教规律的教育心理学内容体系取代前苏联的普通心理学体系。如邵瑞珍 1990 年主编的《学与教的心理学》就是这方面的突出代表。新的公共课心理学内容体系与学习和教学实践的关系更为密切了。但这一体系仍是一般性地论述学校教育情境中学生学习和教师教学的规律，没有具体到学科的学习与教学的规律。在这种体系下，一般性的学与教的理论如何应用于具体学科的学习与教学，主要靠学习者自己。有些学习者能主动地运用学与教的一般理论发现并应用学科教学的规律，但也有些学习者难以发现和应用。教育心理学体系的公共课心理学仍有进一步发展和深化的必要。学习心理学有关学科学习的新发展则为此提供了可能性。运用学习的一般理论阐明各主要学科学习的规律，对于师范生的培养来说有助于缩小理论与实践应用之间的距离，加快其专业成长。因而有关学科学习的内容进入高师公共课心理学的体系既有必要也有可能。本书希望在促进这一可能性的实现上能发挥一些作用。

3. 有助于综合师资的培养

重视学科之间的交叉融合是学科发展的一个重要趋势，这一趋势也体现在学校课程的改革上，那就是综合课程开始出现在学校的课程列表上。我国的基础教育课程体系也十分重视这类课程的设置，但随之而来的问题是如何实施这类课程，这需要一定数量的综合课程的师资。实施综合课程的教师在教学时需要针对不同学科的内容开发教学，而我国的现行教师培养和培训体制却是分学科进行的，因而综合师资的问题能否得到较好解决是制约我国综合课程顺利实行下去的关键因素。综合师资的培养不只是要求教师学习不同学科的知识，还需要教师具备如何教不同学科、不同内容的知识，即舒尔曼所讲的针对具体内容的教学法知识。本书在内容的设置上，考虑到对不同学科学习与教学规律的介绍，而且最后

29

设专章对学科学与教的规律进行横向比较，阐明同一条学与教的规律在不同学科中的具体体现形式或特殊性，从而使学与教的规律与更多的学科学习与教学情境联系起来。这种与情境联系密切的学与教的规律更有助于教师在面对具体的学科教学内容时，选择和确定具体的教学策略，从而也让教师能够灵活自如地实施综合课程。

【建议参考资料】

1. 王小明. 学习心理学 ［M］. 北京：中国轻工业出版社，2009.

2. 申克. 学习理论：教育的视角 ［M］. 韦小满，译. 3 版. 南京：江苏教育出版社，2003.

3. 德里斯科尔. 学习心理学——面向教学的取向 ［M］. 王小明，译. 3 版. 上海：华东师范大学出版社，2008.

4. 加涅. 学习的条件和教学论 ［M］. 皮连生，王映学，郑葳，等，译. 上海：华东师范大学出版社，1999.

5. 皮连生，王小明，王映学. 现代认知学习心理学——打开有效学习之门的钥匙 ［M］. 北京：警官教育出版社，1998.

【问题与思考】

1. 研究学习的学科有哪些？它们是如何研究学习的？

2. 比较加涅和布卢姆的学习结果分类理论。

3. 阐述学习方式的含义及其类型。

4. 学习涉及哪些内在认知结构和过程？

5. 根据心理学有关学习结果类型的研究，提出一个适合我国教育实际的学习结果分类体系。

6. 对一些教改措施，如转变学习方式、研究性学习等，运用学生学习的心理学规律进行评析。

第二章　语文学习心理①

【本章提要】

　　语文学科的学习结果主要有事实、概念与规则、图式、动作技能与态度。事实主要指字形的记忆及其读音，字词的固定搭配及文学常识。概念包括语文课文字词含义及部分语法概念。规则涉及遣词造句、布局谋篇、阅读理解等的方法、程序。图式是我们头脑中关于一类客体、事件、情境的一般知识结构，在语文中一般涉及句子结构图式和篇章图式。动作技能在语文学科中主要指发音和书写等涉及肌肉运动学习的任务。态度则主要体现在课文中的人物榜样上。事实的学习涉及在若干个项目之间建立联系，重复、接近、强化、精加工是学习事实的主要规律。概念和规则的学习主要通过例中学的方式进行，学习的程度可达到理解、运用等不同层次。图式的学习方式也是例中学，学习中需要习得图式的结构。动作技能学习经历认知、联系形成和自动化三个阶段，示范、言语指导、练习、反馈是影响其学习的重要因素。态度主要经由观察学习习得，观察的榜样可以是课文中的人物形象，也可以是现实中的教师、同伴。此外，在学习课文过程中，学习者从其亲历的经验中也会习得相关的态度。运用语文学习结果的类型及其学习规律，可以解决语文教学的一些问题。作文教学、阅读理解教学、口语交际教学、文言文教学都涉及不同学习结果类型的教学，可以采用支架式教学的方式来教会学生这些涉及多种学习结果的复杂任务。

31

【学习重点】

　　1. 用语文学科的例子，说明事实、概念、规则、图式、动作技能和态度的含义。

　　2. 陈述图式的含义及其构成成分。

　　3. 针对给出的教学案例，运用本章各类学习结果学习的规律，对这些案例进行分析、点评。

　　4. 陈述学生作文涉及的内在认知结构、认知过程及相关的学习结果类型。

　　5. 举例说明阅读理解需要学生习得的学习结果类型。

　　6. 用教学中的例子说明口语交际教学的目标是什么。

　　7. 针对给出的一篇文言文，运用本章的观点，确定其教学目标。

---

①　本章的写作得到了教育部人文社会科学研究项目的资助，项目批准号：09YJA880040。

8. 陈述支架式教学的基本思想。

9. 在实际的语文教学中设计并实施支架式教学。

【重要术语】

语文事实　语文概念　语文规则　图式　句子图式　篇章图式　语文动作技能 语文态度　精加工　示范　练习　反馈　榜样　支架式教学　互惠教学　作文教学 阅读理解教学　口语交际教学　文言文教学　弗劳尔和海斯的写作过程模型

在中小学的课程体系中，语文学科关系到学生能否正确理解和运用祖国的语言文字，并对学生学习其他学科有直接的制约和影响作用，因而语文学科是一门重要的基础学科。但语文学科同时又是一门问题多多的学科。如果我们把古代私塾的教学也看做是语文教学，那么语文教学的历史有上千年，比数学、科学等学科的教学历史都长。可是语文教学的效率和效果却不尽如人意，"高耗低效、少慢差费"是我国语文教学的一大顽疾。从 1978 年吕叔湘先生感叹语文教学"十年的时间，二千七百多课时，用来学习本国语文，却是大多数不过关，岂非咄咄怪事！"（吕叔湘，1983）至今，语文教学在这一顽疾的解决上没有多大进展。究其原因固然是多方面的，但最根本的一个原因在于我们在到底要让学生在语文课上学什么、学生是如何学习的这些本源问题上不甚清楚。本章从心理学的角度来尝试阐明语文学科学习与教学中的这些问题。

第一节　语文学习结果

要解决语文教学的顽疾，首先要解决让学生学什么或语文教学的目标这一问题。教学目标是预期的学生的学习结果，厘清学生语文学习结果的类型，就是在阐明语文教学目标是什么。从心理学的角度看，学生在语文学科上的学习结果涉及事实、概念与规则、图式、动作技能、态度等类型。

一、事实

语文学科有大量事实需要学习者记忆。这些事实通常较为零碎，也不够概括，但缺少了这些事实，语文的能力或素养又会有所欠缺。汉字的学习在很大程度上涉及的是事实。首先，汉字的字形学习涉及记忆大量事实。如学习者要记住"碧绿"的"碧"字是由"王"、"白"、"石"三个字组成的，"王"字是由三横一竖组成的。其次，汉字读音的学习也涉及事实的记忆。如学习者要记住"瘗"字的读音是"yì"，"的"字既可以读作"de"，又可以读作"dì"。另外，一些字或词语的固定搭配也要作为事实来学习。如"刻苦"是由"刻"字和"苦"字组合起来的词，不是"克"和"苦"组合成的；"天气"与"预报"是搭配在一起的，但通常不与"预告"搭配在一起。语言现象中的这些约定俗成的东西通常是作为固定的事实而学习的。还有一部分事实属于文学常识或语言知识，如"鲁迅是浙江绍兴人，我国著名的文学家、革命家"，"《家》、《春》、《秋》是巴金的作品"，"《西游记》、《红楼梦》、《三国演义》、《水浒传》是我国四大古典名著"，"月"叫月字旁等。

从心理学角度看，语文学科中的事实学习涉及学习者在不同的语言项目之间形成联想，如"瘗"读"yì"音就是在"瘗"这一项目与"yì"这一项目（读音）之间形成联系，"刻苦"是在"刻"和"苦"之间形成联系，而且这种联系更多的是人为的或约定俗成的联系，而不是奥苏贝尔所讲的实质性的和非人为的联系。

二、概念与规则

语文学科最为重要的学习结果是概念和规则。这里的概念和规则涉及遣词造句、布局谋篇、表情达意等理解和运用语言文字时的一些规律，它们有一定的概括性，可适用于不同的文章或交际情境中。学生对这些概念、规则的掌握，体现在他们能运用这些概念规则来理解和使用语言文字，而不只是记住了这些概念规则的名称或定义。

语文学习的许多内容都涉及概念的学习。如在识字时，学生要学习"形声字"的概念，掌握这一概念的学生，能从"钉、情、漫、盖、镇、的"等字中指出哪些字是形声字，哪些字不是。在学习文言文时，学生要掌握"赋"、"春秋笔法"等概念。语文概念学习最集中的体现是对课文中字、词的学习。语文课文，尤其是小学低年级的语文课文，不仅要让学生识字，还要让学生认识事物，即通过学习表示事物的字词来认识这一事物，这里学生既要学习该事物的汉字符号，还要以概念的形式习得该类事物的关键特征。如《海底世界》一文中，有"海参"一词。学习这一词语不只是让学生会读、写这一词语，还要让学生习得"海参"一词表示的是什么动物，这时的学习就是概念学习，不过这里的概念是作为具体概念习得的。又如，《挺进报》一文中有"失职"一词，也需要学生通过定义"没有承担起应负的责任"来习得它，这一概念属于定义性概念。需要注意的是，并非课文里所有的字词都要作为概念学习。有时，学生在学习课文之前已经习得了概念，如"水"、"苹果"、"汽车"等，这时如果课文中出现了这些字词，学生学习的只是其已经习得的概念的符号表示而不是概念本身。具体某篇课文中的某个字词是否应作为概念学习，要视学生的原有知识基础而定。

在很多情况下，学生的语文学习学的是规则。规则涉及学习者运用若干个概念之间的关系去做事，这里做的事情可以是阅读课文，用文字进行描写、议论、抒情，还可以是指导学习者自己构思。如"要表达欢快、赞美的感情，就采用短

33

的、有节奏感的句子"就是一个写作的规则。在写文章时，掌握这一规则的学生就会根据写作的内容适时选用有节奏感的句子来表情达意。"选材要有代表性"是一条构思规则，掌握了这一规则的习作者，在写《小壁虎借尾巴》时，就会选择鱼、牛、燕子来分别代表水里、陆地、空中的动物；在写《中国石拱桥》时，就会选取卢沟桥和赵州桥而不是其他桥为代表来介绍中国的石拱桥。

三、图式

图式是我们头脑中储存的关于一类客体、事件、情境的一般知识结构。在这种知识结构中，有一些空位按一定关系组织起来，用于描绘或理解某一类别的所有成员。这些空位又分两类：一类空位在许多情况下其中所填的内容保持不变，这类空位又叫做图式中的常量；另一类空位在许多情况下其中所填的内容可以不断变化，这类空位叫做图式中的变量。在遇到某一类别的某个成员时，如果有关该类别的图式得到激活，那么我们便会根据该类别图式的要求，从该类别成员中寻找相关的信息填入图式的空位中，这一过程叫图式的具体化。如教师都有关于学生的图式，其中包括年龄、性别、兴趣爱好、家庭情况、学习情况等空位，这一图式适合描述所有的学生。当遇到具体某个学生需要了解时，教师头脑中的学生图式会指引教师从其他人或相关资料中寻找有关该学生年龄、性别、爱好、学习情况等方面的信息。获得了这些信息，教师便对这一学生有了更深入的了解。在具体化的过程中，哪些信息可以填入图式的哪些空位或变量中不是随意的，而是有一定的限制，这种限制来自两方面：一方面是变量本身对所填内容的限制，如学生图式中"性别"这一空位要求填入的内容只能是"男"或"女"，而不能是"汉族"、"大学"等内容，这种限制我们称之为变量本身的约束。另一方面是其他变量所填的内容对该变量所填内容的限制，如学生图式中"姓名"这一变量具体化以后，会对"家庭情况"这一变量产生限制，即其中只能填入该生的家庭情况而不能是其他学生的家庭情况，这类限制我们称之为变量之间的约束。

图式与概念都是描述某一类事物的，二者有某种程度的类似，但也有一些区别。概念表示的是一类事物的关键的、本质的特征，一些无关的、非本质的特征不包括在概念中，而图式则把本质的、非本质的特征都包括进去，并以空位的形式加以组织成结构，如"学生"这一概念只涉及"在学校里接受教育的人"这一本质特征，性别、年龄、民族都是"学生"概念的非本质特征，而学生的图式则包含有这些非本质的特征，因而相较而言，图式能对某一类别的成员作更为全面的刻画，概念则更本质地把握该类别成员的特征。

在语文学科中，图式主要体现为句子图式和篇章图式。

（一）句子图式

图式中的许多空位有时会按照相对固定的顺序组织起来，这类图式又叫脚本，如上餐馆就餐的图式就具有这样的特征：走进餐馆——点菜——吃饭——付款——离去，其中的每个空位都可以有不同变化（如付款可以用现金，也可以用信用卡），但这几个空位的顺序是相对固定的，而且，不同空位之间有一种协调一致的关系，如点的菜与付的款之间就有一种制约或对应关系。这类图式很适合解释一类句子的结构，这里称之为句子图式。参照上述图式的结构，可区分出句子图式的如下四种成分：1. 它由哪几部分（包括常量与变量）组成；2. 这几部分的组成顺序；3. 各部分之间的关系（变量之间的约束）；4. 每一部分可以填充的内容（变量本身的约束）。

例如，"轮船在大海上航行"，"农民在地里锄草"，"乌鸦在树上做窝"这三句话都是讲"谁在什么地方干什么"，有共同的结构，可看做是一个单句图式。如下所示：

谁	在	什么地方	干什么
变量	常量	变量	变量

其中"谁"、"什么地方"、"干什么"是该句子图式的变量，"在"是常量，其组成顺序是谁—在—什么地方—干什么。"谁"这个变量对于填充其中的内容有一定限制（变量本身的约束），即是能动的人或动物或客体。"什么地方"这个变量中填入"草地上"时，会对后一变量"干什么"的填充内容施加限制（变量之间的约束），即其中可以填"跑步、打球"等，不能填"划船、游泳"等内容。这里，变量之间的约束，主要是一种逻辑与事理上的要求。

（二）篇章图式

理解不同类型的课文也需要学生具有不同的图式。如对于故事类的课文，心理学家发现学生头脑中有一种类似于句法的故事语法（也有人称之为故事地图），它指出了故事的一般结构，这种故事语法也是一种图式。如：

时间：（   ）

地点：（   ）

人物：（   ）

问题：（   ）

采取的解决问题的行动：（   ）

结果：（   ）

这一图式包括了一般故事的主要成分，或者说，大多数故事的内容都可纳入到这一组织框架中。考虑如下简单的故事（聪明的大公鸡）：一天，一只大公鸡在路上走着，后面跟来了一只狼。狼想吃公鸡，就上前对公鸡说："我们两个一块走好吗？"公鸡则说："怎么是两个呢！后面还有一条狗呢！"狼一听，吓得连忙逃走了。这一故事的内容就可填入到刚才的故事图式中，达到对故事的理解。如：

时间：某一天

35

地点：路上

人物：大公鸡

问题：狼想吃大公鸡

采取的解决问题的行动：公鸡说后面还有一条狗

结果：狼被吓跑了

又如，对新闻这类文章，也要求学习者形成相应的图式，这一图式包括如下三个组成部分或空位：标题、导语、主体。这三部分之间存在相对固定的顺序（即标题——导语——主体），也存在一定的相互限制或对应关系，而且，每部分都可有不同变化。具备了这一图式的读者，在阅读新闻时就知道重点看什么，而对于缺乏其中某个成分（如导语）的新闻能很快觉察出其中的异常来。

对于图式这种学习结果，从事语文教学和研究的一些学者注意到了，不过是用不同的术语表达的，如对这样一句话：无论干部和群众，毫无例外，都必须遵守社会主义法制。语感强的人一读，马上就感到它有毛病。不应该讲"无论干部和群众"，应该讲"无论干部还是群众"。有人认为，这是语感强的人依凭对语言感受所获得的认知模式，立刻判断出了句子的毛病并改正了它（杨远军，1997）。这里讲的"认知模式"，就是语感强的人的头脑中已牢固形成的"无论……还是……都……"的句子图式，有了这一图式，对与其不符的病句，就能马上觉察出来。特级教师洪镇涛（2001）也指出："人们在长期语言实践和有意识的语言训练中，词语含义、语法规则、文义、文情、文序、文境、文势、文术等，往往以'格'的形式在头脑中固定下来。'格'（指正确的格）越多，越固定，语感就越强。语感力强的人，看一篇文章，听一篇谈话，不仅可以迅速领会其内容，还可以直接判断其正误、优劣。与'格'契合者为正、为优；与'格'背谬者为误、为劣"。洪老师在这里所讲的"格"，其义相当于"规格"、"格式"、"模式"，也就是本章所说的图式。我们常说的"文无定法"、"文有文法"，表面看来是矛盾的，其实用篇章图式的角度来看，二者并不矛盾。"文有文法"讲的是文章的一般图式，"文无定法"讲的是具体化了的许多文章，这些文章有共同的章法，但在文章的不同部分却是有所不同的。此外，具体文章的"千变万化"与文章规律的"千篇一律"，说明的也是篇章图式及其具体化了的例子。

四、动作技能

动作技能涉及按一定规则协调肌肉运动来达成一定的目的。语文学习的某些任务涉及动作技能的学习，这些任务通常要求学习者按一定规则支配相应的肌肉运动，这里涉及的肌肉主要是口腔、舌头、声带、手指、手腕、肘等部位的肌肉。具体的任务体现为学习者的发音和书写。如学生学习汉语拼音时，发声母、韵母的音以及进行拼读，读出轻声、儿化音、四声等，都涉及口腔、舌头等部位的肌肉按一定规则运动，而且，这种规则支配下的肌肉运动是学习者以前不曾学会的。如一些广西人发"二"的音时，舌根抬起，顶着上腭而发音，而普通话发这一音时是舌尖上抬顶上腭并张口来发音的。发"二"的标准音就涉及舌尖、口腔等部位的肌肉按一定的空间和时间方式组织起来的结果：空间上的组织涉及口腔、舌头等不同部位肌肉的运用，时间上的组织涉及张开口形的同时发出气流。只有正确运用了这些肌肉组织的时空规则，学生才能发出正确的"二"的读音。不标准的地方音通常是没有按普通话的发音规则发音的结果。

书写字母、拼音和汉字也涉及动作技能的学习。字母或汉字书写笔顺和间架结构其实就是写某个字或字母时支配肌肉运动的规则。加涅将这些规则称为"执行性子程序"。这些规则最终不是支配学生头脑里的认知过程，而是支配其手指、手腕等部位的肌肉运动。如书写"永"字，手部肌肉在时间上的组织顺序是"点、横、竖钩、横、撇、撇、捺"，在空间上的组织则要求"点"要与"竖"对齐，"竖钩"两边的部分要在"竖钩"的中间，向两侧延伸的距离要大致相等。不按这些规则去写，写出来的字可能还是"永"字，但不是很美观、规范。不同的书法家有不同的书写风格，如柳体字、颜体字、欧体字等，这些不同的风格主要在于运笔和间架结构的安排上有着各具特色而又能写出美观字体的规则。

五、态度

语文学科有很强的思想教育性，"文"、"道"并重的观点得到了我国语文教育界的普遍认可。这里的"道"被很多语文教育工作者认为是语文课文所传递的思想道德等价值观念。心理学是用"态度"来解释"道"的含义的。所谓态度是学生对一类人、事、物作出一类反应的倾向。语文的许多课文都是经过精心选择的，其中传递的一些价值观念是我们社会所倡导的，希望学生予以掌握的。在学习这些课文内容的同时，学生还可以从中习得如何对一类的人、事、物作出合适而恰当的反应，这就是在学习态度了。有些课文要教育学生对祖国形成热爱的态度，如《谁是最可爱的人》、《中国石拱桥》；有些课文要教育学生形成对待他人的态度，如《狐狸和乌鸦》；有些课文要教育学生对学习形成专心的态度，如《李时珍》等。此外，在平常的学习活动中，教师、同学的言行也向学生传递着不同的价值观和态度，学生也能从中习得有关的态度。

虽然各个学科都负有培养学生品德、价值观的责任，但语文学科因为有许多有感染力的文学作品承载相应的价值观，因而在这方面负有更大的责任。不过语文的这一思想教育功能在我国的语文教学实践中常被一些教师或有意或无意地夸大，甚至将思想教育作为语文教学的主要任务而冲淡或忽视了语文其他类型学习结果的学习。对这一现象，我国语文教育家叶圣陶先生（1980）就指出，"国文教学，选材能够不忽略教育意义，也就足够了；把精神训练的一切责任都担在自

37

己肩膀上，实在是不必的"。在考虑语文教学的目标时，我们既不能忽视语文的思想教育性，也不能忽视语文学科更重要的其他类型的学习结果。

第二节　语文学习的心理学规律

本书第一章阐述了学习的一般心理学规律，本章第一节理出了语文学习的结果，在此基础上，就可以进一步探讨语文学科学习的具体规律了。本节着重从不同角度来揭示这些规律。

一、事实的学习

事实的学习涉及在若干个项目之间建立联系。心理学早期的很多研究都是有关联系或联想的建立的，其中发现的许多规律揭示的其实是事实学习的规律，现在看来有些规律仍未过时。

学习事实的一条规律是以行为主义心理学为基础的。这一规律指出，构成事实的若干项目要在时间或空间上接近，便于学习者同时注意到，而后，学习者需要对构成事实的若干项目进行不断重复。当学习者正确予以重复或复述后，要及时得到奖励或表扬，这样有助于已形成的联系的保持（皮连生，2009）。从行为主义的观点来看，这一规律可用其著名的 S—R—R′ 公式表示，S 表示事实中的刺激项（如"刽"字的字形），R 表示事实中的反应项，是要求学习者针对刺激项作反应的（如 guì 的读音），S—R 之间的联系要靠机械的重复，R′ 是学习者正确予以重复后受到的强化，错误重复后受到的惩罚。在这一规律中，事实的各组成部分在时间和空间上的接近在学习者的学习环境中基本上都能得到满足，因而对事实的有效学习主要取决于学习者的重复和所受到的强化。

学习者的学习经验和教师的教学经验有助于说明这一学习规律。对常用字的读音、字形我们通常记得很牢，一般不会出错，这是因为我们在平常的学习和生活中有较多接触或重复常用字音、形等联系的机会，用行为主义者的话讲，多次的重复和接触增强了项目之间的联系强度。而一些生僻字，由于较少接触和使用，对其中各项目之间联系的重复机会少，因而在看到生僻字时常常读不出音来。优秀的教师在教学事实时，很善于通过对学生的强化来促进事实的学习。如学生在学习字母、生字的读音时，对读得正确、读得多的学生，教师通常进行表扬，或发给小红花之类的奖励，这些措施都有助于促进学生对事实的记忆。

学习事实的另一条规律是学习者认知的调节作用。学习者在事实的学习中并不是机械地记忆和重复，被动地接受奖励和惩罚的。相反，大量研究发现，学习者在事实学习中进行着积极的认知活动，这种认知活动最集中的体现就是学习者采用的学习方法——记忆术（mnemonics）。

所谓记忆术是指促进对信息进行更有效编码的方法，一般指学习者在学习孤立的、相对无意义的材料时所采用的为材料提供意义、记忆线索或某种组织框架的手段，其实质是学习者有意识地将要记忆的信息组织成对他而言更熟悉、更有意义的单元或结构，以便达到持久记忆的目的。如有一种特别适合事实学习的记忆术叫做精加工，指学习者主动地对要学习的事实添加补充细节而使其更有意义。如学习"笔"字的字形，学习者可以通过机械的重复书写来达到记忆字形的目的，也可以采用精加工的方法来记住。他可以利用自己学习生活中见到的毛笔来对"笔"字的字形进行精加工："笔"字的上边是个"竹"字，下边是"毛"，我们提起来的毛笔上边的笔杆是竹子做的，下边的笔头是用毛做的，上"竹"下"毛"就构成了"笔"字。这样的方法相较于机械的重复而言，记得更持久、效率更高。当然，这里所做的精加工活动是人为添加的联系，并不是对构字字理的解释。造出"笔"字的人也不一定是根据毛笔的结构特点而造出这个字的。虽然如此，这种人为添加的活动确实起到了提高记忆效率的作用。

　　有时，这种精加工的活动可能反映了事实构成的内在原理。如为了记住"山南水北为阳"这一事实，可以画如下的图来表示。图中水的北岸、山的南坡，都是太阳可以照到的地方，太阳照到的地方被古人称之为阳，于是水的北岸、山的南边都用"阳"来表示了（宁鸿彬，1998）。这里的精加工的内容可能不是人为的，而是在古人的思想中有一定道理的。不管精加工的性质如何，只要它们能有效促进学习者对事实的学习就行。

39

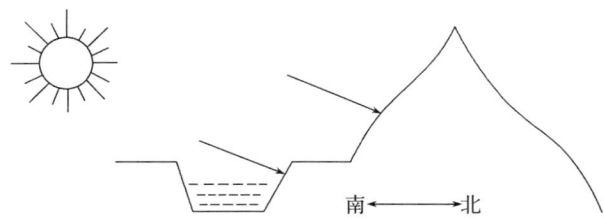

南←——→北

二、概念与规则的学习

（一）概念与规则学习的方式

　　概念和规则可以通过两种方式习得，一种方式是学习者通过对概念、规则的例证进行分析、比较概括而习得较为概括的概念规则，另一种方式是学习者从概念规则的言语界定中结合说明概念规则的例证而习得相应的概念规则（皮连生，2011）。语文概念与规则的学习也可通过这两种方式进行，而且，这两种学习方式也得到了语文研究和教学工作者的支持。如蒋仲仁就指出，学习语言一般有两种方法，一种是从语言综合运用的范例学习，一种是从语言分析研究得出的规律学习（顾黄初，李杏保，2000）。特级教师霍懋征也对此表示认同：语文训练的一个途径是从综合运用语言的范例中学习；另一个途径是从了解、掌握语言规律的过程中学习（顾黄初，李杏保，2000）。从语言综合运用的范例中学习和概念规则学习的第一种方式相对应；从规律中学习则相当于从概念规则的言语界定中学习。

虽然有两种学习方式，但从概念规则的例证中进行学习的方式更适合语文概念与规则的学习，这与语文教材的特点有密切关系。与其他学科教材不同的是，语文的教材是由一篇篇的选文组成的，要习得的概念与规则是蕴含在这些选文中的。从教材实际这一点看，学生首先接触的是课文，他们要从这些课文中习得相应的概念与规则。对此，叶圣陶先生早就指出，语文教材无非是例子，凭这个例子要使学生能够举一反三，练成阅读和作文的熟练技能（叶圣陶，1980）。从例子中进行的学习在心理学研究中叫样例学习，有关样例学习的研究发现，从例中学不仅可以习得相关的概念、规则，有较好的迁移效果，而且学生学习时负担也不重（Mayer，2003）。因此，例中学应成为语文概念规则学习的主要方式。

（二）概念与规则学习的条件

从例中学要想顺利进行，需要内外两方面的条件。外部条件主要是要有蕴含一定概念规则的例证，这些例证的特征要有利于学生的学习。内部条件主要是学习者对例证的分析、加工活动，以从中归纳出例子中蕴含的概念和规则。下面分别对这两方面的条件进行阐述。

1. 概念与规则的例证

这里的例证要能说明相关的语文概念与规则。需要指出，说明这些概念与规则的例证的体现形式是多种多样的，字、词、句、段、篇乃至师生的课堂活动都可以成为说明相应概念与规则的例证。

如"钉、磺、艇"几个字是"形声字"概念的例证；"喜洋洋、乐滋滋、颤悠悠、欢欢喜喜"是"叠词"概念的例证；"路边停着一辆卡车"，"地上趴着两条狗"是存现句概念的例证；"美好，躺椅，辗转"的正确读音是"两个上声音节相连，第一个上声音节变得像阳平"这一规则的例证；"今天天气非常闷热。树叶一动不动，知了不停地叫着，大滴大滴的汗珠从人们脸上滚落下来，人们多么希望来一阵大风啊！可风却和我们捉迷藏，不知躲到哪里去了"，这段话是总分句群的例证；《中国石拱桥》、《统筹方法》两篇课文是说明文概念的例证。

语文概念与规则的例证并不完全由课文或课文的组成部分来提供，教师和学生也能提供相应的例证。如特级教师王有声在教《桂林山水》一课时，让学生仿照课文中"漓江的水"一段的结构和描写规则（运用排比、比喻）进行写作。课文中"漓江的水"这段本身就是段落写作规则的例证，但王老师又仿照这段的结构和手法自己写了一段"公园里的花"呈现给学生，也作为段落写作规则的例证（张光瓘，杨丽娜，1995）。

有时，师生的活动也可成为概念与规则的例证。如特级教师霍懋征在教学《我的战友邱少云》一文中"我担心这个年轻的战士会突然跳起来，或者突然叫起来"这句话时，为让学生理解"担心"一词的含义，便启发学生说："我们先来设想一下，假如我们的手不小心碰到了烧红的火炉子，这时，你会有什么反应？"学生回答说："我不是猛地把手缩回来，就是连蹦带跳地大叫起来。"教师又进一步引导说："这是人的本能。可邱少云整个身体被烈火包住了，这和被火炉烫一下相比厉害多了，可是他并没有跳，没有叫，他得用多大的毅力才能克制住人的本能啊！这怎么能不叫人担心呢？"在教师的启发下，学生认识到："担心"在这里不仅表现了邱少云宁肯忍受烈火烧身的极度痛苦，也决不暴露隐蔽目标的坚强毅力，而且也表现了作者对邱少云的关心和爱护（杨再隋，1996）。这里的师生活动就是如下阅读规则的例证：在阅读时若遇到问题，可以用假设的方法、对比的方法来找到问题的答案。

需要强调指出，这里的例证是能说明语文概念与规则的例证，而不是说明非语文概念规则的例证。对语文教学来说，强调指出这一点很有必要，因为很多语文教师在寻找例证时，常常根据课文的内容而不是要学生习得的语文概念与规则来选择。如有教师在教《鱼游到了纸上》一文后，为说明该文阐明的"对所画之物要由衷喜爱，深刻理解，先深入心里，再画于纸上"这一道理，便让学生学习体现同样道理的《齐白石画虾》一文。这两篇课文确实是某种道理的例证，但这种道理不是用来支配学生阅读与写作行为的，不应作为语文教学的内容。选择语文概念规则的例证时，这种倾向要避免。

2. 学习者对例证的加工   41

仅仅呈现或让学生阅读、背诵概念与规则的例证并不一定能保证学生习得相应的概念规则。研究发现，学习者自己对这些例证的分析加工在其学习中起十分重要的作用，这种分析加工活动，现代心理学家称之为自我解释活动。所谓自我解释是学习者自己给自己解释以图弄清楚新信息或例证的意义的活动。在这种自我解释活动中，学习者会作出许多推断和许多联系，从而加深对所学习材料的理解。在语文的学习中，学生的自我解释可以从多方面来描述。从其行为表现上看，学生的自我解释体现在学习过程中对课文的圈点、批注上；从学生的内在状态上看，自我解释体现为学习课文时的涵咏、体味、揣摩上；从习得的结果上看，自我解释体现为学生学习课文后获得的心得、体会、发现的规律等。传统语文教育经验"多读多写"中的"多"，不仅指读的篇数多，还指读的遍数多，即对于典范的文章，反复诵读、揣摩，这样才能有所收获（顾黄初，1995）。后一种意义上的"多读"，正是学生的自我解释活动。

一些学生在学习概念与规则的例证时，能主动进行上述的自我解释活动，但更多的学生不会主动进行这种活动，这时，需要教师采用一定的教学措施来引发和促进学生的这种自我解释活动。我国的语文教学实践者非常注重对学生的学习进行引导、点拨，如语文特级教师蔡澄清倡导的"点拨法"，钱梦龙老师倡导的"导读法"；传统的语文教科书在课文旁边由编者或教师加上批注，写上"伏一笔"、"妙"、"回应前文"等词，学生看到旁边的批注，就要思考这里为什么"伏了一笔"，为什么"妙"，是如何回应前文的（王本华，2004）。这些措施主要是用来引发学生的自我解释活动的。

在引导学生对概念规则的例证进行加工或自我解释方面，郑桂华老师的做法比较典型。郑老师在教《安塞腰鼓》一课时，先让学生看录像、朗读课文，体验和把握文本给学生的感觉，而后，采用提问的方法将学生的注意引向表达这种热烈奔放感觉的语句（即规则的例证）上，如"哪些句子让你们特别强烈地感觉到了这种热烈奔放？""能不能独立地圈一圈？"在学生找出很多这方面的例子后，她又及时引导学生对这些句子进行比较概括，如要求学生合作讨论"为什么是这些句子，它们在句式上有哪些特征？"（郑桂华，王荣生，2007）。这类言语提示将学生的注意和学习进程引向了对表达感情的句子的分析概括和自我解释上，有效促进了学生习得"运用排比、对比、短句来表达热烈奔放的感情"这一读写规则。

有时，为了让学生习得例子中蕴含的概念或规则，需要采用反例对照的办法来促进学生的加工或自我解释。如特级教师袁瑢在教《颗粒归公》一课时，为让学生习得按一定顺序说话的规则，利用了课文中的一句话作为说明该规则的例证：这些鹅红嘴巴，高额头，浑身雪白。单凭这句话，学生可能难以发现其中的规则，为此，袁老师采用了反例，她说："这句话要是我这样说，'这些鹅红嘴巴，浑身雪白，高额头'你们看好不好？"她这样一改，其实就给学生呈现了可供对照的规则的反例。在正反例证的对照下，学生很容易发现其中蕴含的按一定顺序说话的规则（查如棠，金正扬，徐金海，徐家良，1983）。

（三）概念与规则学习的程度

概念和规则既可以作为陈述性知识学习（学生理解相关的概念和规则），也可以作为程序性知识学习（学习者会用有关的概念规则进行阅读写作）。例中学这种方式特别适合学习者理解概念与规则。如果目标是运用概念和规则的技能，则仅凭例中学是不够的（Renkl & Atkinson，2002）。要想让概念规则的学习达到运用的程度，就需要学习者运用已理解的概念规则在不同的情境中进行相应的练习。如特级教师金志浩在教鲁迅的《中国人失掉自信力了吗》一文时，先结合该文及另一篇学生写的优秀的驳论性文章《近墨者未必黑》，引导学生习得了进行针对性批驳的规则：先从对方论点、论据、论证中找到破绽或"突破口"，而后针锋相对地正面立论，最后引据论证，进行深入批驳。接下来，金老师又当堂安排了三次要求进行针对性批驳的练习。第一次练习是对拾到失物拒不归还失主的女青年的观点"这表是捡来的，不是偷来的抢来的"进行批驳。第二次练习是针对态度不好的商店营业员的观点"为人民服务又不是为你一个人服务"进行批驳。第三次练习是对某商店的广告"独家经销，价格最优"进行批驳。此外，课外还安排学生就"有钱就是幸福吗"、"人微言不轻"两道作文题目进行练习（郑桂华，王荣生，2007）。金老师设计的几道练习题还在具体内容上有一定变化，这就在不同的内容情境中让学生练习所习得的针对性批驳的规则。

这样看来，语文概念与规则的学习能在一节课内完成的只是少数情况，大多数情况下，语文概念与规则的学习要跨越较长的时间，有可能的是，第三、四节课用来学习例子1，接下来的第七、八节课学习例子2……第十二、十三节课用来对这些例子进行分析、自我解释和概括而习得例证中蕴含的阅读与写作的规则。第十七节课以后的课可能用来练习运用这些概念规则进行读写。

三、图式的学习

适合图式习得的方式也是例中学（E. D. Gagné，1993），不过这里的例子是图式的例证而已。图式习得的内外条件也与概念规则习得的内外条件一样，都需要设计良好的例证和学习者对例证的主动加工。不过，由于图式组织结构上的特殊性，其学习还有不同于概念规则学习的地方，主要在于学习者的学习要围绕图式的组织结构进行。

如学生学习用"至于"造句，一些学生会造出如下一些句子：下雪了，至于孩子们还在堆雪人、打雪仗，根本不怕冷；至于山水都美的地方要数桂林。这是因为学生没有习得使用"至于"一词的句子结构，也即句子图式的缘故。要习得正确运用"至于"一词的图式，首先学生要学习该图式的例子，并对这些例子进行分析。该图式的一个例子是课文《给颜黎民的信》中开头的几句话，学生已经读过课文，接触过该例子，接下来就需要对例子进行分析，这时来自教师的外部指导非常重要，教师可以提问学生，"至于"之前与之后作者谈的是什么，是不是同一件事？在这中间，"至于"表示什么意思，起什么作用（"至于"前鲁迅谈的是自己在屋前的四尺见方的泥地上看到了桃花，"至于"后，讲的是看桃花的名所是龙华，但作者由于有几个青年朋友死在那里，所以是不去的。"至于"在这里表示话题由谈屋前看桃花转到谈看桃花的名所）？而后再揭示"至于"一词的抽象意义："至于"表示话题的转换，由一件事或一种情况说到另一件事或另一种情况（孙春福，1992）。这样，学生可以习得该句子图式的组成部分、各部分的顺序以及各部分之间的逻辑关系。

接下来，学生还要学习句子图式中的每一部分可以如何变化，用教师的话来讲，就是要让学生造句时扩展思路，这也需要运用该图式的例证并对其加以分析，如1. 文章要写得通顺，使人一看就懂，至于生动感人，那是进一步的要求（由一般情况转到特殊情况）；2. 这个小组一年来发明了不少新工具，至于零星的小革新，那就更多了（由主要方面说到次要方面）；3. 今年他们村新盖楼房有九十户，至于全乡，数量就可观了（由局部情况转到整体情况）。这样学生就习得了该句子

43

图式的几部分可以如何变化的规律。至此，句子图式的习得才告完成。

又如，学生要习得议论文的图式，需要首先接触议论文的例子。这时，议论文单元的几篇课文便成了议论文图式的例子。但仅有这些例子还不足以习得议论文的图式，还需要学生对这些例子进行分析比较。一些优秀的学生会自发地进行比较而习得相应的图式，但也有很多学生不会主动去进行分析比较，他们或许只停留在对议论文内容的理解上，这时需要有一定的提示来引发他们的这种比较活动。魏书生老师通过给学习议论文单元的学生呈现如下表格并让学生在阅读、学习议论文过程中把表格填满来实现这一目的。这一表格其实在提示学生通过对议论文例子的分析而习得议论文图式的组成部分（论点、论据、论证等）、各部分之间的关系（论据要支持论点）、各部分的变化范围（论据有理论论据、事实论据；论证有立论和驳论等）。这样就以一定的组织结构习得了议论文的有关知识。

课题	论点	论据		论证	
		理论	事实	立论	驳论

四、动作技能的学习

（一）动作技能的学习过程

心理学家费茨（P. M. Fitts）和波斯纳（M. Posner）1967 年将动作技能学习的过程描述为三个阶段，分别是认知阶段、联系形成阶段和自动化阶段。在认知阶段，学习者通过指导者的言语讲解或观察别人的动作示范，或从标志每一个局部动作的外部线索中，试图理解任务及其要求。同时也作一些初步尝试，把任务的组成动作构成一个整体并试图发现它们是如何构成的。在联系形成阶段，练习者逐步掌握了一系列局部动作，并开始将这些动作联系起来，但是各个动作结合得不紧密。在从一个环节过渡到另一个环节，即转换动作的时候，常出现短暂的停顿。练习者的协同动作是交替进行的，即先集中注意于一个动作，然后再注意做出另一个动作，反复地交替，进行不同的动作。这种交替慢慢加快，技能结构的层次不断增加，然后逐渐形成整体的协同动作。在这一阶段，练习者对动作技能的视觉控制作用逐渐减弱，肌肉运动感觉的控制作用逐渐增强。在自动化阶段，一长串的动作系列已联合成一个有机的整体并已巩固下来。各个动作的相互协调似乎是自动流出来的。这时，练习者的多余动作和紧张状态已经消失。练习者能根据情况的变化，灵活、迅速而准确地完成动作，也能自动地完成一个接一个的动作，几乎不需要有意识的控制。

（二）影响动作技能学习的因素

研究动作技能学习的心理学家后来又指出，不同的因素影响动作技能学习的不同阶段。在认知阶段，影响动作技能学习的主要因素是指导者为学习者所做的动作技能示范或对动作技能的说明、解释等。就语文动作技能的学习而言，发音技能的示范主要是教师为学生示范的发音以及发音的动作（如发"O"时的口形）。对动作技能的讲解则通常与示范同时进行，如发"l"音时教师讲解说舌尖上抬顶住上腭，而后呼出气流便发出"l"音。可见，教师的讲解与示范其实是让学习者习得构成动作技能的肌肉运动的规则或执行性子程序。书写动作技能的示范除了教师当堂书写的字体外，还包括书法家等优秀书写者的字帖。教师当堂书写的示范不仅可以示范执行性子程序，而且在书写示范的同时还能及时为学生讲解运笔等动作规则。而以字帖形式呈现的示范则不具备这些优势，在没有教师指导的情况下，运笔、间架结构等方面的规则通常要由学习者自己去发现或揣摩了。教师除了适当讲解字帖相关的动作规则外，还可对字帖做些改动，从而有助于学生对字帖的揣摩。这种改动主要是将范字放在田字格、米字格或九宫格中，这有利于学生借助这些辅助格式而更好地发现范字间架结构上的规则。

在联系形成和自动化阶段，影响动作技能学习的主要因素就变成了学习者的练习以及从外界获得的对其练习效果的反馈。练习是影响动作技能学习的最重要因素。由于动作技能涉及实际的肌肉运动，因而没有运用实际肌肉的练习是不能学会动作技能的。小学生学写生字时，教师常用的一种方法是书空，书空虽然也涉及手部的肌肉运动，但不全是按书写规则要求的肌肉的运动，因而仅凭书空是难以写出美观、匀称的汉字（包括字母）的。书空的作用更多地是在学习构成动作技能的执行性子程序，即我们通常说的笔顺。

在对技能进行练习时有两种安排方式。一种方式是把完整的动作技能分解成局部技能，先练习局部技能，而后再练习将局部技能整合起来，这种练习方式叫部分练习。当构成动作技能的各局部技能之间组织协调程度比较低时，可以采用这种练习。另一种练习方式是事先不分别练习局部技能，而是直接练习整个技能，这种练习方式叫整体练习。当构成动作技能的各局部技能之间需相互协调，即某一局部动作的执行依赖于其他局部动作时，宜采用这种练习方式（皮连生，2009）。语文中的发音、书写的动作技能，一般都需要各局部动作的协调，如发"piao"的音，涉及声母、介母、韵母三个局部发音，动作之间在时间上要协调、紧凑，孤立、松散地发出其中三个音构不成完整、正常的"piao"的音。又如书写"解"字，"角"、"刀"、"牛"三个部件在书写时写在什么位置要视其他两个部件的书写位置而定。书写汉字关键在于处理好间架结构，而间架结构又涉及不同部件之间的协调，因而语文中的动作技能练习宜采用整体练习。一些小学生为应付抄写生字若干遍的作业要求，先写出某个字的一部分若干遍，而后再写出其他部分若干遍（如要练写"解"字5遍，就先写出5个"角"字，而后再在旁边写上5个"刀"字），这种练习很难让学生练会用汉字的间架结构的规则来

45

支配与书写有关的肌肉群的运动，学生写出的汉字不美观也就不足为奇了。

　　语文动作技能的学习通常要达到自动化的程度，即形成所谓的习惯。为达到这一目的，还需要进行过度练习。所谓过度练习是在动作技能形成之后进行的额外练习，一般来说，50%的过度练习量是合适的。过度练习不是集中于短时间内把某个字的练习量完成，而是要分散在较长时间内，否则，过度的练习很容易让学生产生疲劳。

　　在联系形成和自动化阶段对动作技能学习有重要影响的另一个因素是反馈。反馈有两种类型：固有的反馈和增补的反馈。固有的反馈是练习者不依赖外来帮助而通过自己的感觉通道可以获得的反馈。它可以是练习者在执行某个动作时肌肉中的动觉感受器提供的感受，也可以是练习者对自己行为结果的直接观察。如学生发"m"音时感觉到的共振感，听到自己发出的"m"音以及看到自己写出的汉字或发"m"音时的口型等。增补的反馈通常是由教师提供给练习者的反馈信息，是在练习者得不到固有反馈信息时给予的，是对固有反馈的增加和补充。如教师对学生发音或书写的结果进行的评价、指点、重新示范等。学习者获得的这些反馈信息是要用于对自己做出的动作技能进行强化或修正的，以便形成正确规范的动作技能。要充分利用反馈信息的作用，学习者需要对这些反馈信息进行加工。研究发现，练习结束后，学习者要先对自己可以获得的固有反馈信息进行加工，而后再加工增补的反馈信息。因而教师在给学生提供增补的反馈前，要先让学生对自己练习的结果进行自评，在此基础上，再由教师提供反馈。如学生照字帖练习完后，要让学生有时间自己对照字帖评价自己写的字。教师不要急于评价。另外，如果学生抄写生字练习的主要目的在于练习动作技能，则教师在为学生提供反馈时，要针对其书写是否美观、端正，间架结构是否合理等进行评价，不能只检查抄写的遍数是否够了。但在实际的教学中，许多教师其至学生都注重书写的量而不重视质，这样学生从书写或发音的练习中就很难获得反馈。错误、不规范的动作模式经大量练习而达到自动化，就难以纠正了。一些受过多年学校教育的人，还不能说出标准的普通话，写出的字也不甚美观，究其原因，主要在于他们的动作技能学习只有大量练习而较少利用反馈的缘故。

五、态度的学习

　　态度可经由班杜拉区分的亲历学习和观察学习两种方式习得（参见本书第一章的介绍）。亲历学习涉及学习者从自己对态度对象做出的行为表现中进行学习。观察学习则是学习者从对榜样的态度行为的观察中进行学习，这里的榜样不仅包括活生生的、现实的榜样（如教师、同学、父母等），还包括影视作品、文学作品中塑造的人物形象。语文学科中有许多课文属于文学作品一类，其中塑造了许多鲜活的人物形象，这些人物形象承载着社会希望下一代具有和不具有的许多态度和价值观。考虑到语文学科的这一特点，对符号化榜样进行的观察学习是语文态度学习的主要方式。

通过观察榜样而习得态度还需要一些具体的条件。首先，学习者要对榜样表示认同，否则，他们就不可能去效仿榜样的态度行为。研究发现，一些有权威、有名望以及与学习者在各方面都比较类似的人易于得到学习者的认同。语文课文选择介绍著名科学家的文章，选择一些描述学习者生活的文章，由于其中的榜样易于为学习者所认同，因而便于其从中习得态度。但不同学生在认同的榜样上还存在个别差异，一些学生认同的榜样并不一定会得到其他同学的认同。如何选定并呈现为学习者认同的榜样，是进行态度教学的一个重要前提。

此外，要习得相应的态度，还需要学习者具有有关态度对象、态度行为选择等方面的知识与技能。就观察学习而言，学习者要具备榜样行为产生的情境或行为的对象、榜样作出的行为选择、榜样的行为后果等方面的知识，还要具备执行榜样的态度行为的能力。如《小珊迪》这篇课文，就给学生树立了一个很好的诚信榜样。学习者要想从小珊迪这一榜样身上习得相应的态度，就需要首先了解小珊迪态度行为发生的情境（归还要找还的四个便士，而且被马车轧断了双腿），小珊迪的态度行为（让弟弟到旅馆把钱还给先生）。而后，在类似的需要守信的情境中，学习者还需要能做出守信的行为。如果缺乏了这方面的条件，学生就难以习得并体现出相应的态度。

47

学习者从课文中习得的有关榜样的知识可用榜样图式来概括。这一图式包括榜样所体现的态度对象或情境、榜样做出的态度行为、榜样的态度行为的后果三个成分。这三个成分间的不同关系体现着不同的态度。如《守财奴》一文描写了葛朗台对待金子或财富（态度的对象）的不同表现（态度的行为选择）。其行为的后果主要是通过作者的遣词造句暗示出来的。如描写葛朗台看到梳妆匣时，"老头身子一纵，扑上梳妆匣，好似一头老虎扑上一个睡着的婴儿"，写出了葛朗台的贪婪，也表达了作者对其行为选择的讽刺，这就是隐藏在文字背后的榜样的行为后果。语文课文中描写的榜样人物可能在其态度的对象（情境）、态度的行为表现这两个图式成分上比较明显，而其行为后果可能隐含在作者描写的文句之中，这时就需要学习者通过课文的阅读理解来把握作者的感情，并进而习得相应的态度。于是，学生的阅读理解能力也成了语文态度学习的重要条件之一。

通过观察学习来习得态度虽然是语文态度学习的主要方式，但不是唯一的方式。有时，亲历学习也是态度学习的重要方式。语文课上教师对某个学生完成作业是否及时、是否整洁进行表扬或批评，对这个学生来说就是在亲身体验其行为选择的后果，他也能从中习得对语文作业的态度。对初入学的小学生，如果语文老师在日常的语文教学中经常以和蔼可亲的笑容面对学生，那么，学生可能从中形成喜欢上语文课的态度，这种语文态度习得方式在其他学科的教学中也很常见，而观察学习则是更适合语文学科特点的态度学习方式。

第三节　语文学习规律的教学含义

本章前两节分别阐述了语文学科的各类学习结果及其习得的规律。在实际的语文教学中，学生要学习的是各种类型的任务，如阅读、作文、口语交际等。这些任务的完成通常很难与具体哪一种学习结果相对应，而是涉及多种不同学习结果的学习，因而本书前两章分析的内容仅仅是完成语文学习与进行语文教学的基础。在这一基础上，通过对语文教学任务的分析，找出该项任务需要学生习得的结果类型并根据其学习的规律进行教学，就可使教师在深入认识教学任务性质基础上合理而高效地完成教学任务。这项工作在教学设计领域属于"任务分析"的范畴，任务分析是教学设计中唯一最重要的环节（Schott & Driscoll，1997），也是教师提升其教学能力的关键所在（王小明，2005）。本节选取了语文教学中常见而重要的作文教学、阅读教学、口语交际教学等教学任务，分析其涉及的学习结果类型，并据此提出相应的教学建议。

一、作文学习任务的分析

学生学语文有三怕：一怕写作文，二怕文言文，三怕周树人。不仅学生怕写作文，许多教师也怕教作文。教师的作文课上了好多节，学生的作文也写了好多篇，但学生的作文水平就是未见长进，其中一个主要原因就是学生和教师都不知道作文要学什么、教什么，他们眼里看到的只是作文题目和写出的作文，至于从题目到作文中间有什么内在规律，学生和老师都不是很清楚。作文教学目的上的盲目导致其教学效率低下，也使得很多学生、老师认为写作文是某些"有写作天赋"的学生的专利。

认知心理学兴起后，心理学家运用口语报告等研究手段，研究了优秀学生写作时的内部过程，从而为我们明确写作的内在机制和写作教学的目标提供了便利。对写作内部过程最有名的研究是弗劳尔和海斯（L. S. Flower & J. R. Hayes）1981年的研究。他们首先选定了在写作方面不熟练的大学一年级新生和在写作上较熟练的教写作的教师作为被试，然后给他们布置写作任务，并要求他们在写作过程中出声思考，即将自己写作过程中所思所想的内容立即说出来。接下来，研究者对这些出声思考的原始资料进行分析，形成了如下有关写作条件与过程的认识（见图 2 – 1）。

图中表明，学生进行写作前，至少需要具备两个方面的条件。一是学生头脑中（即图中的"长时记忆"）要贮存有与写作有关的知识，包括关于写作主题的知识、关于读者的知识、关于遣词造句及文章结构的知识。二是学生要明确写作任务，有写作的动机（即图中的"写作任务"）。在这两个基础具备的情况下，

48

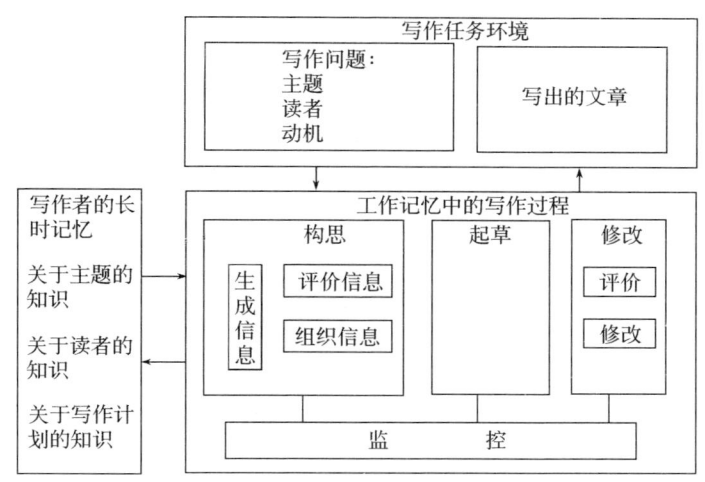

图 2-1　弗劳尔和海斯的写作过程模型

学生头脑中（即图中的"工作记忆"）还要进行一系列的思考活动，即利用长时记忆中的知识对写作任务进行的思考。这一思考过程又涉及三个相互作用的子过程：构思、起草、修改，其中最为重要的是构思子过程。构思是在动笔写作前，学生在头脑中考虑写什么、如何写等问题的活动，涉及相互作用的三个过程，分别是生成信息、评价信息、组织信息。生成信息是指收集、获取与写作有关的内容或素材，主要解决写作中"言之有物"的问题。评价信息是根据一定标准，对生成的写作内容或素材进行评价与取舍。组织信息是指利用文章组织结构的知识，对筛选出来的内容进行组织，列出提纲。起草是指通过写出文章来执行写作构思中所产生的写作计划。修改是对文章初稿进行审查，找出其中的错误并改正过来。对构思的三个过程，美学家朱光潜用他的写作经验给予了很生动的解释："定了题目之后，我取一张纸条摆在面前，抱着那题目四面八方地想。想时全凭心理学家所谓'自由联想'，不拘大小，不问次序，想得一点意思，就用三五个字的小标题写在纸条上。如此一直写下去，一直记下去，到当时所能想到的意思都记下来了为止。这种寻思的工作做完了，我于是把杂乱无章的小标题看一眼，仔细加一番衡量，把无关紧要的无须说的各点一齐丢开，把应该说的选择出来，再在其中理出一条线索和次第，另取一张纸条，顺这个线索和次第用小标题写成一个纲要。"（王凯符，孙移山，1986）叶圣陶先生将这三个子过程描述为"想清楚"，即"为什么要写，该怎样写，哪些必要写，哪些用不着写，哪些写在前，哪些写在后，是不是还有什么缺漏，从读者方面着想是不是够明白了……"诸如此类的问题都有了确切的解答，这才叫"想清楚"（沈衡仲，1983）。

　　在认知心理学对优秀的学习者写作所需条件与过程分析的基础上，可以来进一步解释作文教学的目标。要为一定目的写出一篇文章，需要学习者具备写作内

49

容、读者对象和写作目的这样的一些事实，除了这些事实或写作的素材外，至关重要的是一些由写作规则支配的技能，如获得写作素材的技能（通过自由联想的方法来想出所写的内容）；根据写作目的和读者对象的特点对写作内容进行取舍的写作规则；按不同文章的结构把写作内容组织成连贯整体的篇章图式；以正确规范的句法结构表达思想的句子图式；写出的初稿放一段时间后再来修改更能发现其中缺误的修改文章的规则。可见，要完成写作任务，需要学习者综合运用事实、规则、图式、动作技能（手写或电脑输入所需要的）、态度（写作的动机）等多种学习结果。当学习者写不出文章或写的文章有问题时，可以从写作涉及的学习结果类型入手，分析学习者在哪些学习结果类型上有欠缺。这样写作的教学就更有针对性，目的也更明确。如学生作文中表现出的记流水账现象，就是由于学习者缺乏"根据写作目的或中心思想对材料进行取舍的规则"所导致的（王小明，2004）。学生作文结构清楚，但就是写不生动，是由于他们缺乏"观察结合合理想象的规则"的缘故（王小明，2004）。

需要指出，写作任务涉及的学习结果类型分布于或贯穿于作文过程的始终，从动笔写作之前的收集素材，到构思时需要的各种规则，再到起草时涉及的动作技能、图式，一直到修改阶段所需要的规则，都需要学习者学习，作文教学也应予以训练。但在实际的作文教学中，许多教师往往将主要精力放在"起草"这一环节上，对收集素材、构思、修改等过程重视不够，顾黄初称之为"半截子"作文训练，并主张应对学生进行作文的"全程训练"（顾黄初，1995），这一观点是很中肯的。

二、阅读理解的学习结果类型分析

理解祖国的语言文字的能力是语文教学的目标之一。学生通过阅读来理解一篇篇的课文是语文学习的一项重要任务。在完成这一任务的过程中，期望其阅读理解能力得到发展和提高。如何在学生完成阅读理解任务的过程中提高其阅读理解能力呢？语文教学实践证实，多读并不是达成这一目的的有效途径。现代心理学认为，我们需要分析学生阅读理解能力背后涉及的需要学生学习的学习结果类型，在阅读课文的过程中，把这些学习结果教给学生，这样才能发展他们的阅读理解能力。心理学家的许多研究发现，如下几种学习结果在学生的阅读理解中起重要作用，需要学生着重掌握。

首先，学生具有的与所阅读文章内容有关的知识（又叫背景知识）的质与量对其阅读理解有影响作用。如皮尔逊（P. D. Pearson）等人1979年给被试阅读同一篇关于蜘蛛的文章。在阅读前，找了两组被试。一组具备许多有关蜘蛛的知识，另一组则很少。阅读过后对两组被试的事实回忆与推理作了检测，发现有较多有关蜘蛛知识的一组比另一组多记住25%的事实，所作的推理是另一组的3

倍。皮切特和安德森（J. Pichert & R. C. Anderson）1977 年给两组被试看同一段文章，文章讲述的是两个逃学的儿童到其中一名儿童家里玩，并把家里的情况向其同学作了介绍。在阅读文章前，给两组被试不同的指导语，以激活不同的背景知识。对一组被试，让他们以购房者的角度阅读文章；对另一组被试，则让他们以夜盗的角度阅读。结果发现，第一组被试记住的多是房子的情况，如墙壁粉刷过，卫生间很大等。第二组被试记住的多是钱和贵重物品放在何处（Mayer，1999）。缺乏相关的背景知识，会给学生的阅读理解带来困难，如学习鲁迅的小说《祝福》，如果一点也没有关于封建社会礼教的知识，就不会理解祥林嫂为什么宁肯一死，也不愿二次嫁人，就不会理解为什么阿毛活着大伯不来收屋，阿毛被狼吃了之后，大伯就来收屋了（王旋，1986）。

其次，学习者具有的关于篇章结构的图式也影响其阅读理解。如泰勒和沙缪尔斯（B. M. Taylor & S. J. Samuels）1983 年要求五、六年级学生阅读并回忆有良好结构和结构混乱的说明文。这些学生中，一部分能够意识到课文的结构，一部分不能意识到。他们发现，意识到课文结构的学生，在回忆结构良好的课文时，比不能意识到课文结构学生的成绩要好。但是，当阅读结构不良的课文时，两组学生的回忆没有差异（Samuels et al，1988）。

此外，要成为一个成功的阅读理解者，学习者还要掌握一些关于如何阅读课文的方法，这些方法本质上是规则，它们支配学习者如何去阅读课文。由于这里规则支配的对象是学习者头脑中的阅读过程，因而它们更带有加涅所言的认知策略的性质，有时也被称为阅读策略。如布朗和帕林克莎开发了一种叫做互惠教学的阅读教学程序，教给儿童四种阅读的策略：总结、提问、澄清、预测。总结是自我回顾的活动，它要求读者确定并整合课文中的重要信息；提问是一种自我检测的方式，即找到所问问题的信息类型并形成该问题的答案；澄清则要求读者注意不熟悉的单词及组织得不好的课文，并采用相应的修正策略；预测既有设置目标的作用，又有激活背景知识和课文结构知识的作用。通过学习四种技能，学生的阅读理解能力得到了显著提高。对此，安德森和斯卡恩（J. R. Anderson & C. D. Schunn，2000）指出，这些技能以前没有教给学生，而且学生自己也没有发现。缺乏上述技能，阅读理解就会出现困难；教了相应的技能，阅读理解能力就会有所改善，这也说明，课文阅读的理解能力是学生的知识，不过这里的知识是一种特殊的知识——阅读策略。

还有一种重要而特殊的阅读理解策略叫阅读理解监控策略。研究表明，阅读理解能力较强的学习者在阅读时能实时监控自己是否理解了所读的文章，而阅读理解能力较差的学习者却不然。如迈尔斯和帕里斯（M. Myers & S. B. Paris，1978）向二年级和六年级学生提了一些关于阅读理解监控的问题，如"你曾经回过头来，重读文章或故事的开头，以便确定一个句子的意义吗？为什么？"大约

51

60％的六年级学生能解释他们为什么回过头重读；而能解释的二年级学生则不到10％。显然，年幼的读者不大能进行阅读理解监控。贝克和安德森（L. Baker & R. C. Anderson）1982 年的研究让大学生阅读简短的说明文，文中含有一些矛盾之处。文章是在计算机终端屏幕上呈现的，每次只呈现一个句子，读者按 NEXT 键可读到下一个句子；按 BACK 键可读到刚才读过的一个句子，按 TAB 键从头读起。结果发现，读者花更多时间来读那些与先前信息矛盾的句子，而这些句子如果放在连贯无矛盾的文章中，读者就不会花这么多的时间来读。此外，读者还更有可能重新阅读有矛盾的句子，但如果这个句子放在无矛盾的文章中，就不大可能去重新阅读（Mayer, 1987）。这些结果说明，理解监控是熟练读者的特征，是阅读理解能力的组成部分。

有人认为，只要识够了字，就能阅读，因而识够了字之后不必再进行阅读的训练。不识字固然不能阅读，但识了字要读懂读好文章，还需要识字能力之外的许多学习结果，如相关的事实、篇章图式、阅读策略等，因而阅读理解的教学在语文教学中应有一定的独立性，它不是识字之后自然的产物。

三、口语交际的学习结果类型分析

口语交际作为学生语文学习的板块，是我国语文课程改革的一个突出特点，与以前语文课程对学生"听话、说话"的要求相比，口语交际更注重听话、说话两方面的协调配合，更注重语言的社会性、实用性。由于口语交际是相对新颖的语文教学的理念和内容，很多教师对于口语交际到底要让学生学什么不是很清楚，他们只会给学生创设"交际"的情境，让学生去进行口语交际，而对于学生从这种交际中有什么发展和提高，则很少有人关注。对这一问题的重要性，我国一些语文教育工作者是有深刻认识的。如李海林就指出，口语交际教学面临的问题有两个，一个是"教什么"，一个是"怎么教"，而关键在前者。因为后者即"怎么教"的问题，从根本上来说是由前者即"教什么"来决定的。教什么内容，该内容的客观规律性必然地要求用符合这一规律的方法来教；实际上，内容本身就暗示了方法（李海林，2005）。

本章前两节的有关论述有助于我们明确口语交际到底应学什么、教什么。对这一问题的认识，不是单纯地分析口语交际学习涉及的所有学习结果类型所能做到的，需要根据口语交际的要求，结合考虑学生的原有知识技能基础来确定。如果不考虑学生的原有知识技能基础，就会出现将学生原本习得的结果重新作为口语交际目标来加以训练的情况，从而造成教学上的浪费。学生的原有知识技能基础很大程度上是学生在语文的其他方面（如阅读、作文）学习中习得的。这就是说，应主要参照口语交际与语文其他学习板块的关系来明确口语交际学习的目标或结果。

　　口语交际是指人们在特定语境中，为完成某种特定的交际使命，针对特定对象，借助于标准的口语（有声语言）和非口语（态势语言）进行的听说沟通双向反馈的一种实践活动（何更生，吴红耘，2004）。口语交际要"动口"，要利用口、舌、声带等部位肌肉运动来发音，这涉及到动作技能的运用。但发出正确的语音并不是口语交际的主要任务。在汉语拼音、语文字词的学习中，动作技能通常是明确的学习结果或教学目标。口语交际中要用到这方面的动作技能，但只是运用或练习已习得的说话的动作技能，而不是重新学习发音的动作技能。

　　口语交际不是听话和说话的简单相加，而是学生根据对交际情境、对方话语、姿势语言等方面信息的理解而采取合适的反应，是听话和说话的有机结合。从心理学的角度看，这种结合可以描述为"如果……那么……"的形式。如对于年老耳背的人，与其交谈时就要贴近其耳部，加大音量；在与较多的人或陌生人交际时，能通过自我暗示、深呼吸等方法，缓解焦虑和紧张情绪。这样看来，这类结合其实是一些交际的规则，这些规则中"如果……"部分往往描述了交际的情境、目的或交际中获得的信息，"那么……"部分则要求学习者对这些情境或信息作出适当的反应。这些规则，有些是在阅读、作文教学中习得的，如讨论中陈述自己的观点要做到有中心、有条理、有根据；要根据不同对象的特点，选择讲述不同的内容、选用不同的表达方式。这些规则在阅读课文中可以达到理解，在作文教学中可以通过练习而形成技能，这时的口语交际不过是将同样的技能用在交际情境中，算不上新习得一项技能，充其量是对技能的进一步练习。但还有很多的交际规则（如上文提及的与老年人交际的规则）是难以在语文学习的其他板块中习得的，需要在口语交际的学习板块中习得和运用。因而口语交际要让学生学习的内容很大程度上是根据不同情境作出不同交际反应的规则。

　　根据语文课程对口语交际的要求，在口语交际中要让学生习得的另一项重要的学习结果是态度。如"能用普通话与人交谈"，"与人交流能尊重、理解对方"，"乐于参与讨论，敢于发表自己的意见"，"抵制不文明的语言"，都要求学习者具备相应的态度。经过语文课的学习，学生已经学会讲普通话了，"能不能"的问题已经解决，在口语交际中要学习的是"愿不愿"的问题，即在交际时愿不愿意选择用普通话（而不是方言）来交流。这其实涉及对待普通话的行为倾向（选用还是不选用）问题，实质上是态度。当然，根据加涅的学习条件理论，态度的学习必须具备的先决条件是相关的智慧技能和言语信息，这就是说，学习者要在口语交际中习得上文中列举的几项态度，就要具备会说普通话，能做出尊重、理解他人的言行，会采用回避、拒听等方法抵制不文明语言等智慧技能，同时还要具备自己对某一问题的看法，什么是不文明的语言等言语信息。这些条件，有些是口语交际要完成的目标，如如何尊重他人，如何抵制不良的东

53

西；有些并不是口语交际独有的任务，而是其他学科或语文的其他板块学习的结果，如不文明的语言是什么，对某一问题的看法等。

根据上述分析，可以明确的是，口语交际主要让学生学习的是交际的规则或智慧技能以及交际中的相关态度。在进一步确定具体的规则和态度时，还要注意区分哪些规则和态度是口语交际教学独有的，哪些规则和态度是语文的其他学习板块或其他学科的学习中已经习得的，即结合学生学习的原有基础的状况来确定口语交际的规则与态度，防止出现"种了人家的田，荒了自家的园"的现象。语文教师在口语交际教学中感到困惑，主要还在于对口语交际到底要学哪些规则或态度不是很清楚，这需要广大语文教师和语文课程专家协同解决。

四、文言文学习结果的类型分析

中小学生应不应该学习文言文？对这一问题，我国语文教育界曾有过争论。现在对文言文的教学仍旧存在不同意见，但争论的焦点已经不是要不要学文言文的问题，而是文言文教学要教什么、教到什么程度的问题。从新中国成立后我国先后颁布的语文课程标准或教学大纲的要求来看，对文言文教学的具体内容和要求在不断地变化（何更生，吴红耘，2004），因而了解文言文教学到底要教什么，或让学生习得哪些学习结果，是搞好文言文教学的重要前提。

从本章第一节开列的语文学习结果类型来看，文言文学习的结果主要涉及事实、规则、态度三大类型。文言文中的一些字、词在现代汉语中的意思，这些知识属于事实。如古汉语中的"走"，在现代汉语中是"跑"的意思；古汉语中的"是"，在现代汉语中是"这"的意思；古汉语的"兵"，相当于现代汉语中的"兵器"；"大夫"在古汉语中表示的是官职名称，不是现在的"医生"的别名。这样的学习要求学生在走—跑；是—这；兵—兵器等古代、现代汉语词汇项目之间建立联系。还有些事实则涉及对一些文言名句、名段、名篇的记忆，这些文言名句、段、篇通常仍在现代汉语中使用，因而有必要让学习者记住。如范仲淹《岳阳楼记》中的"先天下之忧而忧，后天下之乐而乐"，柳宗元的《小石潭记》以及许多优秀的古诗词曲等，都要求学生逐字逐句地完整记忆，这类事实也是文言文学习的结果。

第二类文言文学习的结果涉及有概括性的和普遍适用性的有关文言文的规则，学生习得了这些规则，就可有举一反三的能力。这些规则可以再划分为两类：有关句法的规则和有关篇章的规则。有关句法的规则如宾语前置规则，学生从"古之人不余欺"、"然而不王者，未之有也"这些宾语前置句中，习得了如下规则：否定句中代词做宾语时，宾语放在动词前。习得了这一规则，再遇到"天大寒，砚冰坚，手指不可曲伸，弗之怠"一句，学生就能运用这一规则理解文言句意。其他这样的规则如名词动用（填然鼓之，沛公军灞上），介词结构后

54

置（吾常见笑于大方之家，不能容于远近）。古汉语的研究人员为我们梳理总结出了许多类似这样的古汉语句法规则。要读懂文言文，不知道这些规则是不行的。另一类文言文的规则是关于文言文篇章的规则，主要是文言文布局谋篇进行文章构思的规则，也有一些如何阅读文言文的规则。如贾谊的《过秦论》一文，用了大量的排比句来突出秦国强盛和六国的合纵缔交面之广，这一根据写作目的选用合适的表达方式的规则有必要让学生学习（郑桂华，王荣生，2007）。而潘凤湘教《〈梦溪笔谈〉二则》一文时，则要让学生习得他总结的"先确定基本概念，再确定限制成分"的概括课文大意的规则（郑桂华，王荣生，2007）。

第三类文言文学习的结果是态度，和现代文一样，文言文中也有一些叙事、写人、说理的优秀文章，体现了一些积极的态度和价值观。如《张衡》一文，为学生树立了古代科学家的榜样，《冯婉贞》一文则树立了一个反抗侵略、热爱祖国的榜样形象。学生学习这些文章，不只是学会了文言字词，还习得了文中传递的态度和价值观。

在文言文学习涉及的这些学习结果类型中，文言文的有关事实和文言句法规则是文言文教学必须承担的任务，语文教学的其他板块是不会去完成这些任务的，而有关篇章的规则和文言文中蕴含的态度则是语文现代文阅读教学、作文教学可以承担的任务（如《过秦论》、《〈梦溪笔谈〉二则》两文中让学生学习的规则其实也可以在现代文教学中进行），这样看来，文言文教学的主要目标应是文言文的有关事实和文言句法规则。但在文言文的实际教学中，也可以结合学生和课文实际，在完成事实和规则教学的基础上，再完成现代文教学要达成的读写规则和态度方面的教学目标。事实上，一些特级教师在文言文教学中也正是这样做的，充分发挥了文言文"例子"的作用。

五、支架式教学

（一）什么是支架式教学

本节前边的部分分析了阅读、作文、口语交际等语文教学的综合任务涉及的学习结果类型。完成了这一任务分析的工作，就有可能根据每类学习结果学习的规律设计教学了。由于阅读理解、作文等任务需要习得多种结果，因而有人主张应分别将每种结果教给学生，然后再让学生在此基础上完成完整的任务。这种将完整的任务分解开来分别独立进行学习和练习的取向，易使学生的学习枯燥并且看不到自己所学的与整个任务的关系。近年来，心理学家提出的支架式教学或学徒制教学有助于解决这一问题。这一教学模式的理论基础是维果茨基的高级心理机能内化学说，即为了让学习者掌握完成完整任务的能力，一开始要让学生在社会水平上，与更有能力的其他人一道来完成整个任务。在练习完成整个任务的过程中，更有能力的其他人逐渐让学习者承担较多的完成任务的份额，直至学习者

55

自己能独立完成整个任务为止。至此，这种心理机能就获得了内化。实施这一思想的关键在于理清完成整个任务要学习的各个部分，以及学习者在与更有能力的其他人（通常是教师，有时也是学习较好的学生）共同完成任务过程中如何逐渐承担起更多的责任来。图2-2简要地说明了这一教学模式的基本思想（Harris & Cooper，1985）：

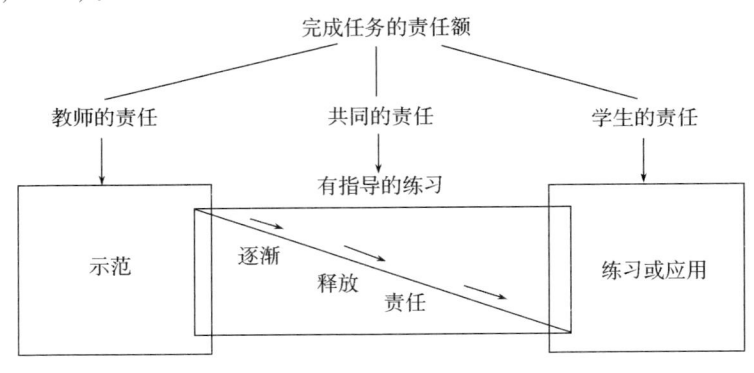

图2-2　支架式教学图解

参照上述图解，支架式教学的实施主要包括如下步骤（Rosenshine & Meister，1996）：

1. 设计支架。设计支架的目的是给学生提供帮助，控制复杂任务中学生能力范围之外的任务成分，降低任务难度。如写作构思任务由于其内隐性，对很多学生来说较难以掌握，为此，可以给学生呈现如下的作文构思单作为辅助其作文构思的支架（这一支架涵盖了上文阐述的作文构思所涉及的主要过程）（王小明等，2004）：

作文构思单

题目：＿＿＿＿＿＿

我写给谁看：＿＿＿＿＿＿

为什么写这篇文章：＿＿＿＿＿＿

我知道什么（进行自由联想）1.＿＿＿＿＿　2.＿＿＿＿＿　3.＿＿＿＿＿……

对上述思想进行选择：1.＿＿＿＿＿　2.＿＿＿＿＿……

按什么方式组织思想（列出提纲）：＿＿＿＿＿

2. 示范支架的使用。教师向学生示范如何运用支架来完成相应的任务。在示范时，对于那些内部的思维过程，需要教师采用出声思维的方法向学生描述，以便于学生的观察和模仿。对于上述作文构思的支架，教师先要定一个题目，然后按照支架的要求，依次向学生说出自己是如何考虑写作对象、写作中心，如何进行自由联想，如何根据写作对象和目的对写作素材进行选择和组织的，即将自己构思的过程阐述给学生听。

3．有指导的练习。示范过后，学生可以进入练习阶段。练习的过程是学生在支架的支持下，能力逐渐发展，直至最后不需要支架的过程。换言之，有指导的练习最初让学生承担较少的完成任务的责任，随着练习的进行，逐渐增加学生承担的责任。如对上述作文构思单的练习，刚开始可以让学生照着构思单一步步地去构思，到后来，可以将构思单中的某些内容如"为什么写这篇文章"、"对上述思想进行选择"撤除，学生参照残缺的构思单来进行作文构思，构思时还需要在心里补全所残缺的内容后再进行。最后，可以完全撤除构思单，学生根据对构思单的记忆来指导自己的构思活动。在这一练习过程中，在构思单的支持下，学生承担的构思的责任相对较少，后来随着构思单的逐渐撤除，学生承担的构思的责任便逐渐增加了。

4．独立练习与应用。这一步是提供练习情境，学生不利用支架的支持，独立地完成任务和解决问题，是上一阶段的自然延续。至此，学生独立完成任务的能力已经形成。

（二）教学实践中的支架式教学

国内外的语文教学和研究中都有体现这一教学模式的教学实践。

1．布朗和帕林萨的互惠教学

在国外，布朗（A. L. Brown）和帕林萨（A. S. Palincsar）开发的互惠教学要教给学生总结、澄清、预测、提问四种阅读策略，这其实将阅读理解任务的完成分成四个要学习的组成部分。在教学开始时，教师先承担大部分的执行四种策略的工作。教师要向学生示范总结、提问、澄清、预测四种策略，学生仅仅回答教师提出的问题并对教师的总结、预测、澄清作出补充或阐发。而后，在学习课文的下一段时，学生进行模仿练习，教师通过具体的反馈、重新示范、指导、提示及解释来鼓励和支持学生的参与。在练习过程中，教师会随时根据学生当前的水平重新示范、解释策略或由教师来执行任务的某一部分，以支持学生完成任务。

随着教学的进行，教师给学生提供充当小老师的机会，即让学生来引发讨论并对大家的陈述作出反应。其他学生也可以用各种方式参与其中，如补充、阐发或评论其他学生作出的总结；提出其他问题；对其他学生作出的预测进行评论；要求讨论者阐明听者不理解的地方；帮助解决其他学生理解错误的地方。在这种有指导的练习过程中，教师仍积极参与其中，但他的反应主要是由充当教师的学生的反应决定的。教师可以对学生良好的表现作出评价，必要时，也可以亲自引发更多的信息，或者重新给学生示范上述四种策略。总之，教师已从做大量工作、承担主要责任，逐渐过渡到让学生进行主要的思维工作，从而将执行策略、理解课文的任务逐渐移交给学生。

这时，我们看到的课堂情境是这样的：一名学生提出问题，另一名学生回答，第三名则对第二名的回答进行评论；一名学生作出总结，另一名则对其进行评论或帮助他改进总结；一名学生从课文中找出他不懂的词语，另一名学生则帮助他分析、判断该词的意义，并说明作出此判断的理由。

如下表解有助于我们理解上述互惠教学的过程中是如何体现支架式教学的：

	总结	提问	澄清	预测
1	师	师	师	师
2	师生	师生	师生	师生
3	生师	生师	生师	生师
4	生生	生生	生生	生生

总结、澄清、预测、提问是要教给学生的阅读策略。教学时的第一步是教师承担全部责任，即教师对四种策略的示范。第二步教师承担了大部分的责任，学生承担较少的责任，即在教师的示范、指导下，学生进行模仿练习。第三步学生开始承担较多责任，教师承担较少责任（故表中第二步表示为"师生"，第三步表示为"生师"），即学生开始承担小老师的角色，教师则更多地成为旁观者，只在必要时才"出手援助"。第四步变成学生承担全部责任，即学生通过合作，以会话的形式共同理解课文。

2. 钟德赣的反刍式单元阅读教学

在国内，特级教师钟德赣总结的反刍式单元阅读教学法也体现了支架式教学的思想。反刍式阅读教学将阅读步骤分为三个层次，导读——仿读——自读。每个步骤又分为自练、自改、自结三种课型。

导读是学生在教师指导下进行自学阅读。导读的教材是单元讲读课中的典型课文。在自练课中，教师引导学生扫清字词障碍及认识时代背景、作家作品后，要求学生按老师精心设计的思维训练题进行个体自学思考，在这个过程中，教师自始至终要巡视检查，及时了解、掌握上中下三个类别学生的反应，收集各种反馈信息，指导学生解决个别疑难问题，为下一课型有的放矢的指导作准备。在自改课中，教师将前一课型中收集到的一些共性的疑难问题（往往是课文的重点或难点）提出来让学生进一步思考，通过小组议论或全班讨论来解决，以求得正确的答案。在自结课中，教师要引导学生回顾前两个课型的学习情况，在复习中巩固所学的知识。教师检查三个类别的学生（重点是中下生）掌握知识的情况，引导学生扼要地进行总结归纳，并通过比较阅读，引导学生去进行同类辨析，将

58

所学的知识化为能力迁移到课外（比较阅读）。

仿读是学生依据"导读"的格式与步骤进行自学阅读。仿读的教材是单元讲读课文中未讲过的课文。在"仿读"的自练课上，学生要认真钻研课文，然后仿照"导读"中的思维训练题的要求，自行设计有价值的问题。在学生钻研课文和设计问题的过程中，教师要及时巡视、收集三个类别学生的反馈信息，为下一课型作好准备。在自改课上，在学生提出大量问题后，教师及时收集汇总，进行系统综摄，围绕单元教学目标归纳成几条思维训练题，组织小组议论或全班讨论，寻求正确答案。在自结课上，教师要引导学生做好自我总结工作。在学生自我总结的基础上，教师可以帮助他们从理论上提高一步，从规律上来认识所学的知识并把它放到比较阅读中去灵活运用，从而培养学生的能力。

自读是学生在没有教师指导情况下的独立自行阅读。在自读课上，要求学生依照"导读"、"仿读"的步骤，利用课前自学时间独立自行阅读，写好分析评价笔记，交给老师（逐步可过渡到语文课代表）检查。对感到困难的三类生在课前要作适当辅导（此辅导工作起初由教师负责，逐步可组织一类生带三类生，组成帮学对子，具体指定"小先生"辅导）。在自改课上，教师（逐步过渡到语文课代表）从学生分析评价笔记中挑选几份较典型的（不一定都是最好的，应该是有特色的），利用课内自读时间让其做中心发言，全班议论或讨论，对中心发言作出分析和评价。在自结课上，每个学生结合全班的分析评价意见修改自己的分析评价笔记，得出尽可能一致的结论（钟德赣等，1999）。

从阅读教学实际实施的情况看，反刍式阅读教学要教给学生如下几种阅读策略：（1）针对课文提出疑难问题；（2）从上述问题中选出有价值的问题，选出的问题往往是课文的重点或难点，而且要力图达到使学生略动脑筋或大动脑筋才能解答的要求；（3）阅读课文，回答问题，可以采取小组议论或全班讨论的方式来解决；（4）对问题的回答进行总结归纳；（5）进行比较阅读，巩固从课文中得来的认识。这五种策略，可简要地概括为"提问—选问—回答—总结—巩固"。其中前两步是自练课上的任务，第三步是自改课上的任务，后两步是自结课上的任务。在此基础上，可对其教学程序列表如下：

	提问	选问	回答	总结	巩固
导读课	师	师	师生	生	生
仿读课	师生	师	师生	生	生
自读课	生生	生生	生生	生	生
	自练课		自改课	自结课	

从表中可以看出，教学最初是教师与学生合作运用这些策略来读懂课文，如在导读这一环节中，提问和选问这两种策略完全由教师来做，这就是教师"精心设计思维训练题"的含义。"回答"则由师生合作完成。总结与巩固可能在学生能力范围之内，由学生来完成。而在仿读课上，"提问"这一策略则由师生合作完成，教师给学生以提示和引导，这就是钟老师所讲的"学生参照'导读'思维训练设计的问题去考虑拟题，作为自己学习拟题的一根拐杖，等到他们学步（拟题）较熟练了，就可以去掉这根拐杖去'师其意'了"。"选问"这一策略学生还难以完成，因而要由教师把学生提出的问题"及时收集汇总，进行系统综摄，围绕单元教学目标归纳成几条思维训练题"。到了自读这一步，在完成了上述五种策略的责任之后就完全将主动权交给学生，此时的教学成了学生在相互讨论中自行读懂课文的活动。

3．口语交际教学

口语交际的教学也很适合使用这种教学模式。口语交际要让学生在真实的交际情境中与他人进行有效互动，因而要让学习者习得的能力不仅有条件而且可以很方便地分布在社会层次或人际层面，相应的态度也有了更好的榜样或与学习者各方面都类似的榜样来加以承载。但接下来教学的关键是要如何考虑在这种社会互动的交际情境中来发展学生的口语交际能力和态度。在这一关键的内化问题上，我国的口语教学实践做得仍不够完善。很多教师常常满足于创设交际情境让学生去交际，但对其中要让学生习得的技能态度不是很明确，更不知道如何将体现在人际间的能力、态度内化至学生个体身上。这一内化过程可能是一个较长的过程，不可能通过一次或几次交际活动就能实现。如何根据要求学生习得的口语交际能力，系统有序地安排口语交际的活动，使这些口语交际的活动真正成为发展学生口语交际能力的手段而不是走过场或作秀的手段，是需要理论和实践工作者共同探讨的问题。

【建议参考资料】

1．王小明．语文学习与教学设计（小学卷）［M］．上海：上海教育出版社，2004．

2．何更生，吴红耘．语文学习与教学设计（中学卷）［M］．上海：上海教育出版社，2004．

3．迈耶．教育心理学的生机——学科学习与教学心理学［M］．姚梅林，严文蕃，译．南京：江苏教育出版社，2005．

4．皮连生．教学设计［M］．2版．北京：高等教育出版社，2009．

【问题与思考】

1．什么叫图式？各举一个句子图式和篇章图式的例子。

2. 作文学习的内在机制是什么？如何据此安排学生的作文教学？

3. 从学习心理学的角度看，口语交际到底要让学生学习什么？

4. 死记硬背这种学习方式在什么情况下是合适的、必要的？

5. 若要在语文教学中开展探究性学习，你认为应让学生去探究什么？教师应如何给学生提供指导？

6. 叶圣陶先生说，"语文教材无非是例子"，但也有人说，"语文教材不仅是例子"。你如何理解这两句话？

第三章　数学学习心理

【本章提要】

　　学生在数学学科上习得的结果主要有事实、概念、规则、程序、图式、策略、信念等。事实主要通过接近、重复、学习者的认知加工活动而习得，概念、规则、程序、图式、策略学习的常见方式是从这些有概括性的知识的例证中学习，学习的程度有的要达到理解的程度，有的要达到运用的程度，即变为认知心理学家所讲的程序性知识。信念的习得主要是学习者从其亲历的经验、观察的经验以及他人说服和自身的生理状态中获得对数学学习及数学学科的一些认识。从数学学习结果分类的角度看，双基的实质是学习者对广义知识的掌握程度，这一观点不仅得到了布卢姆认知目标分类学（修订版）的支持，也得到了认知心理学家将数学问题解决过程分析为不同类型知识运用的支持。数学学习的结果主要是技能，因而练习和反馈的设计是数学教学重点考虑的因素。此外，儿童的思维发展水平以及其个别差异对某些数学学习结果的习得有一定制约作用，需要在教学中予以适当关注。

【学习重点】

　　1. 举例说明数学学习结果的类型。

　　2. 用教学实践中的例子说明几种数学学习结果习得的心理学规律。

　　3. 针对给定的数学教学内容，分析其中涉及的学习结果类型，并根据这些类型习得的规律，设计相应的教学。

　　4. 陈述数学问题解决涉及的认知过程与知识类型。

　　5. 运用本章的观点，解释数学教学中"双基"的含义。

　　6. 对指定的数学技能，能为学生设计相应的练习题，并说出这样设计的依据。

【重要术语】

　　数学事实　具体概念　定义性概念　图式　策略　程序　信念　双基　运算
变式练习　过度练习　间隔练习　反馈　动作式表征　图象式表征　符号式表征
双内容样例　逆向渐退　自我效能信念　场依存性　场独立性　个体认识论信念

　　数学是中小学的一门基础学科，这门学科有着概念规则清楚、思维推理严谨的特点，其相关的学习内容常被许多教育研究者尤其是心理学研究者用做研究的内容。在教育心理学诞生之初，桑代克就在数学学科中检验和应用他的学习联结理论，随后的教育心理学家如加涅、安德森、梅耶都曾依赖数学学科来发展其学习心理的理论，因而与其他学科相比，心理学家对数学学科学与教的心理学规律研究得比较多，积累的资料也较为丰富。本章在吸收这些心理学研究基础上，首先阐明数学学科学习的结果类型，而后分别阐述各类学习结果习得的规律，最后阐明这些学习规律的教学含义。

第一节　数学学习结果

一、事实

　　在有些人看来，数学是一门需要严密逻辑推理的学科，似乎不需要记忆事实，其实不然。要想真正学好、用好数学，离开了基本事实的知悉是不可能的。数学学科中需要学生记忆的事实主要有如下几类。一类事实是一些常用的数学运算的结果，如 $\sqrt{2} = 1.414$，$\sin 30° = \dfrac{1}{2}$ 等。需要学生记忆的最基本、最常用的数学运算结果是乘法口诀表和 10 以内的加法、减法。当我们进行复杂的数学计算时，对 $7+8$，4×7 这类加法、乘法的结果，需要立即从记忆中提取出来运用，而不是采用数手指头或进行数字连加而得到结果。一些心理学家直接将这些常用数字运算的结果称为"加法事实"、"乘法事实"或"数学事实"。另一类事实是一些不同单位的换算关系，如 1 公斤 = 1000 克，1 米 = 100 厘米等。还有一类事实是对一些概念、原理的言语表述特别是数学计算公式的记忆，如点到直线的距离公式，两角和差的三角函数公式 ［如 $\sin(\alpha \pm \beta) = \sin\alpha\cos\beta \pm \cos\alpha\sin\beta$］。这些公式虽然要以较为概括的规则形式习得和运用，但如果学生记不住这些公式，就谈不上运用，因而以事实的形式记住这些公式仍是很有必要的。此外，还有一些数学历史方面的内容需要学生将其作为事实来学习，如祖冲之最早将圆周率的值推算到小数点后七位；勾股定理中的勾、股、弦分别指直角三角形的哪条边等。

二、概念

　　学习数学要学习许多明确、严谨的概念，但也有较少的难以言表的概念需要学习。根据加涅对概念的分类，数学概念也分为两大类：具体概念和定义性概念。

（一）具体概念

　　具体概念的关键特征只能通过学习者的感觉器官才能直接感受到。学习者的感觉器官不只是眼睛，还包括肌肉中的本体感受器、耳、鼻等。数学学科中有少量概念属于具体概念，而且大都集中在小学中、低年级的数学之中，主要涉及重

63

量、体积、长度、时间等方面计量的概念，如千克、升、厘米、秒、分钟等概念。我国教师在表述这类概念的学习时，常用"体会、感受"等词语，如"感受并认识克、千克"、"体会千米、米、厘米的含义"、"感受 1 立方米、1 立方厘米、1 升、1 毫升的实际意义"等。这里的"感受"、"体会"表达的是学习者的内在状态，较为含糊，难以捉摸和清晰界定，这是因为这些概念只要求学生用自己的感觉器官（主要是眼睛，也包括肌肉中的本体感受器）去感知 1 厘米、1 升、1 立方米的实际例子，学生习得的是这些单位的表象，或者是形象性的表象（1 立方米石块的形象），或者是肌肉紧张感的表象（如手提 1 千克物体时的肌肉紧张感）。由于具体概念的关键特征只能通过学习者的感觉器官感知，不能通过言语描述而习得（其实有些特征也很难言表），因而对这类概念，必须让学习者去看、去掂量、去触摸，用其相应的感觉器官来感知具体概念例证的关键特征。这也许是"体会"、"感受"等词语意欲表达的意思。

（二）定义性概念

定义性概念的关键特征必须经过严格的定义才能揭示出来，如"圆周率"这一概念，仅凭观察、触摸圆形物体是不能获得的，必须通过"圆的周长与直径的比"这一定义才能揭示出来。数学学科中的大多数概念都是定义性概念，如方程、反比例函数、方差、三角形的高、分式等概念。需要指出，数学中的有些概念，既可以作为具体概念学习，又可以作为定义性概念学习。如"圆"这一概念，既可以是具体概念，又可以是定义性概念（到定点的距离等于定长的点的集合），这时判断这些概念应作为哪类概念需要考虑学生的原有水平。"圆"对于幼儿来说，可以作为具体概念学习，而且入学后大部分小学生基本上习得了作为具体概念的"圆"，这时就不宜再把"圆"作为具体概念学习，而应作为定义性概念学习了。此外，一些概念，尤其是一些几何概念，如等腰梯形、角平分线、垂线等，既有相应的严格定义，也有一些具体的图形表示，对这类概念，应把它们作为具体概念还是定义性概念？如果作为具体概念，则学生主要应通过对图形的观察来进行学习。考虑到学生观察几何图形时会有错觉（蔡道法，1993），以这种方式习得的概念很难用于进一步的学习中，因而这类概念应作为定义性概念加以学习和教学。

三、规则

规则是学习者运用概念之间的关系对外办事的能力。学生在数学学科中要学习的很多内容都属于规则，包括数学学科中的定理、定律、公式、计算程序等。现代认知心理学认为，规则在学习者的头脑中可表征为"条件—行动"的形式或"如果……那么……"的形式（一般被称为产生式）。如三角形全等的一条定理——若两个三角形的两边及其夹角分别相等则这两个三角形全等，就很明显地分为条件和在该条件下应采取的行动（判断出这两个三角形全等）。在解二元一次方程组时，涉及如下规则或产生式：如果两个方程中的某个未知数的系数互为相反数，那么把两个方程相加来消元；如果两个方程中的某个未知数的系数相等，那么把两个方程相减来消元。产生式中的条件部分既可以是从环境中得到的信息，也可以是学习者从其头脑中提取出来的信息，还可以是学习者确立的要达到的目标；产生式中的行动部分既可以是学习者外显的行为，也可以是学习者在其头脑内部执行的操作。如商不变的性质就可表示如下：

　　如果　被除数和除数同时扩大或缩小相同的倍数，

　　那么　商不变。

　　这里的条件部分既可以是由教师演示的，也可以是学生自己想象的，行动部分既可以由学习者说出来，也可以不说出来。

　　规则的一种特殊形式叫程序，是由若干个规则按一定关系组合起来的复杂的规则。在数学学科中，程序通常体现为计算步骤、方法等。如解简易方程的步骤就涉及如下几条规则：

P1　如果　要求解简易的方程，
　　　那么　把含有未知数的项移到等式左边，把不含未知数的常数项移到等式右边。

P2　如果　等式左边都是含有未知数的项，等式右边都是常数项，
　　　那么　合并等式两边的同类项。

P3　如果　等式两边的同类项已经合并，
　　　那么　在等式两边同除以未知数的系数。

P4　如果　等式两边已经同除以未知数的系数，
　　　那么　等式右边的值就是方程的解。

　　这四个产生式之间存在一个线性的关系，而且第一个产生式执行 P1 的结果正好满足了第二个产生式 P2 的条件；第二个产生式执行的结果又满足了第三个产生式 P3 的条件；第三个产生式执行的结果又满足了第四个产生式 P4 的条件，于是这四个产生式就可连续起来执行，好像执行的是一个大的产生式一样：

　　如果　要求解简易的方程，

　　那么　先把含有未知数的项移到等式左边，把不含未知数的常数项移到等式右边，

　　　　　再合并等式两边的同类项，

　　　　　再在等式两边同除以未知数的系数，

　　　　　最后，等式右边的值就是方程的解。

　　其他的程序如计算小数除法的步骤，用量角器量一个角的方法，用二元一次方程组解简单应用题的步骤（先设两个未知数，而后找出两个相等的关系，接着

65

列出方程、解方程，最后写出答案）等。可见，数学中的很多程序都可表示成按一定顺序执行的步骤，但有些程序执行过程中需要学习者作出判断和决策，以便决定下一步采取什么样的步骤，这就使得程序有了不同分支。如小数除法的计算步骤就是一个有分支的程序，见图3－1（胡本炎，1998）。

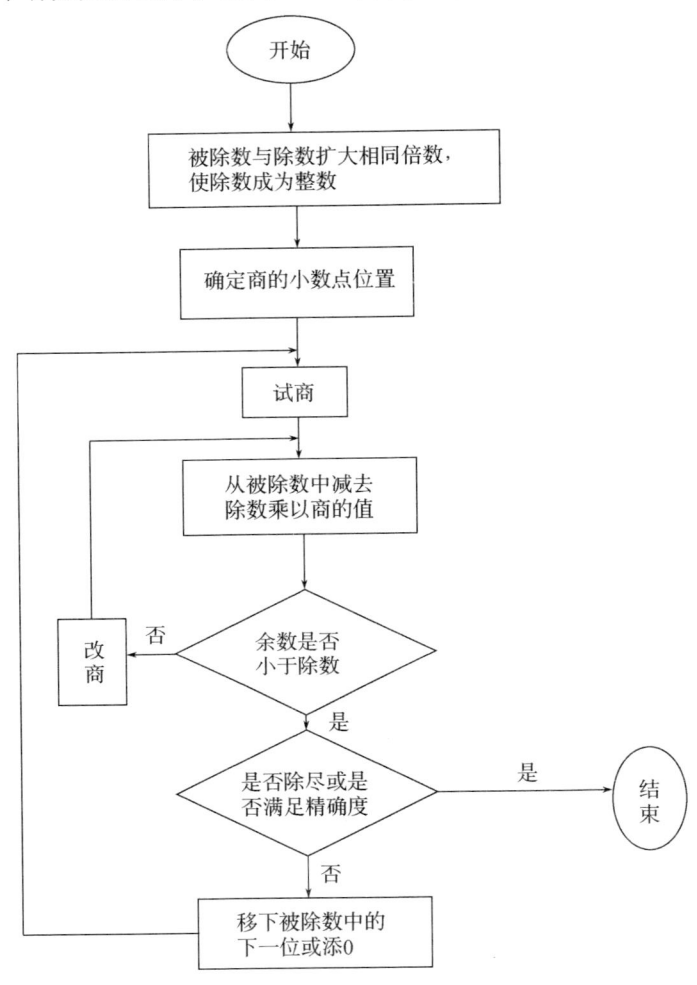

图3－1　除数是小数的除法计算步骤

　　加涅等人（2007）指出，定义性概念实质上也是规则，不过是一种将客体和事件加以分类的规则。如"能被3整除的数"是一类数，其本质特征是"各位上的数字之和能被3整除"，这一定义性概念可表示成如下规则：如果一个数各个数位上的数字之和能被3整除，那么这个数能被3整除。但一些处理"相对"、"相似"、"大于"之类关系的规则却不是定义性概念，如"两直线平行，内错角相等"以及上文提及的小数除法的步骤，都是规则而不是定义性概念。

四、图式

图式的概念在本书第二章"语文学习心理"中有过专门介绍。图式作为一种有组织的学习结果类型，不只存在于语文学科中，也体现在数学学科中。数学学科中的图式主要是题型图式，这种图式概括了一类应用题涉及的变量、各变量之间的数学关系以及解决这类题目的一般方法。如下面两道题目都涉及同一个题型图式：

1. 第一纺织厂原有棉花 3 500 包，用去 $\frac{3}{5}$，剩下多少包？

2. 第一纺织厂原有棉花 2 000 包，后来运进的比原来的少 500 包，用去 $\frac{3}{5}$，用去多少包？

这两道应用题都涉及三个变量：一个数、几分之几、一个数的几分之几；这三个变量之间存在如下固定的关系：一个数 × 几分之几 = 该数的几分之几。这三个变量都是可以变化的，在上述两个例子中，"一个数"这一变量可以是题中给出的 3 500 包，还可以是第 2 道题目中需要进行运算的 2 000 +（2 000 – 500）。几分之几也可以变化，在第 1 题中是（$1 - \frac{3}{5}$），在第 2 题中是 $\frac{3}{5}$。在题目中找到了三个变量并明确三个变量之间的关系，"求一个数的几分之几"的图式就具体化了，解题者也就理解了该题目。如果解题者在解第 1 题时，直接用 $3\,500 \times \frac{3}{5}$ = 2 100，说明他头脑中要么缺乏相关的图式，要么在图式的具体化过程中出了问题（将"几分之几"这一变量错误地具体化为 $\frac{3}{5}$）。

在更多的情况下，涉及同一图式的应用题在题目内容上还有明显不同或变化，而不像刚才的图式例子中，题目内容大体相同。一些心理学家据此区分了应用题的结构特征和表面特征。结构特征是指应用题涉及的图式，表面特征是指应用题的内容（Mayer，2003）。有相应图式的问题解决者，面对表面特征（题目内容）不同的题目，能很快用相关的图式加以理解，即判断出该题目属于何种类型的题目。先看下面三道题目：

（1）人事专家想了解熟练的打字员的打字速度是否比不熟练的打字员打字速度快，他对 20 名熟练的打字员（5 年以上工作经验）和 20 名不熟练的打字员进行了打字测验，记下了他们每分钟打字的平均数。

（2）一名大学系主任宣称，好的读者会比差的读者获得更好的成绩。50 名阅读理解测验得分高的大一学生和 50 名阅读理解测验得分低的大一学生的平均分被记录下来。

67

（3）人事专家想了解打字经验是否与更快的打字速度相伴，他要求40名打字员报告其从事打字的工作年限，然后对他们进行打字测验，记下了他们每分钟打字的平均数。

（1）、（3）两题涉及相同的内容（打字测验），但结构特征（或题型图式）不同；（1）、（2）两题虽然题目内容不同，但都涉及独立样本的平均数差异检验这一题型图式，该图式涉及平均数1、平均数2、两个平均数是否存在差异、检验的方法等四个变量，两个平均数之间的关系是来自两个独立的样本。当学习者具备这一题型图式并能正确地将这两题识别为该图式的例子时，他就知道如何去解决这两道题目了。

具备相应图式的学生在面对具体的问题时，已经习得的图式可使他们判断出题目中哪些信息与解题有关（即从题目中获得有关图式变量的值），哪些与解题无关。有时，题目中给出的信息并不充分，这时学习者会根据头脑中的图式自己提供相关信息或向外界要求获得进一步的信息。如"已知一个圆的半径是8厘米，求其面积"这一题目，具备求圆面积图式的学习者，在理解这一问题时，会用"圆的面积、圆的半径、圆周率的值"这三个变量间的关系，而题目中只有圆的半径这一变量的值，对于"圆周率的值"这一变量，学习者会主动给它赋值"3.14"。

中小学生要想正确地解应用题，就需要掌握不同的应用题图式。欣斯利（D. A. Hinsley）等人1977年调查过学生的题型图式，识别出18种题型图式，其中包括我们常见的距离—速度—时间问题、工程问题、水流问题、利息问题等应用题题型。梅耶1981年分析了美国中学代数教科书中的题目，总结出了大约100种的题型图式（Mayer，2008）。这些问题类型应作为中小学数学学习的重要目标之一。

五、策略

策略，又叫认知策略或策略性知识，是学习者运用有关学习、记忆、思维的规则或程序来调节、控制自己的学习、记忆、思维活动以提高学习效率的能力。策略本质上也是一套规则或程序，和上文描述的客观世界中不同数量关系的规则、程序不同的是，策略涉及的规则是关于学习者自己如何学习、记忆、思维、推理的。数学学科由于需要让学习者做出推理、思维、问题解决的活动，因而不可避免地会涉及一些如何进行推理、思维或问题解决的规则，这些规则，被我国的数学教育工作者描述为"数学思想方法"。如"化归法"就是一种常见、常用的数学思想方法，它体现在学习者许多的数学问题解决活动中，甚至还被一些优秀的学生有意识地加以运用。所谓"化归"是把新的问题转化为旧的、学习者已会解决的问题的一种思路。如求解平行四边形的面积（新问题）时，我们通常用割补的方法把这一问题转化为学习者已经会解决的求长方形的面积；解二元一次方程组时，通过代入消元法，将新问题转化为学习者已经会解决的一元一次方程。这些例子中，解决问题的具体方法虽然不一样，但其中都涉及一种更高级、更概括的规律，即把新问题转化为旧问题，这就是一种指导学习者如何思考的规则，是一种策略。

数学中还有一种思维方法叫"特殊化方法"，即通过解决简单的、特殊的问题或情境来寻求解决更复杂、更一般的问题或情境。如图 3 - 2 中线段 *BC* 上有 100 个点，要求回答该图中共有多少个三角形。要解决这一复杂问题，不可能一个个地去数，可以先从简单的情形入手（如 *BC* 上只有一个点、两个点、三个点的情况），取得经验，探索规律。在对简单情形的探讨中，可以发现，三角形 *ABC* 的边 *BC* 上的点将 *BC* 分成多少条线段就有多少个三角形，于是 *BC* 上只有一个点时，有 2 + 1 条线段，有两个点时（C_1，C_2），有 3 + 2 + 1 条线段，有三个点时，有 4 + 3 + 2 + 1 条线段，于是可以推想，*BC* 上有 100 个点时，共有 101 + 100 + 99 + … + 3 + 2 + 1 = 5 151（条）线段，也就有 5 151 个三角形。这种在遇到复杂问题时，先从简单情形入手，以便找到问题解决方向的规则是学习者用来支配自己解决问题的思路的，也是一种典型的策略（郑君文，张恩华，1996）。

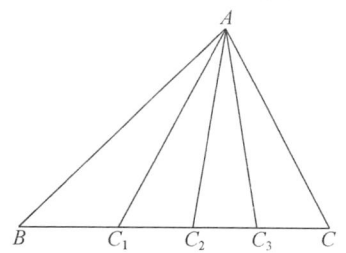

图 3 - 2　共有多少个三角形

六、信念

在数学学科中，信念（beliefs）也是一种较为突出的学习结果。所谓信念是指学习者对自己在学习上的特点、对学习是如何进行的、对某一具体学科性质的认识（Mayer，2008）。学习者在数学学科习得的两种重要信念分别是自我效能信念和个体认识论信念。

（一）自我效能信念

自我效能信念是指个体对自己完成某项任务的能力的主观判断。具体到数学学科，自我效能信念是指学生对自己学习数学、解决数学问题能力的主观判断。如有些学生认为自己缺乏空间想象能力，因而不适合学习立体几何，这种对自己学习立体几何能力的主观认识即是自我效能信念。自我效能信念具有领域特殊性，或者说，学习者对自己完成不同任务的能力有不同判断，不存在一种一般的自我效能信念。学习者对自己学习立体几何的能力判断较低，并不意味着他对自己学习平面几何或代数也有同样的判断。

班杜拉认为，自我效能信念对学生的学习有重要影响。首先，自我效能感会影响学生对学习任务的选择。一般来说，学生倾向于避开超出自己能力的学习活动，选择自己有能力完成的任务。但班杜拉认为，对自己能力估计过高，会使自己选择明显力所不及的任务，从而受到挫折和伤害；而对自己能力估计过低，则会限制自己潜能的发挥而失去许多获得奖励的机会。到底什么样的效能水平最佳呢？对此，班杜拉（2001）指出，对自己能力的最佳判断，可能是"在任何时候都对自己作出稍微超出能力的评价"。这种评价既能促使人们去选择具有挑战性的任务，又能为能力的发展提供动力。其次，自我效能感影响学生学习的坚持性。有研究发现，自我效能感强的儿童，在困难情境中会投入更多的努力，学习得更好；但在他们认为是容易的情境中，会付出较少的努力，学习得较差。可以说，学生自我效能感越强，会付出越多的努力，持续的时间也会越长。再次，自我效能感影响学生的思维方式与情感反应。自我效能感强的人，在遇到困难时不会表现出更多焦虑和痛苦，而会更多考虑外部环境的特点和要求；在遇到失败时，倾向于将其原因归结为自身努力不够。自我效能感弱的人，在遇到困难时，会表现出较多的焦虑，而且过分关注自身的缺点与不足；在遇到失败时，和能力相当但自我效能感强的人相比，会将原因归结为自身能力的不足。

70

（二）个体认识论信念

个体认识论信念是指个体对知识的本质及学习的一些信念。在数学学科中，学生对数学学习及数学知识的本质也会持有一些个体认识，如有人经过调查发现，学生在数学学习上持有如下一些常见的信念（李士锜，2001）：

学习数学，就是要老师教，我们学，老师讲，我们听，老师举例子，我们照着做。

由于数学中许多东西不是日常生活中能见到的，所以老师没有教过的我们就不懂。

学数学主要靠记忆和模仿，记住一大套规定的法则和算法，并按例题的步骤去做。

学数学只能老老实实地一步步推导，不能利用观察、实验、猜测等方法，因为数学是最严密的。

只有极聪明的人才能真正理解数学，一般学生是弄不懂数学是怎么回事的，只能靠死记和机械的应用。

学数学就是用一张纸、一支笔去苦想，书呆子才喜欢数学。

我们数学题做得对或错，做得好或差，自己是搞不清楚的，都得由老师来评判。

数学题要么能在几分钟之内做出来，要么就做不出。

老师让我们所做的题目一定用到最近几天教的内容。

每个数学题的条件不会少，也不可能多，否则就是题目错了。

每道题目会有一种正确解法，也只能有一种正确解法。

研究发现，个体所持有的认识论信念对其学习成绩、对文本的理解、对错误概念的转变、对推理、对策略的使用都有重要影响（Buehl, Alexander & Murphy, 2002）。如认为数学学习主要靠记忆和模仿的学生，在数学学习成绩上就不如认为数学学习是靠推理、证明的学生。因而学生从数学学习中形成什么样的信念，也应成为数学教育的目标。上文列举的一些学生的数学学习信念，都是较为消极的信念，需要在教学中予以纠正。奥姆罗德（J. E. Ormrod）列出了教师期望学生具备的认识论信念，对我们明确学生在数学学科中应形成什么样的认识论信念很有启发。这些信念是：困难、复杂的问题并不总是有明确的答案；知识不仅涉及知晓事实、概念、思想，而且还涉及理解这些事物间的相互关系；学习涉及知识的主动建构，而不是被动地"接受"知识；掌握一套信息体系或复杂的技能，有时要求坚持性和艰苦的努力（Ormrod, 2006）。

第二节　数学学习的心理学规律

一、事实的学习

本书第二章列出的有关事实学习的规律，如接近、重复、强化、学习者的认知调节作用，仍旧适用于数学事实的学习。一些常用的数学事实，如 1 元 = 10 角，1 米 = 100 厘米等，之所以记得比较牢固，是因为我们在日常生活和学习中要经常提取、运用这些事实，每一次的提取运用就是对这些事实的重复。而 1 公顷 = 15 亩，$\sqrt{2} = 1.414$，$\sin(\alpha \pm \beta) = \sin\alpha\cos\beta \pm \cos\alpha\sin\beta$ 等数学事实，由于缺乏提取运用等形式的重复，因而就容易记不起来甚至遗忘了，临时用时只能去查询。

对事实的重复和强化有时是通过计算练习的形式进行的，尤其是对加法事实、减法事实等数学事实的学习来说，更是如此。心理学家西格勒（R. S. Siegler）指出，当学生多次解决像"3 + 2 = ?"这样的问题时，就是在对事实进行重复。在做"3 + 2 = ?"时，学生会采用不同策略，或者是先数三个手指头，再接着数两个手指头，或者从 3 开始，数 2 个手指头，或者从 2 开始，数 3 个手指头。在做"7 + 8 = ?"时，学生或者采用从较大的数开始继续数 7，或者采用"凑十"的策略进行计算。不管采用什么策略，学生得到了正确的答案，会受到表扬；做错了则得不到表扬，而且随着不断的练习，做对 7 + 8 = 15 的次数比做错（如 7 + 8 = 12）的次数要多。这样，7 + 8 与 15 之间的联系就得到了强化，换句话讲，学生记住了 7 + 8 = 15。下次再遇到"7 + 8 = ?"的问题时，他就不必采用"凑十"或接着数数的方法来找到答案了，因为记住事实比用一定方法计算来得简单，也更节省工作记忆的容量。可见，学生在数学事实学习上进行一定量的重复练习，主要的目的不在于让计算的技能自动化，而在于习得加法、减法、乘法、除法等数学事实（Pressley & Woloshyn，1995）。

数学事实学习中另一个突出的规律是学习者会使用一些策略来促进对事实的记忆，这些策略主要是精加工策略及其变式。如记忆圆周率的值 3.141 592 6 时，有学生便通过谐音的方法，将数值谐音成"山巅一寺一壶酒二两"来记住，这就是一种添加补充意义的精加工策略。一些较为复杂的数学公式的记忆也可以通过这种策略的运用而得到促进。俄国心理学家鲁利亚（A. R. Luria）曾描述了一个名叫 S 的男子记忆数学公式的情况。研究中用了如下一个没有意义的"数学公式"：

$$N \cdot \sqrt{d^2 \times \frac{85}{vx}}$$

鲁利亚报告说，S 仔细地看了看公式，几次拿起纸，更仔细地看。然后把纸放下，闭上眼，几分钟后准确复现了公式。下面是 S 回忆过程的描述：

Neiman（N）走出来，用他的手杖戳着地面（·）。他抬头看看一棵高树，这棵树类似于平方根符号（$\sqrt{}$），他心里在想：这棵树枯萎了，它的根露了出来，这不足为奇。毕竟我盖这两座房子时它就长在这里了（d^2）。然后他说："这两座房子旧了，我不想要它们了（×）；卖掉它们会带来更多钱。"他最初盖房子时投入了 85 000（85）。接着"我看到房顶从房屋上分离开（—），在往街上走时，我看到一名男子在演奏 Termenvox（vx）"。15 年后，即使事前没有告诉他要检测这一公式的记忆，S 仍能准确地回想起这一公式（Hall，1989）。

二、概念与规则的学习

概念与规则在数学学习中占相当大的份额。这里的概念与规则的学习具体是指学习者对概念规则的理解，在布卢姆认知目标分类学（修订版）中相当于概念性知识的理解。概念又可分为具体概念和定义性概念，具体概念在数学学习中并不占主流，在上一节阐述其性质时，附带介绍了它的学习规律。定义性概念是一种特殊的规则，因而这里的概念主要是定义性概念。另外，规则的一种特殊形式是程序，其学习规律有特殊之处，拟单独介绍。

概念与规则的学习有两种方式。一种方式是先学习概念与规则的定义，而后再学习概念与规则的例证；另一种方式是从概念规则的例证中进行抽象概括而习得相应的概念规则。下面分别对这两种学习方式进行介绍。

（一）从概念规则的定义中习得概念规则

在这种学习方式中，教科书、教师直接将概念的定义或规则的言语表述呈现给学生，学生则利用头脑中相关的概念来加以理解。根据加涅的学习条件理论，学生要习得概念和规则就必须先习得构成概念或规则的成分概念，包括表示概念间关系的概念。学生具备了这些先决的条件，才有可能习得并理解相应的概念和规则。

如要学习"圆"这一定义性概念，其概念的界定是"到定点的距离等于定长的点的集合"，学习者要习得这一定义，就需要事先掌握"定点"、"定长"、"集合"等概念和表示关系的概念"等于"。又如学习"三角形任意两边之和大于第三边"这一原理时，需要学习者事先掌握"三角形"、"三角形的边"等概念以及"大于"这一关系概念。学习者有了这些原有的概念做基础，才有可能理解新的概念或规则的表述。

加涅主张学习者先学习成分概念而后再来学习新的概念和规则。我们可将这样的学习称为自下而上的学习，而奥苏贝尔则认为，如果学生在学习某个概念、原理之前，头脑中已具备了比新学习的概念、原理更为概括，包容性更广的观念，则这种下位学习更易于发生。如学生学习"反比例函数"之前，已学习过"函数"的概念，在学习"方程"的概念（含有未知数的等式）之前，已掌握了"等式"的概念，因而在学习这些新的概念前，可以先让学生复习或回忆原有的较为概括或有较高包容性的概念（"函数"、"等式"），而后学生将原有的观念与新的概念建立起联系，从而实现理解。由于这种从一般到个别的学习进行起来较为容易，因而奥苏贝尔主张教材的编写应按照"从一般到个别逐渐分化"的原则进行。我国中小学数学教材中有些内容是按照这样的方式编排的，如有关函数的内容就是从"对应"到"映射"再到"函数"再到"幂函数"、"指数函数"、"对数函数"这样逐渐分化的方式编排的（曹才翰，章建跃，1999）。张梅玲主编的现代小学数学教材也是按照这种方式编排的，先让学生形成整体"1"的概念，而后再在不同内容中逐渐分化出更具体的单位"1"。但并非所有的内容都是按这种方式编排的，如数系的内容就不是按"复数—实数—有理数、无理数—整数、分数—自然数"的顺序（曹才翰，章建跃，1999）。因而对给定的概念和规则，用学生头脑中的哪些概念或规则来加以理解，还要视教材的编排和学生的原有基础而定。如果教材是按照"从一般到个别逐渐分化"的原则编排的，则学生的学习可以先从复习上位的原有观念入手，进而学习较下位的观念；反之，可能要先考虑学习构成新观念的成分概念。

对概念与规则的学习是否只学习其言语界定就可以了呢？加涅并不这样认为。他指出，尽管言语定义可教给学生大量的东西，但仔细选用一些肯定例证和否定例证似乎是"充分理解"定义性概念所必需的（加涅，1999）。因而即使学生头脑中具有相关的原有观念（不管是上位观念还是成分观念）并用其来理解新的概念规则的言语界定，也要让学生进一步学习概念规则的正反例证，以促进对概念规则的进一步理解。如学习"三角形两边之和大于第三边"的原理之后，让学生计算任一三角形两边之和并与第三边加以比较（学习正例），或者让学生

73

将长度之和小于或等于第三条线段的两条线段放在一起，试着能否拼出三角形来（反例）。

（二）从概念规则的例证中学习

这种学习就是本书第一章介绍过的样例学习。这里的样例是"解出的例题"，包括问题、问题的解决办法和问题解决的结果，相当于数学教科书中的例题。从对例题的研习中，学习者可以习得相应的概念和规则。有关样例学习的研究在数学学科较多，研究发现，样例学习对于学习者理解概念规则有积极的促进作用，而且和学生单纯的问题解决学习相比，还是一种省时高效的学习方式。朱新明和西蒙（H. A. Simon）1987 年的研究发现，采用样例学习的方式，原本需要三年才能学完的数学课程，学生可以在两年内学完，而且学习的成绩合格（Zhu & Simon，1987）。

学生要从样例中习得概念和规则，首先要求具备的条件是要有样例。研究发现，多个有变化的样例有利于学生从例子中进行学习。瑞德和波斯特德（S. K. Reed & C. A. Bolstad）1991 年的研究说明了这一问题。他们要求学生用"速度 1×时间 1 + 速度 2×时间 2 = 已完成的工作量"这一公式解文字题。学生被随机分为六组：第一组只有一个样例，说明如何用上述公式解题；第二组呈现一个复杂的样例，即学生在运用公式前，要对问题的某些成分（如速度、时间）做些变换；第三组学习的是一套程序，描述了解文字题的基本步骤；第四组学习一个简单的样例和第三组的解题步骤；第五组学习一个复杂的样例和解题步骤；第六组学习一个简单的样例和一个复杂的样例。各组学习结束后，都来解 8 道类似于复杂样例的测验题。结果发现，最后一组学生的成绩远优于其他五组，说明两个样例要比一个样例更能促进学习。奎利西（J. L. Quilici）等人 1996 年研究了用不同样例来教若干统计概念。一套样例是依下述原则设计的：对涉及同一个概念的若干问题，使其表面特征尽可能类似。另一套样例是依据下述原则设计的：对涉及同一个概念的若干问题，使其表面特征尽可能不同，而且还要做到每个统计概念由表面特征不同的若干问题加以说明；同一种表面特征可以用来说明不同问题类型。结果发现，学生学习用不同表面特征说明统计概念的样例后，其效果优于学习表面特征类似的样例（Atkinson，Derry & Renkl，2000）。

如果概念规则的例证或样例的变化不充分，学生就有可能习得错误的或不完整的概念规则。如"任意四边形各边中点的连线是平行四边形"这一规则，如果用来说明这一规则的若干四边形形状变化不充分，导致连成的小四边形是矩形，学生会形成"任意四边形各边中点的连线构成的图形是矩形"的错误结论。又如，在学习反比例函数 $y = \dfrac{k}{x}$（$k \neq 0$）中系数 k 的几何意义是反比例函数图象逼近坐标轴的程度。如果只呈现 $y = \dfrac{2}{x}$，$y = \dfrac{5}{x}$，$y = \dfrac{23}{x}$ 这样的 $k > 0$ 的反比例函数

及其图象，学生会从中得出"k 值越小，反比例函数图象越逼近坐标轴"的结论。而如昊再同时呈现 $y = -\dfrac{8}{x}$，$y = -\dfrac{22}{x}$ 这样的函数及其图象，学生才会形成正确的认识：$|k|$ 的值越小，反比例函数越逼近坐标轴（伊红，钟旭天，陈士军，2005）。

但学习者仅仅接触样例并不一定能导致学习。进一步的研究发现，学习者对样例的自我解释对其学习有重要影响。所谓自我解释是学习者研习样例时表现出的一种活动，在这种活动中，学习者主动解释样例中的每个步骤为什么是这样的道理。研究发现，这种自我解释活动是优秀学习者进行例中学的典型表现。伦考则进一步将优秀学习者的自我解释活动总结为如下三方面：1. 经常通过识别出内在的领域原理而赋予算子以意义（基于原理的解释）；2. 经常通过识别出这些算子达成的子目标而赋予算子以意义（对目标—算子组合的解释）；3. 倾向于预期下一个解决步骤而不是去查找这一步骤（预期推理）（Renkl & Atkinson，2002）。如一些学生在学习异分母分式的加减时，会对异分母分式加减的样例进行解释。样例中有一个步骤是通分，学生会解释说，通分的依据是分式的基本性质，这是基于原理而对算子或操作步骤的解释；而解释说通分的目的是把两个分母不同的分式化为分母相同的分式以便加减，这就是对算子（即通分的操作）达成目标的解释（周桂海，2003）。

要通过样例来促进学生对概念规则的学习，还需要采用一定措施来引发和促进学生对样例的自我解释活动。研究发现，如下几种措施可以有效促进学生的自我解释。1. 改进样例的呈现方式。如伦考 1997 年通过计算机渐次呈现样例的方式来引发学习者自我解释活动中的预期推理。伦考将一个样例用四个计算机页面呈现出来。第一个页面上只呈现样例中的问题成分，第二个页面呈现问题和解题的第一个步骤，第三个页面呈现问题和解题的第一、第二个步骤，第四个页面则在第三个页面基础上增加了解题的第三步。第一个样例按这种方式呈现完后，再按同样方式呈现第二个样例。在这种呈现方式中，学习者所看到的一个页面（如第二个页面）会诱使他们思考接下来的一步应该是怎样的，即进行所谓的预期推理。伦考的研究发现，这样的样例呈现方式确实引发了学习者对解题下一步的预期，并有较好的学习效果（Renkl & Atkinson，2002）。除了伦考的这种呈现方式外，还有人采用残缺的样例来促进学习者的自我解释。在这种样例中，样例解题步骤的一步或几步被省略，学习者学习这一残缺样例时，就要预测残缺的部分是什么。预测之后，再由计算机或教师把完整的样例呈现出来。这种方式也同样可以促进学生的自我解释。2. 提供自我解释的提示。一些研究者主张在给学习者呈现完整的样例时，通过给他们提供一些提示来促进他们的自我解释活动。这些提示被称为自我解释的提示（prompts for self-explaining），它们有时以问题的形式呈现，有时以指导语的形式呈现。如学生在学习含有分母的方程的解法时，

75

要通过研习课本上的两道例题来学习，为促进学生对这两个样例的自我解释，教师为学生提出了如下一些问题：为什么要用各分母的最小公倍数去乘方程的两边？为什么不能漏乘没有分母的项？为什么分子要作为一个整体加上括号？（周桂海，2003）在研习样例的同时思考这些问题，会使学生去考虑每一步骤所涉及的运算原理以及每一步要达成什么样的目标，而这些思维活动正是优秀学生学习样例时进行的自我解释活动，问题的使用有效引发了学生的学习活动。3. 提供教学解释。学生的自我解释虽然对其样例学习很重要，但学生作出的自我解释并非都是正确的，他们也有可能对样例作出错误的解释，还有可能难以对样例作出合理解释，因此，样例学习中仅有学习者的自我解释是不够的，有时还需要有正确的教学解释（instructional explanations）。有关提供教学解释的初步研究发现，在样例之外若再给学习者呈现较多的教学解释，则教学解释的一些内容会与样例中的一些成分类同，于是教学解释便加重了学生学习的负担。此外，有些学习者会形成依赖教学解释进行学习的倾向，这样会减少或抑制他们的自我解释活动，从而削弱学生的样例学习效果（Renkl, Hilbert & Schworm，2009）。在考虑这些研究发现基础上，伦考（2002）提出了四条提供教学解释的原则，以减少教学解释的消极效应，发挥它促进学生自我解释的作用。这些原则是：1. 应学习者的要求提供教学解释；2. 教学解释应当简洁、以少为佳，避免冗长、繁复的解释；3. 以渐进的方式呈现教学解释，即一开始给学习者呈现较少的教学解释，如果这种少量的教学解释不充分，再给学习者提供更充分、更细致的解释；4. 教学解释应关注原理，以顺应学习者基于学科原理进行自我解释的规律。

三、程序的学习

学习程序的主要方式是观察学习。学习者首先观察程序运用的示范，从中习得相应的程序是什么样的，而后再通过练习形成运用程序的技能。学习者所观察的程序运用的示范，既可以是教师或其他人实际演示出来的程序的执行，也可以是体现程序运用的样例。因而上文提及的适合概念规则学习的样例在程序学习中仍有重要作用，不过，通过样例来学习程序，只能解决理解程序是什么这样的问题，对于学习实际运用程序，样例并不是最佳的手段，这就是说，样例学习只适合程序学习的初期，在程序学习的后期，对程序的运用要达到自动化的程度，就需要考虑对程序样例的观察向对程序的运用过渡了。

由于程序涉及一系列的步骤，一些研究者主张采用支架式教学的思想来促进程序的后期学习。具体讲就是，首先呈现或示范一个完整的体现程序运用的样例，而后给学生呈现一个省略了某个程序步骤的样例，接着，逐步增加省略的程序的步骤数，直到只剩下问题为止。通过这样一个渐退的过程，给学生提供的支持（即完整的或残缺的样例）越来越少，直至学生最后能独立执行程序为止

76

（Renkl & Atkinson，2002）。

在省略程序的步骤上，有两种渐退方式：顺向渐退和逆向渐退。顺向渐退是先略去程序的第一个步骤，然后略去第一个和第二个步骤，接着再略去第一个、第二个、第三个步骤，……直至略去全部步骤为止。逆向渐退则正好相反，先略去最后一步，然后略去倒数后两个步骤，……直至略去全部步骤为止。研究发现，逆向的渐退较顺向的渐退能导致学生有更好的学习表现（Mayer，2008），而且，在这种渐退方式中，学习者能很快看到程序执行的结果，这对于维持他们学习程序的动机也有积极作用。如计算两个独立事件同时发生的概率这类问题就涉及如下三个步骤组成的计算程序：1. 计算出第一个事件发生的概率；2. 计算出第二个事件发生的概率；3. 将两个概率相乘得到联合概率。按逆向渐退方式，学生要先学习一个求联合概率的问题以及解决这一问题所需要的三个步骤，然后学习第二个问题以及只有前两个解决步骤的残缺的样例，接着学习第三个问题以及只有第一个解决步骤的样例，最后只看到第四个问题而没有任何解决步骤（Mayer，2008）。

数学中的程序有些较为复杂，涉及决策步骤和分支程序，而不是单纯的线性程序。在学习这类复杂程序时，史密斯和雷根（P. L. Smith & T. J. Ragan，2008）提出，可以先让学生学习其中一个分支，而后再学习另一个分支，这样可以将复杂的程序简化，减轻学生学习时的负担。

数学中的程序，有些是通过言语表述或样例直接呈现在教科书中或演示给学习者的，有些需要学习者从数学概念、原理中创造出来（安德森等，2008），用认知心理学家的话讲，是知识的编辑。经过这一编辑的过程，较为概括的陈述性知识转化为用"如果……那么……"规则表示的程序性知识。很多数学概念、原理的学习，不能只达到通过样例或例证而加以理解的程度，还要能够加以运用和实施，而从概念原理向程序的转化是有助于这一运用的。如单调函数的概念表述是："设函数 $f(x)$ 的定义域为 I，如果对于属于定义域 I 内某个区间上的任意两个自变量的值 x_1，x_2，当 $x_1 < x_2$ 时，都有 $f(x_1) < f(x_2)$，那么就说 $f(x)$ 在这个区间上是增函数；如果对于属于定义域 I 内某个区间上的任意两个自变量的值 x_1，x_2，当 $x_1 < x_2$ 时，都有 $f(x_1) > f(x_2)$，那么就说 $f(x)$ 在这个区间上是减函数。"根据这个定义的叙述，我们可以总结出判断函数单调性的操作程序是（曹才翰、章建跃，1999）：

1. 设 x_1，x_2 是给定区间上的任意两个自变量值，且 $x_1 < x_2$；
2. 分别计算 $f(x_1)$ 和 $f(x_2)$；
3. 判断差 $f(x_1) - f(x_2)$ 值的符号；
4. 根据符号，指出函数是增函数还是减函数。

数学中的很多程序，如单调函数的判定程序、因式分解的程序、小数除法的

77

程序、解一元二次方程的程序等，对学生进一步学习、学好数学十分关键，因而其学习不仅要会运用，还要达到自动化运用的程度，用我国数学教育工作者的话来讲，要达到"熟练运用"或"变成直觉"的程度（张奠宙，2006）。从学生学习机制的角度看，由于学生的学习要在容量有限的工作记忆中进行，如果某些基本程序的执行达不到自动化的程度，就要占用工作记忆的一部分容量，这会影响对其他内容的学习；而一些基本的程序的执行若达到了自动化的程度，其执行基本上不占用或只占用极少的工作记忆容量，则更多的工作记忆空间就可用于学习更为重要、更多的新知识。因而对数学中的一些基本的、常用的程序的学习，理解、会运用只是基本要求，还要达到熟练运用的程度，这需要学生做一定量的练习，或者要在一定的时限内完成一定量的程序的执行，如小学一年级学生以每分钟 5 道题的速度计算 100 以内的加减笔算题，小学六年级学生要每分钟完成 4 道整数、小数、分数的四则运算（张奠宙，2006）。为达到这一目的，"题海战术"加重了学生的学业负担而不可取，但让学生做一定量的练习题以达到程序执行自动化的程度还是很有必要的。

四、图式的学习

和概念规则一样，图式也是一种有概括性的学习结果，不过，这种学习结果以一定组织结构的方式表征了一类事物的特征，其学习要围绕组织结构来展开。就数学中的题型图式而言，其组织结构一般包括图式的组成部分即题中涉及哪些有关的数量的名称，这些组成部分（数量）之间的关系，每一部分（或数量）的变化形式。上一章介绍的句子图式中各部分之间的顺序关系在题型图式中并不重要。题型图式的这一结构借用数学学科的"方程"可以较好地描述，方程和题型图式一样，也涉及若干变量之间的某种关系，而且，方程中的每个变量都可以变化。

和图式习得的规律一样，题型图式的习得也是在若干图式的例子的基础上，经由学习者的比较、概括而形成的，不过考虑到图式的结构特征，具备一定特点的例证十分有利于图式的学习。首先，图式的各个例证中要包括图式涉及的各个数量和数量间的关系。如相遇问题的图式涉及速度和、相遇时间、总路程三个变量，三个变量之间存在如下的关系：速度和×相遇时间 = 总路程，或总路程÷相遇时间 = 速度和，或总路程÷速度和 = 相遇时间。学生接触的例证中要涉及这三个变量及其一种关系，如"甲、乙两人相向而行，甲每小时走 25 千米，乙每小时走 35 千米。两地相距 660 千米，问多长时间后两人相遇？"这一题目就涉及三个变量及其关系，是一个典型的题型图式例证。其次，学生接触的例证在内容、数量关系的表现形式上要有所变化，这样有利于学习者习得图式的组成部分的变化形式，有利于学习者将表面特征不同的例证识别为同一个图式。如相遇问题图式的例证除了刚才提及的一个以外，还可以有如下的例证：甲每分钟做 2 个零件，乙每分钟做 3 个零件，甲比乙少做了 25 分钟，他们共完成了 400 个零件。问甲和乙各做了多少分钟？这一例证在表面特征或问题内容上与上一例证完全不同，但题中涉及的数量关系却是一样的，因而这一题目也是相遇问题。已形成稳固的相遇问题图式的学生会很容易地将该题改叙成：甲每分钟走 2 米，乙每分钟走 3 米，甲比乙晚走了 25 分钟，他们相距 400 米，问相遇时甲和乙各走了多少分钟（胡本炎，1998）。此外，题目中变量体现形式上也可以有所变化：甲、乙两人同时相向而行，甲每小时走 35 千米，乙每小时走 45 千米，3 小时后，两人相距 80 千米，问两地距离有多远？这一问题中，如果将两地距离缩短 80 千米，则该问题仍旧是相遇问题。在刚才的零件制作问题中，从总零件中去除乙多做的 25 分钟的零件，这道题目也变成了相遇问题。如果用于习得相遇问题图式的例证总是与第一个非常相似而缺少变化，则面对后面几个问题时，学生就难以用头脑中形成的图式进行"对号入座"而将图式具体化于具体的题目中。

又如，求平均数问题图式涉及总数量、总份数、平均数三个变量之间的如下典型关系：总数量÷总份数＝平均数，其中总份数是与总数量相对应的总份数，要习得这一图式，学生要在解决该图式的如下例证中进行概括：1. 我们班上 5 名同学分别看了 6 本、18 本、5 本、21 本、4 本课外书，这些同学平均每人看多少本？2. 我们班上 2 名女同学一共看了 24 本课外书，3 名男同学一共看了 30 本课外书，这些同学平均每人看多少本？3. 我们班上 2 名女同学平均每人看了 12 本课外书，3 名男同学平均每人看了 10 本课外书，这些同学平均每人看多少本？这些题目做完以后（即学生接触或学习了图式的例子），在教师的引导下（"刚才我们一起不断改编题目，都是什么在变，什么没有变？"），学生对这些例子进行归纳、概括而形成求平均数问题的图式（黄爱华，2006）。

79

五、策略的学习

策略作为一种重要的学习结果，可被少数优秀学生根据其学习经验经独立发现而习得，但大多数学生是发现不了这些策略的，他们需要接受明确的教学之后才能获得，即要从教学中进行学习，这就是说，学生的策略学习体现在教师与学生互动中。下面从策略学习的过程与条件等方面来阐述策略学习的规律。

（一）策略学习的过程

普雷斯利等人（Pressley & Woloshyn，1995）根据上述策略学习的思想将策略学习的过程描述为三个阶段：

第一阶段是将认知策略描述给学生，学生构建出对策略的理解和认识。教师可以为学生实际示范策略的使用。由于策略的使用非常隐蔽，通常很难通过外显的行为表现出来，因而教师的示范应是"认知示范"，教师要出声地说出他是如何执行策略的。除了教师的示范外，策略还可通过体现策略运用的"样例"来呈现。如学生在文章或段落写作中运用了一定的认知策略，这一策略体现在文章、段落的结构安排、语词运用上，如果教师再对这些体现策略运用的例子进行指导、讲解、评论，就可使学生理解所要学习的策略。此外，在这一阶段还要向学生描述为什么要使用某一策略的原因，用该策略要实现什么目的以及策略所适用的具体情境。这方面的信息涉及学习者在何时、何地运用某一策略，属于策略运用的元认知方面的信息，这种元认知的信息也有可能在练习使用策略过程中由学习者自己发现。

第二阶段是给学生提供运用策略的练习，学习者练习构成策略的概念、规则与程序。在练习的初期应给学生提供简单的练习材料，因为学生要学习构成策略的程序。随着学生对策略的逐步掌握，可以给他们提供更复杂的练习。在练习过程中教师要负责监控学生练习的进展情况，诊断学生练习中遇到的困难并相应地调整策略的教学。对策略的练习可能会持续较长的时间，在这一练习过程中，对策略运用的控制权可逐步由教师转移到学生那里。在练习初期，教师可承担较多的控制，到练习后期，学生可承担起对策略执行的主要控制权。

第三阶段是给学生提供练习，促进策略运用的泛化和灵活性。学习者练习判断在什么情况下使用某一策略。这里的练习也是变式练习，即让学生针对不同类型材料练习策略的运用，如写文章概要的策略可以用语文课文、科学课文、历史、地理及报刊中的文章来练习。这类练习要持续较长时间，宜进行间隔练习。为此，在各科的学习中如果遇到了某一策略适用的情境，要把练习的机会让给学生，促进他们对策略的使用。练习中教师还要教会学生留意那些表明策略适用的线索，促进他们更好地选择并使用策略。

（二）策略学习的条件

从学习的条件角度看，策略的学习需要内外两方面的条件。

1. 内部条件

有关策略学习与教学的研究发现，应结合具体的学校学习内容来学习和教学策略，而不应当脱离具体的内容单独设置一门策略训练课（Alexander，2006；Pressley & Woloshyn，1995）。这就是说，学习者要在学习具体学科的相关内容时学习相应的策略，因而加涅等人（2007）主张，具体学科内容的智慧技能和言语信息应成为策略学习的内部条件。这一发现表明，策略的学习方式也应是例中学，学习者应从蕴含有策略的样例中进行学习，不过这里的样例涉及具体内容和其中蕴含的策略两方面的学习内容，有人将这类样例称之为双内容样例。有关双内容样例学习的研究也发现，学习者在样例内容上的知识欠缺会阻碍策略（技能）的学习（Renkl，Hilbert & Schworm，2009）。

这些研究归结到一点，就是学习者要习得某一个策略，就必须事先具备该策略适用的内容的相关知识与技能。如学习者要学习的"化归"策略，蕴含在解二元一次方程组的过程中，学习者要习得这一策略，必须先会运用代入消元法解二元一次方程组，否则，理解不了蕴含"化归"策略的例子（解二元一次方程组），是难以进一步学习其中体现的策略的。

2. 外部条件

对大多数学生而言，仅仅会做蕴含有某个策略的题目，并不能保证他们能习得相应的策略。要习得其中的策略，学习者要对蕴含某个策略的多个例子进行有意识的关注，即将注意集中于例子蕴含的策略上而不是例子的内容上。如学习者学会解二元一次方程组，学会了如何通过割补的方法求平行四边形的面积，学会了如何将两个全等三角形拼接来求三角形的面积，学会了通过去分母而将分式方程转化为学生已会解的整式方程，这些例子中都蕴含有同一种"化归"策略。学习者学习策略时，不能将注意集中于具体的二元一次方程组的解法，而要集中于这些例子中蕴含的将新问题转化为旧问题的策略上，这时，来自教师的提示就显得十分关键。好的教师会通过提出"解二元一次方程组前，我们会解什么样的方程"，"求三角形面积之前，我们会求哪些图形的面积"，"这些例子在新旧问题的关系上有什么相似之处"之类的问题来将学生的注意指向对策略本身的关注。

学习者从多个例子中发现了相应的策略，还要看到这些策略对改进他们学习的效果，而后他们才有可能主动去运用这些策略。如学习了"化归"的策略，在解四次方程 $(x^2+2x)^2-14(x^2+2x)-15=0$ 时，用了化归的策略（即令 $x^2+2x=y$，将原方程化为 $y^2-14y-15=0$），使得此题很容易解决，如果学生注意到了化归策略的运用和解题难度的降低之间的关系，他就会认为策略很有效，这会有助于他以后继续使用这一策略。

此外，学习者习得策略还需要在多种有变化的情境中练习使用策略，掌握策略适用的条件。有时学习者不会运用习得的策略，其原因除了看不到策略使用的效果外，还与学习者不知道策略适用的条件有关。如化归策略需要学习者会解某些题目，而且遇到的新问题能够转化为学习者已会解决的题目。缺乏这种意识的学习者在遇到新的问题时（比如求圆锥的体积），对自己会做什么、自己会做的与新问题有什么关联不是很清楚，就不会运用化归的策略。学习者的这项能力涉及对自己认知的认识，心理学家称之为元认知。要让学习者习得策略适用的条件，还需要给学习者提供多种有变化的解题情境，让他们通过对自己认知的评价、审视，自己判定是否应采用化归策略。只有这样，才能让学生切实掌握策略。这样看来，某个策略的真正掌握绝不是把策略直接告知学生这样简单。策略的学习是一个相对较长的过程，因而很多心理学家考虑到策略学习的这一特点及策略的重要性，便提出，一次只教少数几个策略，而且要把它们教好（Alexander，2006；Pressley & Woloshyn，1995）。

81

（三）策略的教学不能仅凭"渗透"

在我国的数学教学实践中，在谈及数学思想方法或策略等较高级的数学技能时，很多教师常持有一种"渗透"的思想。如教勾股定理时，就用图 3 - 3 的方式，让学生比较直角三角形三条边上的正方形的面积关系，并用直角三角形边长来表示这种关系。推崇这种教学设计的教师认为，这样的教学"渗透"了"数形结合"的数学思想方法，对学生而言会产生一种难以言说的回报。这是我国很多数学教师在策略或数学思想方法教学上的典型方法和做法。从策略学习的规律来看，这种做法实际上只是给学生呈现了蕴含有（用教师的话讲是"渗透了"）策略的例子，这仅是策略学习的条件之一，仅有这一条件是不足以让所有学生习得策略的。要习得策略，学生还需要多个这样的"渗透"有策略的例子，而且要对这些例子进行有意识的分析、比较、概括，有时还需要教师的明确引导或教学，这样学生才有可能"析出"其中"渗透"的策略来。但即使做到了这一步，策略的教学仍未完成，学习者还需要练习使用策略的机会，体验运用策略的效果，反思策略运用的条件，获得相应的反馈。经历了这一长期的学习过程，策略的学习才有可能完成。如果仅仅给学生呈现"渗透"了策略的例子而没有引发学生后续的学习活动，则学生对策略的掌握就一直停留在朦朦胧胧的阶段，只有极少数优秀的学生可能有能力从这种"渗透"中明确地"析出"相应的策略。

82

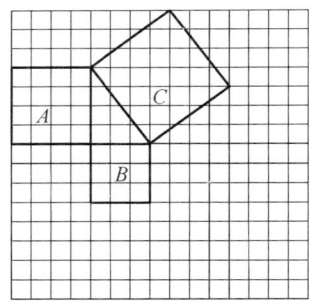

图 3 - 3 勾股定理的证明

六、信念的学习

班杜拉对信念尤其是自我效能的信念做过专门研究，他认为，自我效能信念的形成至少要经历两个阶段：学生先要获得有关自身能力水平的信息，而后对这些信息进行认知加工，形成对自身能力的知觉，即自我效能感。一般来讲，学生是通过如下四种渠道获得自身能力的信息的：1. 自己的成败经验。在一定任务上获得成功会提高自我效能感；失败会降低自我效能感。2. 他人（榜样）的成败经验。当学生要完成某项任务且以前没有在这项任务上的成败经验时，就倾向于从榜样的成败经验中来判断自身能力的状况。3. 他人的言语说服。别人对自己能力的评价也是学生获得对自身能力认识的重要信息源。4. 自己的生理状态。

自身的生理状态也能传递有关自己能力的信息。在获得上述信息的基础上，学习者还要对各方面的信息加以综合考虑后才能形成对自己能力的信念。

（一）对自己成败经验的认知加工

在获得自身成败经验的基础上，学生还要考虑到任务的难度、付出的努力以及获得外部帮助的多少等因素来作出自我效能的判断。一般来说，在容易任务上的成功不大会增强自我效能感。付出较少的努力就完成了困难任务，这意味着高水平的能力；通过艰苦努力才获得成功，意味着能力低下，这不大可能提高自我效能感。此外，如果学生认为自己的成功受外部环境因素的控制，那么，学生要在获得极少外部帮助情况下完成困难的任务，才有助于自我效能感的提高。在教学实践中有些教师对个别差生辅导帮助太多，虽然这些学生经过帮助完成了学习任务，但对自己的能力并未看高，其原因大概在此。

（二）对榜样成败经验的认知加工

在将他人的成败经验用来判断自己的能力时，学生主要从两个方面进行考虑。一是自己与榜样的类似性。这里类似是指与榜样在能力、以前的行为表现以及对能力有预测作用的特征上类似。如果学生认为自己与效仿的榜样十分类似，则榜样的成功经验有助于增强学生自己的效能感。如学生看到跟自己学习差不多，或跟自己一同留过级，或与自己同属于内向性格的某个同学，能够把几何证明学得很好，则他也会认为自己有这个能力。第二个方面是学生从榜样解决困难问题中习得了榜样所使用的策略，而且这种策略十分有效，导致榜样取得了成功，那么，掌握这种策略的学生也会因此而提高自我效能感。

（三）对说服性信息的认知加工

别人对学生能力的评价，能否为学生接受，变成学生对自己的能力评价，要看说服者的信誉以及他们对活动性质的了解情况。如果学生对劝说者十分信任，则劝说者对学生能力的评价就容易被接受。学生对劝说者的信任是在以前多次经历了劝说者的评价和自己的成败经验相一致以后形成的。如果劝说者对学生能力的评价经常为学生的实际经验所否定，则学生对该劝说者不再信任，他的评价也不会再影响学生的自我效能感。此外，如果劝说者在学生要完成的任务方面已经具备熟练的技能，而且有客观评价他人的丰富经验，那么他们的劝说也容易为学生接受。

（四）对生理性信息的认知加工

对生理状态信息的加工，一方面体现在对生理状态原因的分析上。如果学生将某种生理状态视做是能力不足的表现（如课上被老师叫到回答问题时的紧张是因为自己回答不了问题），这会削弱其自我效能感。如果将某种生理状态视做常人都会经历的状态（如将课上回答问题时的紧张视做所有人都会有的体验），这会有助于增强其自我效能感。另一方面，一定的生理状态在记忆中总是与不同的事件联系起来的，体验到了某种状态，会回忆出与之相连的事件，所回忆出的事件会对自我效能感判断产生影响。如悲伤的状态引发人们对以前失败经验的回忆，从而降低自我效能感；而欣喜的状态引起人们对成功的回忆，这会有助于自我效能感的增强。

第三节 数学学习规律的教学含义

本章前两节分门别类地阐述了数学学习的各种结果类型及其习得的规律。在实际的数学教学中，学生要学习的、教师要教的有时候是某种单一的学习结果类型，有时则涉及多种学习结果类型。实际教学中要考虑的问题也不单纯是学习结果的类型。这些与教学有关的诸种问题，拟放在本节集中探讨。

一、双基与数学教学的目标

要进行数学教学，首先要明确数学教学的目标。在这一问题上，我国数学教育界对此有独特的回答，那就是将数学教学目标归结为双基：基础知识和基本技能。这一认识萌芽于 20 世纪 50 年代，形成于 60 年代，发展于 80 年代，成熟于 90 年代，是根植于中国本土的教学理念，有鲜明的中国特色。虽然后来有人主张将数学的双基发展为四基，即基础知识、基本技能、基本能力和基本态度（张奠宙，2006），但双基的思想仍被广大数学教育工作者所熟悉和认可。

虽然双基的思想在数学教育界影响很大，但对双基的具体含义却缺乏明确的解释（张奠宙，2006）。由于教学目标是预期的学生的学习结果，因而本章第一节阐述的数学学习结果类型其实也是数学教育目标的类型，本章有关数学学习结果的分类有助于我们更深入地认识双基的含义。把握数学教育的目标，这是进行数学教学的首要工作。

双基也好，四基也好，其中都涉及一个"基"字和"基"字的数目。"基"是"基础"的意思，意指中小学的数学教学对后续的数学和其他学科的学习以及学生将来的生活、工作而言是必需的基础。这些数学方面的基础到底有哪些？这需要数学和数学教育、课程方面的专家，通过对社会和学生发展需要的分析来确定。中小学数学教科书中的有关教学内容其实是经过这种分析之后确定的，这项工作主要是教科书的编写者、数学课程方面的专家要考虑的事情。"基"字的数目其实是对选定的"数学基础"进行归类之后得到的类目数。为什么要进行归类？归类的目的是为了提纲挈领地把握数学基础，但这仅仅是目的之一，更重要的目的，是为了区分有不同学习和教学规律的"基础"的类型，以便用于指导学生的学习和教师的教学。我国一些数学教育工作者认识到了这一点，他们指出，双基中的"知识"和"技能"的学习机制是不一样的，因而才需要对数学基础知识和数学基本技能作出明确区分，以免教师在课堂上用相同方法处理不同的教学内容而导致不良的教学效果（张奠宙，2006）。这样看来，用现代心理学有关学习结果分类的理论来解释"双基"的含义，是很有必要，也很有价值的。

在 20 世纪中叶之前，心理学家大都关注外显行为的习得与改变，不大关注学习者头脑内部知识的变化。认知心理学的兴起改变了这一状况，知识的本质及其习得成了认知心理学家研究的主题。认知心理学家研究的知识是广义的知识，具体包括陈述性知识和程序性知识。我国教育界所讲的"知识"相当于认知心理学的陈述性知识；所讲的"技能"实质上是程序性知识。程序性知识又可进一步分为智慧技能、认知策略和动作技能三种类型（皮连生，1996），见图 3 − 4。

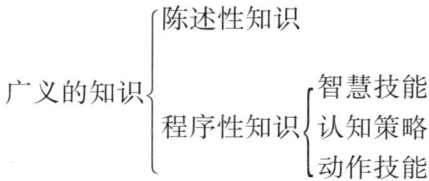

图 3 − 4　广义知识分类

由于数学学科基本上没有动作技能学习的任务，因而数学双基中的"基础知识"相当于陈述性知识，基本技能相当于程序性知识。数学的双基既可以看做是"一基"即广义的知识；又可以看做是多基，即广义知识的不同类型。这一思想在布卢姆认知目标分类学（修订版）中有了集中体现。新的认知目标分类学将认知领域的目标归结为学习者对教科书中的事实性知识、概念性知识、程序性知识、元认知知识的不同掌握程度。本章也认同这一观点，具体将数学学习结果分为不同类型，这些不同的类型是不同形式的知识。考虑到不同类型的知识有不同的学习规律，因而笼统地将这些不同的知识归为双基是不够的。不过，再考虑到我国数学教育的传统，在更新知识观念，尤其是知识和技能观念基础上，将基础知识理解成陈述性知识，将基本技能理解成程序性知识，那么，双基的提法还是能较为准确地概括数学教育的目标的。

二、数学问题解决的教学

学生的问题解决能力为许多教育工作者所重视。《全日制义务教育数学课程标准（实验稿）》甚至将问题解决作为课程目标的一个重要方面，强调学生对知识、技能的综合运用。学生是如何解决问题的？他们在解决问题时要综合运用哪些知识与技能？100 多年来，学习心理学家一直致力于回答这些问题。数学家波利亚（G. Polya）将数学问题解决分为四个阶段：1. 学习者尽可能地理解问题；2. 构想出一个由一系列步骤构成的计划来解决问题；3. 执行该计划；4. 回顾检查一下问题是否得到解决。这四个阶段是循环往复的阶段，而不是一个直线式的阶段。对这些阶段，波利亚还提出了一些具体的实施方法或策略（见表 3 −1）。波利亚的问题解决四阶段很有影响，后续的研究也不断对其予以证实，可以

85

说，这四个阶段较准确地刻画了优秀的数学问题解决者解题的特征（Pressley & Woloshyn，1995）。

表 3 – 1　波利亚的问题解决四阶段

1.　理解问题
·仔细阅读问题，然后重读
·界定问题中的术语，对不认识的字词，寻求帮助解决
·明确你要求什么（即问题是什么）
·确定问题中的重要信息
·对问题进行阐释
·画图表示问题
·列表表示已知的条件和未知的条件
·用具体的物体表示问题
2.　构想计划
·问自己是否知道一个类似的问题，特别是有熟悉解法的更容易的问题。将新问题与这一熟悉的问题联系起来
·尝试解决部分问题
·尝试解决一个更简单的问题
·猜想一种可能的解法，并试着用这一猜想去解题
·用方程的形式写下可能的解题步骤
3.　执行计划
4.　回顾
检查答案
·仔细检查每一个步骤
·确定问题中的所有重要信息是否已在解题过程中用到
·对答案作出估计，并将计算的结果与这一估计比较——即确定答案是否有意义
·用另一种方法解题
巩固对如何解诸如当前这类问题的理解
·总结问题与解决步骤
·构想一个类似的问题

86

梅耶（2008）综合认知心理学的有关研究，将数学问题解决的过程描述为四个阶段，分别是问题转译，问题整合，解题方案的计划与监控，解题方案的执行。问题的转译是指将问题的陈述转化成内在的表征，这需要问题解决者具备语言的知识和事实的知识，如在遇到题目中"增加到"、"翻两番"、"结余"这些词语时，学习者要知道其具体的意义，不能有错误的理解；在涉及一些单位换算时，学习者要知道单位换算的关系。问题的整合是指学习者将问题的各条陈述组织成连贯一致的表征，即学习者要发现问题各陈述之间的内在联系或将这些陈述组织成一定的模式。为了完成对问题的整合，需要学习者具备题型图式的知识。有了相关的图式并被激活后，图式会引导学习者将问题的各条陈述组织进一定的图式结构中而实现对问题的理解。解题方案的计划与监控相当于波利亚的问题解决四阶段的第二个阶段，学习者要回想起与当前问题有关的问题，将问题分解为几个小的问题，并时刻监督自己正在进行问题解决的哪项活动。在这一阶段，学习者要利用其有关的策略和信念，如用化归、特殊化等策略找到相关的问题或对问题进行简化。本章第一节提及的一些学习者的信念在这一阶段会影响其对问题的解决。解题方案的执行则是通过具体的数学运算，得出问题解决的结果，这时需要学习者具备相关的程序性知识。梅耶以一个问题为例，为我们具体说明了数学问题解决的四个阶段及各阶段涉及的不同知识（见表3－2）。这个问题如下：商店出售的正方形地砖边长为30厘米。如果每块瓷砖的价格为0.72美元，那么要铺满一个7.2米长、5.4米宽的长方形房间总共需要多少美元？

表3－2　数学问题解决的认知过程

认知过程	知识类型	地砖问题的例子
问题转译	事实性知识	1米等于100厘米
	语言性知识	"地砖"与"瓷砖"指同一个事物；7.2米长、5.4米宽的长方形房间
问题整合	图式性知识	地砖问题要用到如下公式：面积＝长×宽
解题方案的 计划与监控	策略性知识	首先用7.2×5.4得出房间面积；其次以0.3×0.3得出每块地砖的面积；再次，用房间面积除以每块地砖的面积得出所需的地砖数；最后用所需的地砖数乘以0.72美元求出总费用。
	元策略知识	做乘法时，很容易出错，因此我最好检查一下我的计算。
解题方案 的执行	信念	我数学很好，数学题都是有意义的，因此我将努力理解问题。
	程序性知识	$7.2 \times 5.4 = 38.88$ $0.3 \times 0.3 = 0.09$ $38.88 \div 0.09 = 432$ $432 \times 0.72 = 311.04$（美元）

87

梅耶有关数学问题解决的研究表明，数学问题解决涉及事实、图式、策略、程序、信念等多种学习结果类型的综合运用，这为我们认识学生数学问题解决能力的本质、提高学生的问题解决能力很有启发。学生的问题解决能力实质上主要由各种类型知识所构成，让学生习得这些知识，就可以提高其问题解决的能力。可见，问题解决能力的提高来源于各类数学知识的扎实教学，而不是来自反复让学生解题、搞题海战术的练习。结合上文对"双基"的讨论，如果我们将"双基"理解为数学学科的事实、图式、程序、策略等知识类型，那么，我们会发现，问题解决的教学也要立足和根植于"双基"。

三、认知发展、个别差异与数学教学

从小学到中学，都设置有数学课程，因而数学教学的对象包括从小学生到中学生这样一个年龄跨度很大的群体，而这一年龄段正是人一生发展过程中变化最大的阶段，学生之间表现出千差万别的变化，这些变化包括随年龄发展而出现的

发展上的变化，也包括同一发展阶段的学生个体之间的差异。学习者这些发展和个别差异上的特点，对数学学习和教学有着重要的制约作用，不能不为教学的设计和实施者所考虑。

（一）认知发展与数学教学

认知发展涉及学习者注意、记忆、推理、思维、语言等方面的变化，发展心理学对此做过大量细致的调查和研究，这里仅选择与数学教学关系较为密切的皮亚杰和布鲁纳的认知发展理论加以阐述。

1. 皮亚杰的认知发展阶段理论与数学教学

皮亚杰将儿童认知发展分为感觉运动阶段（0—2 岁），前运算阶段（2—7 岁），具体运算阶段（7—11 岁），形式运算阶段（11—15 岁）。这四个阶段儿童的思维特点不一样，与学校教育有关的三个阶段都与"运算"这一概念有关。所谓运算是指学习者在心理上将事物的一种状态转换为另一种状态，运算的突出特点是可逆的，如 7 和 2 相加得 9，9 可以分解为 7 和 2 的和，这样，学生可以在心理上将 $7+2$ 转化为 9，又可以将 9 转化为 $7+2$，于是学生就具有了运算的能力。皮亚杰认为，前运算阶段的儿童还不具备这种运算能力，具体运算阶段的儿童只能凭借具体事物进行运算，只有形式运算阶段的儿童才能脱离具体事物的支持进行抽象的运算。但后来心理学家的研究发现，皮亚杰的这种阶段划分并不完全正确，儿童具体处在什么样的运算阶段与儿童所掌握的专业知识有关。如果儿童对某一领域很熟悉，即使 7、8 岁处在具体运算阶段的儿童也能进行形式运算；如果儿童对某一领域不熟悉，即使是 15、16 岁处于形式运算阶段的儿童也只能进行具体运算。这就是说，不能生硬地将儿童年龄与其能执行的运算加以联系。

皮亚杰提出"运算"这一概念很适合数学学科。数学中的加与减，乘与除，符号的运算等都涉及学生在两种状态之间加以转换。一些数学公式的运用，也可以用皮亚杰的"运算"来刻画。如 $\sin(\alpha \pm \beta) = \sin\alpha\cos\beta \pm \cos\alpha\sin\beta$，学生对这一公式的运用要达到皮亚杰所讲的"运算"程度，就不仅要能看到 $\sin(\alpha \pm \beta)$ 而将其转换成 $\sin\alpha\cos\beta \pm \cos\alpha\sin\beta$，还要能看到 $\sin\alpha\cos\beta \pm \cos\alpha\sin\beta$ 而将其转换成 $\sin(\alpha \pm \beta)$。只能进行一个方向的转换，并不能表明学生可进行"运算"。学生的这种思维或运算，有时对其解题有十分重要的作用。请看下面的网格题目：

如图，大正方形边长为 2，连接大正方形的一个顶点和两条边的中点，可得 △ABC，则 AC 边上的高是（　　）。

A. $\frac{3}{2}\sqrt{2}$；　　　　B. $\frac{3}{10}\sqrt{5}$；　　　　C. $\frac{3}{5}\sqrt{5}$；　　　　D. $\frac{4}{5}\sqrt{5}$

解这一题目需要学生具有"运算"的能力，即不仅要会根据三角形的底 × 该底上的高来求三角形的面积，还要会通过三角形的面积来求其某条底上的高，这需要学习者在三角形的面积 = 底 × 高之间作出双向的转换，即皮亚杰所谓的"运算"。而不会作后一种转化的学生，会感到这一题目很繁难。

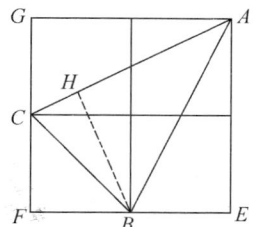

这种运算的能力看来并不完全受认知发展所限。如上文提及的，年龄上处于形式运算阶段的学生，在面对不熟悉的内容时，会回退到较低级的发展阶段，这说明，教学和训练有可能影响学生的认知发展。对儿童认知发展的训练研究表明，在儿童接近阶段转换时对其进行高一级认知发展阶段的训练是有效果的（Leahey & Harris，2001）。在教学实践中，要促进学生形成可逆的运算能力，在练习的设计上就要有所考虑。不能只让学生进行单向的运算，还要进行一些逆向的运算练习，如不能只让学生练习根据圆的半径求圆的面积，也要练习根据圆的面积来求圆的半径等等。

2. 布鲁纳的认知发展理论

布鲁纳区分了儿童表征世界的三种方式，分别是动作式表征、图象式表征、符号式表征。动作式表征是用合适的动作反应来表示对世界的理解，如儿童不能告诉你从家到学校怎么走，但他能按以前走过的路带你到学校，儿童对从家到学校的路线是以动作来表征的。图象式表征是用知觉和表象来表示对世界的理解，如个人对经历的某场火灾现场有清晰、明确的记忆。符号式表征是用语言符号来表示对世界的理解，如用 $S = ab$ 表示对长方形面积与其长和宽的关系的理解。布鲁纳特别指出，这三种表征方式并没有相对应的特定年龄段，任何知识领域都可以用这三种方式表征，而且从动作式到图象式再到符号式暗含了一种最佳的教学顺序，因而他将自己的这种理论称之为"伪阶段论"。

布鲁纳区分的三种表征方式其实描绘了儿童思维发展的不同水平，而且动作式—图象式—符号式的发展顺序不与具体的年龄挂钩，同样的内容可视儿童的发展水平而采用不同的思维和教学方式。数学的很多内容，都需要学生在符号水平进行抽象的运算，当学生在符号水平学习相关内容感到困难时，可以在图象式、动作式水平进行教学来化解困难。不过，教学不能一直停留在动作式或图象式的水平，从数学学科本身的性质来看，需要学生能进行符号式的思维，因此教学还要及时引导学生向符号式水平过渡。采用动作式或图象式的思维或教学只是达到符号思维水平的手段。如在符号水平计算"$300 - 139 = ?$"的退位减法，学生感觉困难，这时可以采用操作木块的方式来完成计算。在操作的过程中，及时将操作步骤与符号的运算联系起来。具体的教学程序见图 3－5（Bruer，1993）。

我国的数学教学在这一点上做得是比较好的。教学中注重从学生的动作式理解引入但又很注意上升到数学符号的水平。正如新加坡的数学教育工作者考察中

89

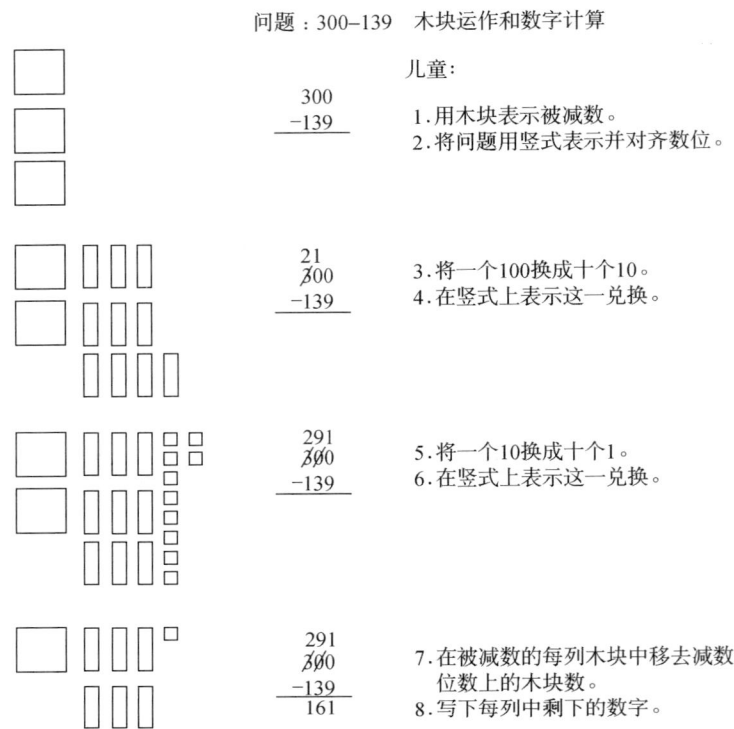

问题：300-139　木块运作和数字计算

儿童：

$$\begin{array}{r} 300 \\ -139 \end{array}$$

1. 用木块表示被减数。
2. 将问题用竖式表示并对齐数位。

$$\begin{array}{r} 21 \\ \cancel{300} \\ -139 \end{array}$$

3. 将一个100换成十个10。
4. 在竖式上表示这一兑换。

$$\begin{array}{r} 291 \\ \cancel{300} \\ -139 \end{array}$$

5. 将一个10换成十个1。
6. 在竖式上表示这一兑换。

$$\begin{array}{r} 291 \\ \cancel{300} \\ -139 \\ \hline 161 \end{array}$$

7. 在被减数的每列木块中移去减数位数上的木块数。
8. 写下每列中剩下的数字。

图 3-5　退位减法的教学程序

90

国的数学教学后描述的，"小学里很注重动手做，但是时间都不长，很快就达到抽象水平。因此，他们能很快适应中学的学习层次"（张奠宙，2006）。

（二）个别差异与数学教学

学习者的个别差异在学习与教学中的作用在 20 世纪 50 年代末、60 年代初才引起心理学家的关注（王小明，2005）。此后，心理学家致力于将已发现的学习者之间的个别差异与学习和教学联系起来，探讨不同的教学方法、教学措施对不同学习者学习的影响作用。学习者的个别差异可以从多个角度来进行刻画，这里重点介绍一种与数学学习与教学联系较为密切的个别差异特征：学习者的场依存性与场独立性。

场依存性与场独立性是学习者在加工信息时表现出的两种极端的方式。场独立性的学习者在对客观事物作出判断时，倾向于利用自己的内部参照，不易受外来因素的干扰，善于运用分析的知觉方式，易于从整体中发现构成整体的部分。场依存性的学习者在对客观事物作出判断时，倾向于利用外部参照，难以摆脱环境因素的影响，他们偏爱笼统的、非分析性的知觉方式，不易从整体中区分出部分来。

测量场依存性与场独立性的一种方式是镶嵌图形测验，要求学习者从复杂图形中找出指定的简单图形（见图 3－6）。能正确快速地在复杂图形中找出镶嵌其中的简单图形的学习者是场独立性的学习者，反之则属于场依存性的学习者。在几何学习中，学习者为完成几何的证明与求解，有时需要从复杂的几何图形中发现相关的较为简单的图形，这项能力既受学习者的原有知识的限制（如学习者是否具有某些图形的概念或表象），也与学习者的场依存性、场独立性特性有关。场独立性的学习者很容易从整个图形中知觉出镶嵌于其中的某个图形，而场依存性的学习者却很难做到这一点。

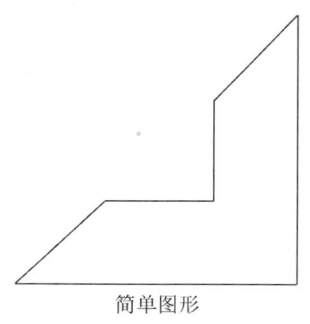
简单图形

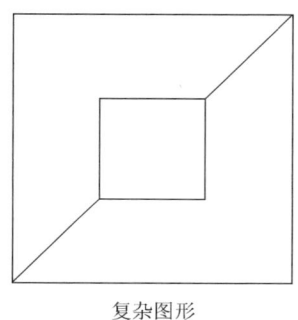
复杂图形

图 3－6 镶嵌图形举例

请看下列题目：

在锐角三角形 ABC 的外面作正方形 $ABDE$ 和正方形 $ACFG$，求证：$BG \perp EC$。 91
要求证 $BG \perp EC$，需要先从整个图形中分化出 $\triangle BAG$ 和 $\triangle EAC$ 并证明二者全等，而后还要从图中分化出 $\triangle BMH$ 和 $\triangle EMA$，通过直角三角形 EMA 与 $\triangle BMH$ 的关系，证明 $\triangle BMH$ 也是一直角三角形，$\angle BHM$ 为直角。因而完成这一题的证明，需要学习者两次从图形中分化出不同的三角形，这种从整体中分化出其组成部分的能力与学习者的场依存性与场独立性有某种关系。这就是说，学生学习几何中表现出的困难，有时并不完全是其知识上的缺陷所导致，而是因为其认知方式的差异所致。

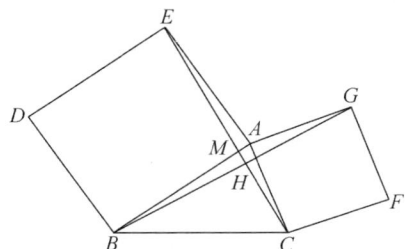

场依存性与场独立性的认知方式不仅对学生的几何学习有影响，还影响其对应用题的学习。场依存性的学生在面对复杂的应用题时，由于其认知方式的限制，他们难以从整体中发现部分，难以排除题目中无关因素的干扰，因而场依存性的学生在解题上的表现不如场独立性的学生好。但是，如果采用图解的方式将应用题的条件加以简明地揭示，排除题目中无关因素的干扰，则可以促进场依存性学生的学习。许燕（1988）的研究证实了这些认识。因而了解学生的认知方式是场依存性还是场独立性，不仅有助于教师解释学生数学学习中遇到的困难的实质，还可以指导教师有意识地采用相应的教学措施，弥补学生认知方式上的缺陷，促进其学习。

四、练习的设计与反馈的提供

练习和反馈是影响技能学习的两个最重要的因素。这里的练习是指学习者抱着改进技能的目的而对所学技能的重复。这里的反馈是指学习者接收到的有关其技能执行情况的信息。数学学科的概念、规则、程序、策略等主要学习结果，通常要作为技能习得，学生要学好数学，离开一定量的练习是不行的。而练习和反馈的主要设计和提供者是教师，因而教师如何做好这两项工作对学生的数学学习至关重要。

（一）练习的设计

设计良好的练习，需要教师重点考虑如下几个方面的问题。

一是要设计好变式练习。变式练习是指针对不同的例证，在不同的情境中练习有关的概念、规则和程序。之所以要进行变式练习，是为了防止学习者将特定概念、规则的执行或运用与特定的例证、特定的情境联系起来而限制了学习者对这些有一定概括性的知识的灵活运用。如学习"单项式"概念时，如果只让学习者练习判断 $4x^2$，$5a$，$9y^4$ 这样的单项式，学生经过多次这样的练习，可能会认为 $-6b^2$，mn，-7 不是单项式。又如分类思想是一种有广泛适用性的数学思想方法，要给学生创造多种不同的应用情境来让其掌握这一策略。如证明圆周角定理时，需要分别考察圆周角和圆心角的不同位置关系（见图 3 - 7）。求 $\sqrt{\dfrac{4}{9b^2}} = ?$ 时，要区分不同情况：$b=0$ 时，原式无意义；$b>0$ 时，原式 $=\dfrac{2}{3b}$；$b<0$ 时，原式 $=-\dfrac{2}{3b}$。这样的练习，要求将分类的策略应用于不同的领域或情境中，由于情境的变化，学习者不大容易将这一策略仅仅限制在几何或代数领域应用。对于那些有广泛适用性和较高概括性的学习结果，在安排形成技能的练习时，更要注意练习情境的变化。

二是安排合理的过度练习。过度练习是指学习者达成对某一技能的掌握之后继续进行的练习。过度练习有助于技能的自动化、熟练化，有助于技能的长久保持。数学中一些常规性的、基本的技能，通常是学生学习更高级技能所需要的，这些技能的熟练掌握可让学习者在执行这些技能时少耗费或不占用有限的心理资源，这样学习者就有更多精力用于学习新的、更高级的技能。如多位数加法的技

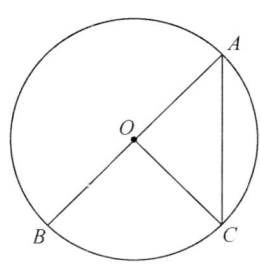

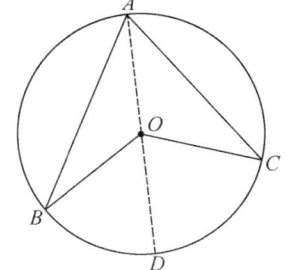

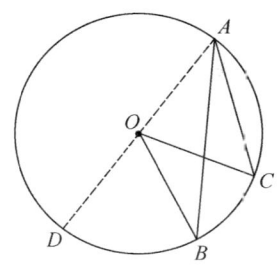

圆心在圆周角的一边上　　　　圆心在圆周角内　　　　　圆心在圆周角外

图 3 – 7　圆周角和圆心角的位置关系

能是学生进一步学习多位数乘法的基础，多位数加法计算上的熟练，有助于学生顺利学习多位数乘法，因而在学生能正确计算多位数加法的基础上，还要给他们提供一些多位数加法的练习，使他们对这项技能的执行达到非常熟练的程度。诸如正负数的加减乘除运算、简单的因式分解、配方技能、用判别式解一元二次方程的技能，都需要学到自动化的程度。

与过度练习有关的一个关键问题是过度练习的"度"如何把握。如果练习量不够，技能难以自动化；如果练习量过多，技能虽可自动化，但学生的学习负担却加重了。"题海战术"式的数学教学成了阻碍"减负"的重要障碍而广受批评。"题海战术"固然不可取，但只让学生达到"会做"的程度也不行，这个"度"到底在哪里？心理学的研究表明，50% 的过度练习量可能是过度练习的一个合适的量。和 100%、200% 的过度练习量相比，50% 的过度练习的效果与之相差不多，这就是说，如果某项技能学生做 100 道的练习题可以达到"会做"的程度，那么，过度练习就是让学生在此基础上再练习 50 道题目。但这一标准并非是绝对的标准，不同的技能的练习要达到什么样的练习量，相关的研究还很少，50% 的过度练习仅仅是一个参考的数量。在设计基本技能的练习时，教师既不能满足于学生的"会做"，也不能因害怕背上加重学生负担的罪名而减少练习量。

三是安排好间隔练习。对某项数学技能，假设需要学生做 150 次的练习才能达到自动化的程度，那么，这 150 次的练习，是让学生集中在一两节课内或一两天之内完成，还是把这 150 次练习分散在一学期甚至一学年的时间内练完？前一种练习安排叫集中练习，后一种练习安排叫分散练习或间隔练习，间隔练习要求学生在练习技能时随着时间的推移，两次练习的间隔时间也逐渐延长。心理学的研究表明，间隔练习有助于技能的长久保持。在教学实践中，间隔练习也很容易实施，每节课开头的复习时间内，期中、期末的测验中，都可以包括一些以前学过的技能的练习，这样无形中也就让学生进行了间隔练习。

此外，随着对学生解题要求的不断提高和深化，在练习的安排上也出现一些新的要求，如要求学生对规则的正向、逆向运用的练习（如上文提及的，不仅要

93

让学生会根据三角形的底、高求其面积，还要会根据三角形面积求其底或高）；要求学生练习一些有多余条件或条件不足的题目。后一种练习的要求旨在防止学生遇到题目不去分析或只根据"多"、"少"等关键词而机械选择算法的倾向，促进学生对题目的分析以及对自己解题过程的分析（心理学称之为元认知），这样可以防止学生形成"题目给出的条件都要在解题中用到"或"解题所需要的条件题目中都会给出的"这样的有关数学解题的一些不良信念。

（二）反馈的提供

练习与反馈是一对孪生兄弟，没有反馈的练习很有可能让学生形成一些错误的技能，因而有人说，提供反馈是教师最重要的工作。学习心理学的研究发现，反馈具有两种功能：信息功能和动机功能（王小明，2009）。反馈作为一种信息，可使学习者知晓其技能执行的情况，其技能执行的错误是粗心还是对事实的记忆有错误，或是对概念的理解有错误，都可以从反馈中获得。如计算 $-3^2 \div (-\frac{1}{2} + \frac{1}{3})$，学生的解法是：原式 $= 9 \div (-\frac{1}{2} + \frac{1}{3}) = 9 \times (-2) + 9 \times 3 = -18 + 27 = 9$。教师提供了如下的反馈：$-3^2$ 与 $(-3)^2$ 一样吗？$9 \div (-\frac{1}{2} + \frac{1}{3})$，$(-\frac{1}{2} + \frac{1}{3}) \div 9$，哪种情况可以用分配律。这些反馈信息对于学习者了解自己解题中的错误类型并加以及时纠正是很有帮助的。而仅仅给学生提供对或错式的反馈，提供给学生的信息就很少，不利于学生从错误中学习。

教师提供的反馈还会影响学生进一步练习的动机。这种影响主要是通过影响学习者对自己行为表现的归因而实现的。有一种动机理论叫归因理论，认为学习者对其成败原因的看法会影响其后续的行为。研究发现，在技能练习的早期，教师的反馈要致力于将学生的成功归因于其努力，将其失败归因于所用的方法策略上。努力、方法、策略都是学习者自己经过学习可以掌握的，这会有利于进一步维持其学习的动机。而到了练习的后期，学生的技能已牢固形成，这时提供的反馈要及时将学生的成功归因于其稳定的能力，而不要再归因于学生的努力上。这时若仍旧将其成功归因于努力，对于小学高年级以后的学生而言，他们会认为教师在很隐晦地说他们能力（或智力）低下，因而要在很简单技能的执行上付出努力才能获得成功，这对他们的信心和动机是一种打击。因此，反馈不单是给学生批正误这样简单。教师要将反馈看做是对学生的教学的继续，要着力于促进学生正确的理解，维持其继续学习的信心和动力。

【建议参考资料】

1. 张春莉，王小明. 数学学习与教学设计(中学卷)[M]. 上海：上海教育出版社，2004.
2. 庞维国. 数学学习与教学设计（小学卷）[M]. 上海：上海教育出版社，2005.

3．迈耶．教育心理学的生机——学科学习与教学心理学［M］．姚梅林，严文蕃，译．南京：江苏教育出版社，2005．

4．胡本炎．小学数学教育心理研究［M］．上海：华东师范大学出版社，1998．

5．张奠宙．中国数学双基教学［M］．上海：上海教育出版社，2006．

【问题与思考】

1．举例说明本章列出的数学学习结果类型，要求所用的例子不与本章使用的例子相同。

2．有人说，数学学习的主要方式是从例子中学习，你认同这一观点吗？为什么？

3．教师应如何通过练习来发展学生的数学能力？

4．举例说明数学问题解决涉及的认知过程与知识类型。

5．数学是思维的体操。你认为练习这种"体操"之后，让学生习得的结果是什么？

6．用本章的观点解释数学知识、数学技能、数学能力三个概念的含义与相互关系。

第四章 英语学习心理

【本章提要】

英语学科的学习结果涉及事实、规则、图式、动作技能、辨别等类型。英语单词音形义联系、单词短语的字母或词语的固定组合和搭配、不规则词语的特殊变换形式以及文化意识都属于事实学习，而规则词语的变化形式及其读音等则涉及规则的学习。英语句型和段落篇章结构的学习主要是图式学习，英语单词的发音和书写属于动作技能学习，而听辨不同的单词、音标的发音则属于辨别学习。英语事实学习的基本规律是接近、重复与强化，采用双编码、组织、联想等记忆术可以促进对事实的学习，间隔复习有利于英语事实的长久保持。英语规则的学习有例规法和规例法两种方式，规则学习一般要达到运用的程度。图式宜通过学习者对图式例子的比较、概括而习得，对图式的学习也要达到运用的程度。动作技能的学习离不开示范、讲解、练习与反馈，要想说一口流利的英语，就需要进行大量的动作技能练习，需要学习者有较强的动机和毅力，有意练习较好刻画了成功的英语学习者的学习。学习者学会英语音形的辨别通常是在关注所需要辨别刺激基础上进行对比练习来完成的，接受大量的语音刺激是辨别能力形成的重要基础。英语教学要在了解学生英语学习规律基础上进行，词汇学习涉及事实、规则、动作技能、图式等学习结果类型，在具体教学中，需要教师结合学生实际，根据各类学习结果学习的规律安排教学。学习动机对英语学习十分重要，凯勒综合各种动机理论，提出了 ARCS 动机设计模型，强调从引起注意、促进相关、树立信心、产生满足四方面结合教学过程及教学内容来激发和维持学生的动机。英语的任务型教学要求学生综合运用所学的各类英语知识来完成一定任务。任务型教学对吸引学生注意、促进英语技能的迁移都有积极作用。英语教学中还要考虑到学习任务给学习者施加的认知负荷，通过简化学习材料、提供教学支架等措施来减轻学习者不必要的、对学习无益的认知负荷。

【学习重点】

1. 举例说明英语事实的类型及其学习的规律。

2. 举例说明什么是英语句子图式，并根据其学习规律，设计一个促进图式学习的教学方案。

3. 识别英语中的动作技能学习任务，并能根据动作技能学习的规律设计英语动作技能的教学。

4. 举例说明如何促进学生对英语语音的辨别。

5. 陈述有意练习在英语学习中的作用。

6. 对给定的英语词汇，能确定学生学习的具体结果类型或教学目标的类型。

7. 能根据 ARCS 动机设计模型，在英语教学设计中融入激发学生动机的教学措施。

8. 能用自己的话解释任务型教学与学生学习的关系。

9. 用英语学科的例子说明三种认知负荷的类型及在教学中如何管理学生的认知负荷。

【重要术语】

事实　规则　句子图式　篇章图式　动作技能　辨别　间隔复习　记忆术双编码　组织　联想　关键词法　规例法　例规法　整体练习　分散练习　随机练习　有意练习　反馈　对比练习　任务型教学　低路迁移　认知负荷　外在认知负荷　内在认知负荷　相关认知负荷　英语语法教学　ARCS 动机设计模型

随着国际交流的日益频繁，地球正逐渐变成"地球村"，英语作为一种国际性的语言，其重要性日益为人们所认识。国人学英语的热情日渐高涨。但是，和语文教学的"高耗低效"一样，英语学习和教学中也存在与之类似的"高耗低效"现象，很多人学了十几年、二十几年的英语，到头来仍旧不会与外国人进行交流，不会阅读外文文献（张思中，2006）。究其原因，在于我们还没有完全认识到英语学习的规律，没有根据这些规律来安排我们的学习与教学。本章运用心理学的有关研究，首先阐述学英语到底学的是什么，而后再详细阐述英语学习的心理学规律，最后对英语教学的若干问题进行分析和解释。

第一节　英语学习结果

探讨英语学习结果的类型，其实是在回答"掌握英语这门语言都要学习什么"这一根本性问题。根据加涅、布卢姆等心理学家对学习结果类型的划分，结合英语学科的具体特点及英语课程标准的要求，英语学习的结果涉及事实、规则、图式、动作技能、辨别等类型。

一、事实

学英语需要记忆大量的事实。很多人因为畏惧这一工作而认为英语学习很难。那么，这些事实具体是指哪些学习结果的类型呢？

一类事实是英语的文字符号（单词、词组等）所代表的意义，如音标符号 i:

代表［iː］的音；meta - 表示"在……之后"、"在……之上"的意思；world 一词表示的是汉语"世界"的意思；"state of the art"是"最新进展"、"最新式的"意思。这类事实用奥苏贝尔的话讲，是符号表征学习，即学习一组符号所代表的意义。在研究言语学习的心理学家看来，这类学习涉及的是配对联想学习，即在英语单词、词组与其代表的意义（主要是汉语意义）这两个项目之间建立联系。

另一类事实是英语的单词、词组的固定组合。这些组合是约定俗成的，对学习者而言是客观存在的。人们用 a，p，p，l，e 这五个字母的顺序组合来表示 apple，用 on，behalf，of 这三个单词组成 on behalf of 这一短语，学习者要学习的是，英语单词 apple 由 a，p，p，l，e 五个字母组成，on behalf of 这一短语由 on，behalf，of 三个单词组成。

还有一类事实是不规则动词、名词、形容词等的变化形式。如动词 have 的过去式不服从规则动词变过去式的规则，而是有其特殊的过去式 had；take 的过去式、过去分词分别是 took，taken；名词 man 的复数形式是 men 而不是 mans；形容词 good 的比较级、最高级分别是 better，best，这些特殊的变化形式由于不服从一般的规律，因而不能从一般的规律中推衍出来，只能由学习者作为事实加以记住。

此外，英语课程标准中强调的"文化意识"，在很大程度上也属于事实，这类事实描述的是另一个文化的情况，是用来回答"另一个文化是什么样的"这样的问题的。如问西方人薪水、年龄等涉及个人隐私的问题是不礼貌的，"13"在西方文化中是不吉利的数字。如果不具备相应文化的事实，在与该文化成员的交往中往往会出现尴尬和不愉快的情况。

二、规则

运用英语进行交流涉及使用具体的单词、短语，这些单词、短语要作为事实来学习。但这些单词、短语的运用不完全是约定俗成的，其中不乏一些规律，掌握了这些规律，学习英语时就不必去记忆众多孤立的事实，而只需会运用这些规律于具体的例子（单词、短语）中即可，这在某种程度上可以减轻学习者记忆的负担。英语语言运用的这些规律，可用心理学家的规则来刻画。英语规则动词变过去式、现在分词，规则名词变复数形式，规则形容词变比较级、最高级的规律都可以用规则来刻画。如规则动词变过去式，一般是在词尾加 ed；规则名词变复数形式，一般是在词尾加 s；规则形容词变比较级，一般是在词尾加 er。另外，这些词的变化形式的读音也可以用规则来刻画，如名词是以清辅音结尾的，则加 s 后，s 发［s］音；词尾以浊辅音结尾的，所加的 s 读［z］音。这些规则都可以按认知心理学家的分析，表示成"如果……那么……"的产生式形式。如"如果可数名词词尾是辅音字母加 y，则其复数形式是将 y 变 i 后再加 es"。学习者掌握了这一规则后，在遇到需要将 family，lady 等名词变成复数形式的情况时，只要会运用这一规则即可。

需要注意的是，英语中的规则与其例证之间的关系有些特殊。在有些学科中，规则的掌握是主要的教学目标，例子是用来说明规则的，学习者不需要记忆例子。而在英语学习中，如果学生仅仅习得了很多抽象的、一般的、有概括性的规则而没有记住相应规则的例证，他是难以形成使用英语进行交流的技能的。不难想象的是，一个学生习得了动词变过去式的规则，对给出的动词，能写出其过去式，但如果他记不住许多的动词而只有抽象的动词变过去式的规则，他就难以使用很多动词与人进行有效交流。反过来也一样，如果学生没有习得相应的规则，那么，许多规则动词的过去式就需要以事实的方式记住，这无疑会加重其学习的负担。因而规则在英语学习中有其经济的一面，但又不能以习得规则为最终目的。

三、图式

图式也反映了英语语言运用中的规律，不过这一规律反映了更大块的、更有组织结构的英语语言的规律。与反映词、短语水平的规则在适用范围上不同。具体讲，英语学科中的图式主要有句子图式与篇章图式。

（一）句子图式

图式的概念在第二章中介绍过。不仅汉语句式的学习可以用图式来解释，英语句式的学习也可以用图式来解释。参照图式的组成成分，英语的句子图式也由四种成分构成：1. 句子图式的组成部分（其中包括固定不变的部分和可以变化的部分，分别称之为常量和变量）；2. 各组成部分的组成顺序；3. 各组成部分之间的关系；4. 可变部分的变化范围。如"某人花多少时间做某事"的意思可用如下的英语句子图式来表示：

It	takes	sb.	some time	to	do sth.
常量	常量	变量	变量	常量	变量

该图式由如下六个部分顺次组成：it, takes, sb., some time, to, do sth., 其中 it, takes, to 三个组成部分相对固定不变，可广泛适用于一般现在时的情境，是图式的常量部分。sb., some time, do sth. 三个组成部分要随不同情境而变化，是图式的变量或空位。这几部分之间存在相互制约的关系，如 sb. 这一变量或空位具体化为 my mother，则 do sth. 这一空位的具体化就受到相应限制，可以是 wash her hands，但不能是 wash his hands。此外，该图式中可变的部分可以在一定范围内变化，如 some time 部分可以视具体情况具体化为 a few days, five months, two weeks and one day 等。

这一句式的组织结构适合表述"某人花多少时间做某事"的许多情境，有一定的概括性，头脑中有了这一图式的学习者，在要用英语表达上述思想且具备了相关意思的英语表达方式（如英语单词、短语）之后，才能准确地表达出来并被人理解。

（二）篇章图式

英语的段落、文章也有其特定的组织结构，这一组织结构被学习者习得以后，就构成了所谓的篇章图式。如英语的段落有一种常见的结构，即主题句＋细节＋总结句。主题句先陈述该段落要讲的主要意思或探讨的问题，细节部分则对主题句部分提出的观点或问题进行细致的阐述，总结句部分则用一句或几句话总结该段的主要观点。这种段落结构有助于学习者对英语段落的理解，可以帮助学习者抓住该段落的中心意思，也有助于学习者按这一段落结构来构写新的段落。

四、动作技能

英语学科还有重要的动作技能学习任务。动作技能是指运用规则支配下的肌肉运动来达成一定的目的。在英语学科中，动作技能主要体现在发音和书写学习任务中。学习英语的目标常被人们描绘成"听说读写"四个方面，其中"说"和"写"的方面就与动作技能学习有密切联系。英语中的国际音标的发音、字母的读音、单词的读音、句子语调的表达等，都需要口腔、舌头、声带等肌肉按照一定的时间和空间模式加以协调运动才能实现。学习者在这些任务的完成中需要学习的就是如何按一定的时空模式来进行相关的肌肉运动，其本质属于动作技能学习。如发音标 [t] 的音，学习者要先将舌头抬起抵上腭，同时口微张，而后气流从口中冲出而发出 [t] 的音。要完成这一任务，学习者需学会舌头和口腔周围肌肉的空间运动模式，还需学会先抬舌头再呼出强气流这样的肌肉的时间运动模式。离开了这些实际肌肉运动的执行，学习者是难以学会发音的。

但需要注意的是，并非学生所有说的任务、发音的任务都是动作技能学习。判断一项任务是不是动作技能学习，可以参照加涅的建议。加涅（1999）主张，应结合学习者起始行为的考察来判定某项任务是不是动作技能的学习。这就是说，对于要求学生发音的任务，我们要先回答如下问题：在学习这一任务之前，学习者会按一定的规则协调肌肉运动而发出这一声音吗？如果回答为"是"，则发音的动作学习者已经学会，任务中的发音动作可能是其习得其他技能的外在指标；如果回答为"否"，则学习者需要学习新的肌肉运动模式，该项任务的学习即是动作技能学习。如看到桌上放了三本书，学生要用英语表达这一思想，就需要说出"There are three books on the table"。这里任务的完成需要学生"说"，但在说出该英语句子前，学生会发"books"、"table"、"there"等单词的音，他要学习的任务不是如何发单词的音，而是学会如何按英语的存现句结构组织单词、短语，这项任务其实属于图式的学习而不是动作技能学习。而学生学习发新单词children 的音，由于在学习该词之前，学生不会按一定的顺序组织相关的肌肉进行连贯运动而发出 [ˈtʃɪldrən] 的音，因而这时该单词的发音学习就是动作技能学习。这一点正如史密斯和雷根（P. L. Smith & T. J. Ragan，2008）指出的，动作技能学习的任务通常涉及学习新的肌肉运动。一些学过英语的人，能正确地用英语表达思想，但发出的音并不标准，这不是因为他不具备英语单词的事实性知识，也不是因为他没掌握英语的相关规则和图式，而是因为他在一些单词的发音上，没有严格按照英语标准发音的模式，换言之，没有掌握标准英语单词发音的动作技能。如发 come 一词的音时，有些学生发音不准，听起来像［kʌ］的音，这是因为他们在发［m］的音时没有及时闭嘴，即没有在适当的时间去执行闭嘴的动作，导致其发音的动作技能存在缺陷（马俊明，1997）。

英语学科的动作技能还体现在英语单词、句子的书写上。这里的动作技能仍需要学习者学习协调不同肌肉的时空运动，不过所需要协调的肌肉与发音的动作技能所涉及的肌肉不同，书写所涉及的肌肉主要是手指部位的小肌肉群以及手臂、手腕等处的肌肉。肌肉运动的规则主要是字母、单词书写的顺序及各部件的空间位置关系。正如所有的发音任务不一定都是动作技能学习一样，所有的书写任务也不一定是动作技能学习任务，具体判定仍要参考学习者的起始行为来定。

五、辨别

辨别是指学习者觉察出刺激差异的能力。这里的"觉察"通常是指学习者对作用于其感觉通道（如视觉、听觉、嗅觉、触觉等）的刺激的识别、区分。如儿童通过眼睛分辨两种颜色是否一样，两个字母形状是否一样，通过鼻子嗅出四种气味是否一样，通过耳朵听出舌前音和舌后音是否一样。由于辨别学习涉及感知觉的使用，因而辨别学习又叫知觉辨别学习或知觉学习。加涅等人（2007）认为，虽然辨别在儿童早期就已习得，但入学以后在某些方面仍需要进行辨别学习。学生入学后学习英语时，就需要进行大量的辨别学习。

英语学科中的辨别学习主要是语音辨别学习。语音辨别学习与学生的英语听力关系十分密切。国际音标、字母、单词等的读音，均需要学习者用其听觉器官来辨别。如学生能听出音标［s］与［ʃ］、［e］与［æ］、［iː］与［ɪ］的不同；能听出 bat 与 fat，hate 与 head 的区别；能听出字母 b 与字母 d，字母 g 与字母 j 在读音上的差异。这些情况都需要学生能辨别出刺激之间的差异。如果学生不能进行正确的辨别，会影响到随后的听力理解。由于英语对学生而言是一门外语，其很多的发音是学生学习英语前未曾接触过的，因而也不能获得对这些发音进行辨别的能力。于是英语学习的一项重要工作就是对音标、字母、单词发音的辨别，听力也被公认为是英语"听说读写"四项技能中最难掌握的一项（黄远振，2003）。此外，英语学习中还有一些形状辨别学习的任务，主要是音标、字母形状的辨别，如 m 与 n，［s］与［ʃ］的形状区分。由于儿童入学前或上小学后会学习汉语拼音字母的辨别，因而有些英语字母形状的辨别任务已经在汉语拼音字母的学习中完成，学生学习的辨别可能主要是其以前未接触过的形状如［ʌ］、［θ］等的辨别了。相比较而言，对英语语音的辨别是英语辨别学习的主要任务。

第二节　英语学习的心理学规律

一、事实的学习

正如上一节所述，学习英语离不开大量事实的记忆。记忆相关的英语事实（主要是记忆单词）是一项繁重而枯燥的任务。不过，心理学对事实的学习做过较多的研究，也揭示了其中许多的规律，根据这些规律来学习英语的事实，有助于减轻这一学习任务的繁重性。

（一）接近、重复与强化

这一规律是事实学习的最基本的规律。所谓接近是指构成事实的各个项目要在时间和空间上接近，能为学习者同时注意到。如要记忆"water 的中文意思是'水'"、"apple 的读音是［ˈæpl］"，学习者要能同时注意到 water 和"水"这两个项目（在空间上接近），或者在看到 apple 一词时，能很快听到［ˈæpl］的音（在时间上接近）。所谓重复是指学习者多次接触彼此接近的各个项目，如学习者要多次看到或读到"water—水"的搭配。所谓强化是指学习者准确复述出事实之后所得到的奖励，这种奖励可以是外加的，也可以是学习者自己给予自己的，奖励的出现有助于学习者加强事实中各项目之间的联系。如学习者要学习 school 一词的字母组合，他看到的是多个字母按顺序排列的完整的词形（空间接近），他一遍遍地默念或书写 school 一词的各个字母（重复），在随后的默写单词测验中，他正确默写出了 school 一词，得到了老师的表扬（强化）或自己感到很高兴。通过这样的方式，他记住了 school 一词的词形。这一学习规律相当于奥苏贝尔区分的学习方式类型中的机械学习。在英语事实的学习中，有相当多的学习是机械学习，这或许是英语学习较为枯燥的原因之一。

在这种学习方式中，对外语事实的重复很关键。但这里的重复要想发挥最佳的记忆与学习效果，不能是临时抱佛脚式的集中突击、集中重复，而应进行间隔性的重复，这样学习者记忆的效果更好。巴赫瑞克（H. P. Bahrick）1984 年研究了学习 50 个西班牙语—英语词对的三种方式。第一种方式要求被试在一天之内完成学习。他们先学习 50 个词对，然后进行五个连续的测验—学习周期，在每个学习周期中，都是首先检测他们对词汇项目中西班牙语词汇的记忆。如果回答错误，就把正确的告诉给他们，这样他们就可以进行学习。五个周期之间没有间隔。第二种学习方式的学习程序和第一种方式大体相同，唯一不同的地方是，每个测验—学习周期距离前一个周期有一天的间隔，而不再是没有间隔，这就是说，每天检测被试对 50 个词汇项目的记忆，然后被试还有机会继续学习。第三种方式则是每个测验—学习周期之间有 30 天的间隔。结果发现，周期之间间隔较短的组一开始表现很好，但在最后一个测验，即学习周期结束之后的第30天，对所有组都实施的测验上，结果逆转过来了：完成得最好的组是测验—学习周期之间有30天间隔的那一组（见表4-1）。这表明，当连续学习间的间隔与最后一次学习至测验间的间隔相匹配时，学习者的成绩最好。这一效应被称为间隔效应（spacing effects）（Anderson，2000）。

表4-1 不同间隔条件下西班牙语词汇回忆百分比

学习间隔（天）	测验1	测验2	测验3	测验4	测验5	30天之后的后测
0	82	92	96	96	98	68
1	53	86	94	96	98	86
30	21	51	72	79	82	95

后来，巴瑞克家庭的四名成员还进行了一次有趣的尝试，他们都学习外语词汇4年，然后在接下来的5年内自测。不同的是，词汇学习的间隔有14天、28天、56天（即2、4、8周）三种情况。回忆资料见图4-1。正如所预计的，随着最后一次学习与测验间的间隔延长，回忆率也降低。最有趣的是，学习之间的间隔越长，回忆率越高，而且这一效应一直持续到第5年末。虽然都经常地学习单词，但对五年之后的测验而言，每隔56天学习的单词是每隔14天学习的单词的回忆率的1.5倍（Medin，Ross & Markman，2005）。

103

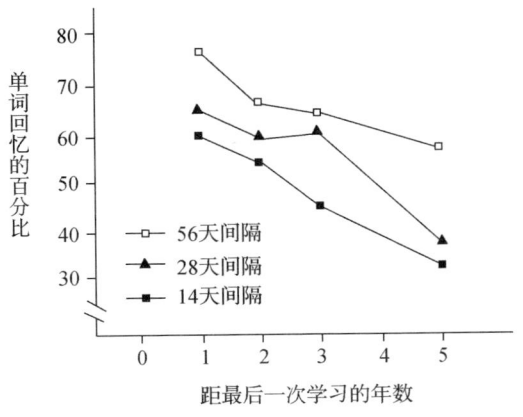

图4-1 外语词汇的回忆率与学习时的间隔的关系

（二）记忆术

记忆术是指学习者为更好地记忆事实而采用的一些方法。由于这些方法旨在改善学生的记忆效率，因而记忆术其实是一种记忆的策略。这一策略的运用集中体现了学习者的认知调节在其学习中的重要作用。佩维奥（A. Paivio）根据心理学的相关研究，描述了记忆术起作用的不同机制，这些机制分别是双编码、组织和联想（Mayer，2008）。

1. 双编码

佩维奥提出了双编码理论。这一理论认为，信息在我们头脑中可以言语形式编码，也可以意象形式编码，以言语和意象两种方式编码的信息的记忆效果要优于只以言语或只以意象形式编码的信息（Bruning，Schraw & Norby，2011）。这里的意象（imagery）不只是学习者头脑中贮存的视觉形象，还包括听觉、触觉、动觉、味觉、嗅觉等感觉通道唤起的形象，如听到的声音，闻到的香味等（Leahey & Harris，2001）。在学习英语单词的意义时，如果只是单纯地把某一英语单词理解成相应的中文意思，这只是对学习的信息进行相应的言语编码。如果在进行言语编码的同时，还能对其进行意象编码，这样单词的记忆效果会更好。如记忆 garden 的意思是"花园"，学习时头脑中既将其理解成"花园"的意思，还同时浮现出某个花园的景象，这就是在对 garden 一词进行意象编码；同样，学习 jump，run 等表示动作的词时，在学习其相应的中文意思的同时再辅以跳、跑的动觉编码，这样记忆的效果更好。

2. 组织

组织是指学习者对要记忆的许多事实赋予一定的结构，从而将分散的信息按一定的关系组合在一起，形成更大的单元。这种组织结构和关系通常是学习者本人根据其经验而赋予的，因而又称之为主观组织。如 48 个国际音标的学习和记忆常令初学英语的学生感到困难，其实，48 个国际音标之间有一定的联系，根据这些联系，对 48 个国际音标进行组织，可以减轻记忆负担。如上海市有中学老师创造了国际音标的教学方法，这一方法根据不同关系将 48 个国际音标组织成 5 大块，每块分别有 20、3、2、3、20 个音素。如其中一块是 20 个元音音素，这一块又可细分为 12 个单元音和 8 个双元音。12 个单元音中前面 4 对形状相同，差别在于有无两点。8 个双元音又可分为 3 组，第一组尾音都为 [ɪ]，在其前面分别加上 [e] [a] [ɒ] 形成 [eɪ] [aɪ] [ɒɪ]。第二组尾音都为 [ə]，在其前面分别加上 [ɪ] [e] [ʊ] 形成 [ɪə] [eə] [ʊə]。第三组尾音为 [ʊ]，可以形成 [aʊ] [əʊ]。还有一块是 20 个辅音音素，其中有 10 对发音部位相同的成对清、浊辅音，如 [p] [b]，[t] [d] 等。而在 [t] [d] 后面加上 [s] [z]，成为 [ts] [dz]；在后面加上 [ʃ] [ʒ] 成了 [tʃ] [dʒ]；在后面加上 r 成 [dr] [tr]。这种对音标的组织突出了不同音标之间的关系，学生可以成块、成组地学习音标，从而减轻了学生的记忆负担（见表 4－2）（张思中，2006）。

104

表 4 - 2　国际音标的组织结构

20		3	2	3	20	
[p] [b]	[ts] [dz]	[m]	[w]	[l]	[i:] [ɪ]	[aɪ] [eɪ] [ɔɪ]
[t] [d]	[tʃ] [dʒ]	[n]	[j]	[r]	[u:] [ʊ]	[ɪə] [eə] [ʊə]
[k] [g]	[tr] [dr]	[ŋ]		[h]	[ɔ:] [ɒ]	[aʊ] [əʊ]
[f] [v]					[ɜ:] [ə]	
[s] [z]						
[θ] [ð]					[ɑ:] [ʌ]	
[ʃ] [ʒ]					[æ] [e]	

还有一种特殊形式的组织叫组块（chunking）。组块是将若干孤立的项目组织成一个大的有意义的单元的过程，所形成的这种大的、有意义的单元叫组块（chunks）。在英语单词的记忆中，组块是一种有效的策略。如要记忆 metacognition 一词，可以通过按顺序机械重复各个字母的方式来进行，但这种学习方式效率低。学习者可以利用其头脑中已经形成的英语字母的常见固定组合（即组块）来帮助记忆，即将 metacognition 一词分成 meta、cog、ni、tion 四个对学习者有意义的单元，这样学习者只需要按顺序记住这四个单元就可以记住这一单词，而不必去记忆 13 个孤立字母的顺序组合。从学习者工作记忆容量的限制来看，经过对单词的组块，要记忆的项目从 13 个缩减至 4 个，这大大减轻了工作记忆的负担。但是，学习者要运用好组块的策略，需有一个重要前提，那就是他头脑中贮存了许多字母的固定组合。英语构词法中的前缀（如 un-，pre-，hemi-）、后缀（如-al，-able，-ful，-hood）、词根（如表示"空中"的 aero，表示"时间"的 chrono，表示"教"的 doc 等）都是常见的相对固定的字母组合，且有一定意义。学习者如果在头脑中贮存有许多这样的组块，那他在记忆单词时就可以利用这些组块来对新单词进行组块的活动，从而减轻记忆负担，提高记忆效率。

3. 联想

联想是指学习者在要记忆的构成事实的若干项目之间形成主观的联系。关键词法是学生形成联想、记忆英语单词的一种有效策略。阿特金森、劳夫以及普莱斯利（R. C. Atkinson，M. R. Raugh & M. Pressley）等人对关键词法做过深入研究，他们将关键词法的使用步骤分为如下两个阶段：语音联系阶段和意象联系阶段。在语音联系阶段，学习者提出一个关键词，这一关键词是学习者的母语词汇，其发音要像外语词汇的发音或外语词汇的部分发音，而且还可通过心理意象加以视觉化。在意象联系阶段，学习者形成一种关键词与其母语词汇相互作用的形象（Pressley & Woloshyn，1995）。如要学习英语单词 merchant，采用关键词法

105

的学习者首先要根据 merchant 一词的英语发音而生成一个与之发音相似或相近的中文词汇（即关键词）。这一关键词便是"摸钱的"。而后，学习者在头脑中形成一种关键词"摸钱的"与"商人"之间相互作用的意象，即商人正在数钱的形象。这样，通过生成"摸钱的"这一关键词，学习者将 merchant 与"商人"这两个项目牢固地联系在了一起。

但是，对关键词法的应用研究发现，年幼的学生（如 12 岁以下的儿童），即使对他们进行关键词法的训练，他们也不会自发地使用这一方法（Mayer，2008）。为了让他们用这一方法来记忆外语单词，需要给他们提供关键词和将关键词与外语词汇的母语界定相互作用的图片。在莱文（J. R. Levin）的一项研究中，让母语为英语的小学四年级学生学习 12 个英语动词（如 celebrate，gesture，glisten，harvest，hesitate，intend，introduce，object，orbit，persuade，relate，resolve）的英语界定。实验组学生学习每个单词的关键词；关键词是学生熟悉的单词，而且听起来像所学词汇的突出部分的发音。如 persuade（说服）的关键词是 perse（钱包）。然后给实验组学生呈现一些图片，说明关键词与所学单词定义之间的相互作用，如一名妇女被说服（persuade）去购买一个钱包（perse）；在图片底部是单词的正式定义。控制组学生对单词进行再认练习，而且给他们呈现如下句子："那名妇女的朋友尽力说服她去买一本口袋书（pocketbook）"，和实验组一样，以同样的表述向控制组呈现每个单词的定义。此外，给控制组学生同样时间学习定义，而且他们被告知使用他们自己的最佳方法。在随后的测验上，关键词组的学生回忆出了 83% 的定义，控制组只有 55%。这表明，通过给儿童呈现将关键词及其定义联系起来的明确的图片，可以促进回忆；未明确将单词与关键词联系起来的图片则不能促进学习（Mayer，2008）。

106

提供关键词和图片的目的是促进学生在外语词汇和母语词汇之间建立联系，实现这一目的的手段并不仅限于关键词和图片。普莱斯利等人就对关键词法作了修改，教二年级和五年级学生学习西班牙语—英语词汇对。对实验组学生，不使用图片，而是给他们如下指导语："西班牙词_____听起来像_____（关键词），其意义是_____。在心里造一个关于_____（关键词）和_____（翻译）一块儿做某事的句子以便记住_____（西班牙词）的意思。"对控制组学生，告诉他们："西班牙词_____的意思是_____。尽力记住西班牙词_____的意思是_____。"虽然所有被试学习同样的词汇而且用的学习时间一样，但实验组记住的西班牙语—英语词汇项目是控制组的两倍多，正确率分别是 72% 和 27%（Mayer，2008）。这说明，图片并不是实施关键词法的关键，关键可能在于学习者通过生成或使用关键词来添加补充意义从而将两个词汇项目联系起来的精加工活动。

二、规则的学习

心理学家加涅认为，规则是学习者运用概念之间的关系对外办事的能力，这一界定明确表示规则的学习要达到运用的程度，而从知识学习的阶段来看，规则的学习可以达到理解的程度，也可以达到运用的程度。在英语学科中，规则反映了英语单词、句子等构成和使用的规律，对于要使用这一语言进行有效交流的学习者而言，规则的学习要达到运用的程度，而不能停留在理解的水平。从布卢姆认知目标分类学（修订版）的观点来看，规则的学习是要达到对概念性知识、程序性知识的运用水平。要达到这一目的，有两种基本的学习方式：规例法和例规法。

（一）规例法

规例法是先学习教师、教科书呈现的规则的言语界定，而后再学习说明规则的例证，学习者则需要积极主动地将规则的言语表述与其例证联系起来而理解规则。接下来，学习者将这一规则运用于新的例证中或情境中，并获得运用正确与否的反馈，经过多次练习而形成技能。如单音节形容词由原级变为比较级、最高级的规则：一般情况下，在词尾直接加-er，-est；对于以字母 e 结尾的词，在词尾加-r，-st；对于以"辅音字母＋y"结尾的形容词，先变 y 为 i，再加-er，-est；对于以一个辅音字母结尾的词，将该字母双写后加-er，-est。以规例法来习得这些规则时，学习者首先学习的是这些规则的言语表述，而后学习一些形容词变比较级、最高级的例子，如 small – smaller – smallest，large – larger – largest，busy – busier – busiest，big – bigger – biggest，同时自己解释一下这些例子是如何体现规则要求的。接下来，学习者要练习使用这些规则来写出一些形容词的比较级、最高级，如 young，heavy，thin，easy，rich，并就自己写出的比较级、最高级的正误而得到反馈。经过这样多次的练习，学习者最终形成了写出单音节形容词比较级、最高级的技能。

107

规例法的学习除了需要学习者进行上述学习活动外，还需要学习者在学习规则时能从自己的记忆中提取出构成规则的每一个成分概念及表示概念之间关系的概念（加涅等，2007）。如对于"辅音字母＋y结尾的形容词，先变 y 为 i，再加-er，-est"的规则，学习者要加以理解，必须激活头脑中的"辅音"、"加"、"结尾"等概念，这样才能用其原有知识理解这一规则。当学生对这些成分概念很熟悉或早已习得时，这一内在条件很容易得到满足（如对于刚才的规则就是这样），但有时，没有掌握有关的成分概念，会使规则的学习变得较为困难。如要学习"人称代词在句中做主语时用主格，做动词或介词的宾语时用宾格"这一规则时，如果学生还没掌握人称代词的"主格"、"宾格"的概念，他是无法理解和应用这一规则的，这时先让学生学习构成规则的成分概念，就显得尤其重要

（孙鸣，2004）。

（二）例规法

例规法是学习者先学习体现规则的若干例证，而后学习者自己或在教师、教科书的提示下，对这些例证进行分析、比较、概括而习得例证中蕴含的规则。接下来，和规例法一样，学习者也要将概括出的规则运用于新的例证或情境中并获得反馈，最终形成运用规则做事的技能。如学生要学习虚拟语气，就可以用例规法来学习，学生首先学习若干体现虚拟语气的句子。这些例句可以由教师直接呈现出来，也可以在师生对话的情境中由教师说出来。如有教师借助图片，向学生说出了如下虚拟语气的例句：

If the man could run faster than the dog, he would get away.

If the cat could fly, it would catch the bird.

If the horse could break the rope, it would drink the water.

If the cow could open the door, it would get out.

呈现完例句后，教师还要引导学生对这些例句进行分析。以第一个例句为例，教师首先提问学生：Can the man run faster than the dog? 学生回答：No, he can't. 这时教师再指着黑板上的句子，师生齐读：If the man could run faster than the dog, he would get away. 教师的提问和引导以及黑板上板书的句子中用下划线的形式标示出了主句和从句中关键的部分，引起学生的关注。

在对这四个例句进行分析基础上，教师最后引导学生对这四个例句进行归纳：如果条件从句属于纯假想情况，没有发生的可能性，或极少可能性，这个从句就叫虚拟条件句。表示现在时间的虚拟条件句的谓语用过去式，主句用"would + 动词原形"。这时，在教师引导下，学生习得了相应的规则。然后教师需要再给学生一些完成句子的练习（完成主句或完成从句），或一些含有真实条件从句的主从复合句，让学生改成虚拟条件句，主句的时态要作相应的改变。还可以给一些问句，要求学生按真实情况回答，如：Can you drive a car? What would you do if you could drive a car? Is your father busy now? What would he do if he were free at this moment? 等等。通过这样的练习，来促进学生形成使用虚拟语气造句的技能（马俊明，1997）。

和规例法相比，例规法中的学习者要"发现"出例证中的规则，因而显得更为积极主动（但这并不是说规例法中学生的学习是被动的），而且，有人可能更看重学生"发现"规则过程的教育价值，因而例规法可能更得到某些教师的青睐。但不管是规例法还是例规法，最终的目的都是一样的，那就是学习者要能生成合乎规则的英语词句，因而在规则的学习上，我们更应重视的是"结果"，即学习者是否表现出了运用规则的行为，而不应该是规则如何习得的"过程"。

三、图式的学习

英语学科中的图式包括句子图式和篇章图式，由于句子图式的学习与学生能否造出正确规范的英语句子有密切关系，是学生进一步学习英语和用英语进行交流的重要基础，因而这里重点介绍句子图式的学习。当然，其学习规律也适用于篇章图式的学习。

从布卢姆认知目标分类学（修订版）的角度来看，学习者对图式这种概念性知识的学习至少要达到运用的水平，这样才能发挥已习得图式的交流功能，因而探讨图式的学习需要在明确图式的成分结构基础上，阐明学习者是如何达到运用这些成分结构生成正确规范句子的水平。根据图式习得的规律，学习者从图式例子中经过比较、概括而习得图式的成分结构，而后再经过一定的练习才能形成相应的技能。

首先，学习者要接触图式的多个例子，这些例子可以是教科书中的句子，也可以是师生用英语对话而即时生成的句子。为了更好地促进学生习得正确的图式，对图式例证的选择很重要。由于图式基本上是由固定不变的部分（常量）和可以变化的部分（变量）组成，因而例子之间要体现出稳定性和变化性来。图式中该变化的部分要在具体例子中体现出变化来。如学生要学习"It is ＋*adj.* ＋for sb. to do sth."和"It is ＋*adj.* ＋of sb. to do sth."这两个句子图式，其中可变化的部分是形容词部分、某人、不定式，对这三部分，在例证中要体现出它们的变化来，可以用如下一些例句：

It is very kind of you to help me with my English.

It is clever of Sam to go to the park by bike.

It is easy for me to finish today's homework.

It is possible for Jack and Smith to write a paper in five days.

其次，学习者要对这些例句进行分析比较，形成图式的成分结构。图式的有些成分，如有哪些组成部分，各部分的顺序，学习者有时容易发现，但有些成分，如各部分之间的关系，某一部分的变化范围或限制，仅凭学习者自己的努力，有时难以发现。这时，来自外部的提示或指导就很有必要，这些提示或指导或者对学生的注意进行指引，让他们关注例子的特定部分；或者引起学生对例子的比较、概括。如对上述两个句子图式的例子，教师可以用提问的方式（如"形容词部分与人、不定式部分之间是什么关系？"）来引发学生关注并比较，进而发现在"It is ＋*adj.* ＋for sb. to do sth."中形容词是修饰所做的事情的，而在"It is ＋*adj.* ＋of sb. to do sth."中，形容词是修饰人的，是人的特征，以此让学生习得句子图式各部分之间的关系（马俊明，1997）。

最后，习得了句子图式的成分结构之后，学习者还需要通过运用这一图式生成句子来形成相应的技能。练习的形式是多样的，如连词成句：very，help，my，me，with，English，to，of，it，kind，you，is；选择适当的词做替换练习：It is _____ of Tom to say the words. (important，foolish，difficult，hard)；从连贯的句子中选择恰当的词，这需要学生注意句子内容前后的逻辑关系，即句子图式各部分之间的关系。如：

Yesterday I went to（Wangfujing/Beihai Park）with my（aunt/uncle）to do some shopping. I need a new（notebook/bag）for school. My（aunt/uncle）wanted to buy a（shirt/skirt）for（himself/herself）but（he/she）found that they were all very expensive.

如果学生选了 Beihai Park，或者选了 uncle，又选了 skirt 和 herself 都是错的，说明他们没有很好地习得句子图式各部分之间的关系（马俊明，1997）。当然也可以创设一定的情境，让学生用习得的图式练习造句。总之，要形成熟练的造句技能，学习者进行一定数量的练习是很有必要的。

四、动作技能的学习

英语学科中的动作技能涉及说和写两方面。考虑到我国的英语教学常导致"哑巴英语"的情况，"说"的动作技能的学习更显得重要。这里重点对此方面动作技能的学习作一介绍，其学习规律也同样适用于书写动作技能的学习。

本书第二章结合语文动作技能的学习对动作技能学习的过程、影响因素作了介绍。英语动作技能的学习也遵循同样的规律。费茨和波斯纳将动作技能学习的阶段划分为认知阶段、联系形成阶段和自动化阶段。从学习者习得的英语动作技能要能流利、准确地表达自己的思想、与人进行交流这一要求来看，英语动作技能的学习必须要达到自动化的程度，即学习者要不假思索地脱口而出。根据这一要求，学习者达成这一目的的规律可以从两个方面来刻画：一是学习者要通过示范和讲解来理解所要学习的动作技能是什么，二是在此基础上学习者要通过大量的练习并获得反馈而形成自动化的发音技能。

（一）通过示范和讲解理解要学习的动作技能

在这一阶段，学习者的主要任务是对要学习的动作技能形成清晰明确的认识。这一认识不可能通过学习者独立发现来获得，而主要来自外部示范和指导。示范是指将要学习的英语动作技能通过教师的说或放录音等方式呈现给学生，有时仅有示范是不够的，还需要教师对所示范的动作技能给予言语方面的明确指导，这种指导主要是动作技能执行的规则。学习者在这一学习阶段不能被动地通过听讲来观察所示范的动作技能，要对所观察的动作技能进行解释，形成自己对要学习的动作技能的理解，并从教师的反馈中，逐渐让这一理解趋于正确（皮连生，2004）。在这一阶段，学习者的学习活动主要涉及如下几项：听、看动作技能发音的示范——根据自己的理解来进行模仿——获得外来的指导而修正自己不正确的理解和模仿。这些活动是循环往复进行的，直至学习者做出正确的模仿为止。

如学生在学习前元音［iː］的发音时，通常是从教师的示范中学习的。教师可以通过口型图或发音的动作示范，将发该音的有关肌肉运动规则呈现给学生：舌尖抵下齿龈，舌前部向上隆起，靠近硬腭，唇形扁平，声带振动等。在观察基础上，学习者根据自己的理解，试着发出这一元音，而教师则根据学生的发音是否符合上述相关肌肉运动的规则，为学生提供指导，如声带振动时间不够长，唇形不够扁平等。学生则根据这些指导，不断调整自己的模仿。

又如，发摩擦音［θ］时，教师的示范发音和学生的模仿虽有必要，但仅有示范模仿是不够的，还需要教师对发音的要领（即相关肌肉运动的规则）进行讲解和提示：将舌头放在上下齿中间，让气流通过舌尖和上齿之间的缝隙，然后发出［θ］音（章兼中，俞红珍，1998）。由英语字母、音标等的发音牵涉的肌肉群主要涉及口腔周围的肌肉、舌头、声带等，在发音时，其中一些肌肉（如舌头）的运动不易为观察者观察到，仅让他们听发出的音而观察不到导致发音的内在机制（肌肉的运动），他们对发音的模仿就很盲目，这时来自教师的讲解、指导就很有必要。

（二）通过练习和反馈形成流利的发音技能

如前所述，英语动作技能的学习要达到自动化程度。而离开了学习者的练习及其获得的反馈，是不可能达成这一目标的。练习不单纯是机械的重复，学习者的练习要有良好的效果，还要适合其学习的动作技能特点和规律。

1. 要进行整体练习

英语的音标、单词、词组、句子的发音或朗读中都涉及动作技能的学习，而音标的读音是单词、词组、句子读音的基础，后者的读音都可分解为一个个音标的读音，但这并不是说，只要会正确读出英语的音标就能读出所有单词、词组、句子的读音了。单词的读音并不是若干音标的简单机械相加，而是涉及到不同音标之间在时间上的一致而快速的协调。对这类非常快速执行的动作技能，学习心理学的研究主张应将其作为一个整体来加以练习，而不应孤立、分散地练习该项动作的各个成分（王小玥，2009）。练习发单词 operation 的音［ˌɒpəˈreɪʃn］，从一开始的发音练习就要将其作为一个整体来对待，读好重音和各个音之间的协调关系。

2. 分散练习和随机练习有助于学生对英语动作技能的保持和迁移

分散练习是指学习者练习英语动作技能时，用较长的休息时段将不同的练习时段分隔开，而随机练习则是学习者在练习若干项动作技能（如若干个单词的发音）

111

时，随机确定练习几项不同技能的顺序。有关动作技能学习的研究发现，这两种练习的形式有助于学习者对所学习技能的保持和迁移（王小明，2009）。英语词句的读音要不断进行练习，这个道理每个学习者都清楚，但最佳的练习并不是让学习者集中一段时间对某个单词、句子进行一遍又一遍的重复，而是要将这些练习分散到整个学期甚至整个学年中进行，而且，每次练习读的词句最好不同，这种变化不仅有助于减轻练习者的枯燥感，还有助于他们更好地掌握这些读音。

3. 有意练习是掌握英语动作技能的必由之路

"拳不离手，曲不离口"是人们对动作技能练习的生动描述，其中的"曲"也可理解成英语的发音技能。要流利准确地进行英语发音，需要大量的练习作为保证，这种练习可以是学习者的朗读，也可以是日常生活中使用外语进行的交流，还可以是教师设计的口头练习。这种练习的起点是学生已经"会读了"，而且，在练习的早期，技能改进的空间很大，因而学生的进步很快也很明显，但到了练习的后期，技能改进的空间很小，技能改进的速度较慢，改进的效果也不很明显（王小明，2009），因而学生可能缺乏继续练习的兴趣和动机。如果练习就此打住，学生虽会正确发音，但往往难以达到熟练、流畅的要求，这样，如何让学生具有练习的动机对进一步的练习十分重要。

这种练习就是埃里克森（K. A. Ericsson）提出的有意练习。在这种练习中，学习者为了达成一定的目的，自己为自己设置一定的具有挑战性的目标，自己监督自己去完成这一目标。如为了让自己能流利地说出标准的英语，学习者自己为自己规定每天要朗读一小时的英语材料，并且制定一定措施来进行自我监督。有意练习是掌握专业知识的必要条件，如果我们将掌握一门外语看做是掌握该门语言的专业知识，则学习者不进行这种有意练习是达不成这一目标的。那些在英语学习中怕付出努力，回避有意练习的学生，最终只能习得有残缺的英语技能（如哑巴英语、文盲英语等）。

4. 练习中学习者获得的反馈对其英语动作技能的正确形成至关重要

练习与反馈是相伴而生的，没有反馈的练习严格地讲不能称之为练习。这里的反馈主要指教师为学生的英语动作技能执行的情况提供信息。当然这并不排除学生自己从其动作技能练习中获得的信息（心理学家称之为固有的反馈，而教师提供的反馈则称之为增补的反馈），如学生自己听到自己发出的某个音标的音，或学生照着镜子练习发音，并观察自己的口型、舌头是否符合发音的规范。固有的反馈和增补的反馈在动作技能学习中都有不可或缺的作用。学习者练习完某项动作技能（某个单词的发音）之后，自己要先寻找自己发音时的肌肉感觉，而后用获得的增补反馈来判断自己的感觉是否正确。如果仅有学习者的固有反馈而缺乏一个可供参照的正确标准，学习者就难以形成正确的动作技能（王小明，

112

2009）。因而增补的反馈其实是一种可以影响学习者动作技能学习的外部条件或教学措施。心理学家对这类反馈的研究也较多，这里便作重点介绍。

动作技能学习中的反馈具有信息功能和动机功能，它不仅告知学习者动作技能执行得正确与否，还对学习者的动机产生影响（Schmidt & Lee，1999）。在我国学生的英语学习中，反馈的作用常被学生错误理解和运用。如果学生某个单词、句子的读音有误，教师为其提供反馈时，学生对这种反馈更多地看做是对自己能力的评价而不是其具体的发音技能的信息。在学生看来，教师当众为他们指出不当之处，等于是在说他们"很笨"、"能力低"，这对于十分关注自我形象的青少年学生来说是非常不利的，他们可能会采取一些逃避措施如尽量少去朗读来回避所谓的来自教师的负面评价，以维持其有较强能力的自我形象（Covington，1998），学生的这种思想对其进一步的练习来说十分不利。这样看来，如果遇到这种情况，反馈的信息和动机功能都不能很好地得到发挥。

学生之所以会将教师提供的反馈看做是对其能力的消极评价，是因为他们认为自己英语发音或朗读的技能是先天的、稳定不变的，发音朗读中出了错，说明自己的这一能力较之其他同学是很低的，因而为了维护自己有较强能力的认识，他们要么回避练习的任务，要么选择很容易的、自己不易出错的任务，这对于他们英语动作技能的改进来说都构成很大障碍。于是，解决这一问题的关键在于让学生形成有利于其接受反馈、维持动机的英语学习信念，具体来说，学生要将静态的、稳定的能力观转变为动态的、增长的能力观，即英语发音、朗读的技能不是先天的、不变的，而是随着练习和学习不断提高的，练习中所犯的错误是能力增长的必要条件。这一信念的形成仅靠教师的空口说教是难以见效的。教师为学生的学习创设一个轻松、宽容、平等的环境，学生犯了错误不会受到斥责、讥笑，发音、朗读技能的学习中出现错误被学生认为是很正常的，在这样的环境中，反馈才能发挥其促进学生学习的信息功能。

五、辨别的学习

研究知觉辨别学习的心理学家吉布森（E. J. Gibson）认为，辨别学习是有机体对环境刺激进行分化的过程。一开始，学习者对环境中的许多刺激不能予以分化，不能对不同刺激作出不同反应；随着辨别学习的进行，学习者开始对其中某些特定刺激作出特定反应，于是就出现了分化，学习者也能辨别出不同的刺激了（皮连生，王小明，王映学，1998）。

在这一分化过程中，有两个重要的学习机制：选择性知觉和对比练习。选择性知觉是指学习者对其感觉器官作出调整，以使之更好地感知环境中的刺激。如为了听清单词的读音，学生将耳朵朝向声音的来源；为了看清音标［n］和［m］

113

的区别，学生将两个音标符号拿近观看等，都是学习者为了更好地感知刺激而作的感官调整。有时，教师也可采用一些方法以利于学生的选择性知觉，如用特殊的颜色突出字母 m 和 n 的差异，用加大音量、放慢发音速度让学生更好地感知要辨别的刺激。

对比练习是学习者对呈现给他的两个或两个以上的相似、易混淆刺激进行感知和比较。英语语音教学中采用的最小音差词对就是一种让学习者进行对比练习的方法。最小音差词对是指只有一个因素不同的一对词，如 pig 和 big 这对词中只有一个音素［p］、［b］不同。其他这样的词对如 late – rate，beat – bit，heat – hit，long – wrong，liver – river，meat – mit，leave – live，leading – reading 等（章兼中，1986）。学生进行对比练习时，先听两个单词的发音，然后说出两个读音相同还是不同，同时获得反馈。进行对比练习还有其他的形式，例如给学生呈现三个词的读音，如 long – wrong – long，leave – leave – live，学生练习判断哪两个词的读音是相同的。或者给学生呈现只有一个音素不同的两个句子，如 He bit me，He beat me；Did he live here？Did he leave here？让学生进行比较并判断是否相同（章兼中，1986）。

教师也可以采用一些方法来促进学生的对比练习。为知觉辨别学习研究所证实的一种有效方法是用言语来指出刺激之间的细微差异（皮连生等，1998；加涅等，2007）。如对 leave 和 live 两词，指出前者发长音［iː］，后者发短音［ɪ］；对 grass 和 glass 两词，指出第二个音素发音不同等。

对比练习要经常进行，这就是说，学习者要对所辨别的刺激进行重复感知。这种重复感知有助于学生发现一个刺激不同于另一个刺激的区别性特征。有关知觉辨别学习的研究发现，如果学习者不断地感知刺激，那么，即使不给他们呈现其判断正误的信息，学习者对刺激的辨别的准确性仍不断提高（皮连生等，1998）。英语听力比较好的学生，能对相似的英语语音刺激进行正确辨别，这和他们听正确的英语发音次数多、时间长、能对语音刺激进行重复感知有关。英语语音听得比较少的学生，难以从中形成语音辨别的能力，只能习得"聋子英语"。

第三节　英语学习规律的教学含义

一、英语词汇教学的分析

英语词汇是英语的建筑基块，不掌握一定量的词汇是很难用英语与人进行交流的，因而词汇的教学是英语教学中一项很基础、很重要的任务。如何做好词汇教学呢？从学生学习心理的角度看，进行词汇教学首先要分析词汇学习中学生习得的学习结果类型，而后根据各类学习结果学习的规律来选择教学策略，安排学习环境，促进学生的学习。词汇教学虽然零碎，但每个词汇的学习都涉及多种类型的学习结果，从这个角度看，词汇学习并不是简单的任务。

学生学习 story，in front of，give，rich 等英语词汇时，具体的学习任务或要求学习者表现出来的行为标准可以分解为如下几项。一是学习词汇的读音，学习者要能正确流利地读出词汇的音；二是学习词汇本身的构成（即字母组合），学习者要能复述或写出词汇的形；三是学习词汇的形、音、义的联系，学习者要能见形读出音，听音而知晓其意义，知晓汉语的意义而能用英语词汇的音形来表示；四是对某些词汇，如动词、可数名词、形容词，还要学习其词形的变化，如动词过去式，名词的复数形式，形容词的比较级等，学习者要能针对词汇的原形，根据要求写出词汇词形的变化形式来；五是学习者要学习如何使用所学词汇进行交流，即能将所学习词汇用于造出规范的英语句子来。

上述五项词汇学习的具体任务，涉及不同类型学习结果的学习，明确了某项任务学习的本质及其规律，教师就可以科学有效地安排相应的教学了。学习词汇的读音要求学习者按一定的发音规则，协调口腔等部位的肌肉按一定的时间、空间模式运动，这是动作技能的学习，需要教师为学生做示范，并为学生的练习提供反馈。第二项任务是学习词汇的字母组合，要求学习者按一定顺序复现构成词汇的所有字母，这是学习心理学家早期研究过的系列学习任务，本书将其视为事实的学习。第三项任务涉及词汇形音义的联系，其实质是配对联想学习，即学习形—音、形—义、音—义之间的配对联想，本书也将其视做事实的学习。第四项学习任务涉及词汇词形的变化，对这一学习任务，需要具体细分。如果词形的变化符合一定的规律，如规则动词变过去式、规则名词变复数形式（story 的复数形式是 stories，learn 的过去式是 learned），这类学习要求学习者习得并运用相应的规则；如果词形的变化不符合一定的规律，如不规则动词的过去式（have – had），不规则名词的复数形式（man – men），则这类学习要求学生将这些特殊词汇的词形变化作为特例记住，因而属于事实的学习。第五项任务涉及学习者对词汇的正确运用，这需要学习者具备相应的句子图式或句法规则，这样，所学习的词汇才有可能"对号入座"，与其他词汇组成合乎规范的英语句子。

可见，词汇的学习涉及事实、动作技能、规则、图式等多种学习结果类型。但在某一时段，对某一具体词汇的学习而言，学习者到底要学习哪类或哪些学习结果，还要视学习者的原有基础而定。如学习"look down upon"之前，学习者已能正确流利地读出"look"、"down"、"upon"三个单词的音，而且也学会了"规则动词变过去式一般在动词词尾加 ed"的规则，因而对词汇"look down upon"的学习就没有动作技能和词形变换规则的学习，学习者要重点学习的是"look"、"down"、"upon"三个词按一定顺序组成的固定组合以及学习"look down upon"的音、形、义三者之间的联系，主要是事实的学习。如果学习者在此之前掌握了英语被动语态、一般现在时的句子结构，而且学习者也不需要将"look down upon"用于新的句子结构中，那么，这里其实也没有新句子图式的学习，可能有原有具体图式的练习。这样看来，这种情况下的词汇学习主要是事实的学习。许多英语实义词汇（如名词、动词、形容词等）的学习通常属于这种情况。

又如，学习"between"一词时，学习者除了要学习该词的音、形、义之间的联系以及词形的字母组合等事实外，还要学习"between"一词的读音，这是一项新的动作技能学习，学习者要按一定的时间模式通过肌肉运动的协调而发出［bɪˈtwiːn］的音来。"between"一词没有词形变化的任务要学习，但学习者要学习在一定句子结构中使用"between"一词，如"between"之后要涉及至少两个以上的主体，而且常和 and 一词搭配使用，如"I sat between Tom and Jack"，"Come between nine and ten o'clock"，"We'll share the room between us"等。这里的学习就有句子图式学习的要求。很多英语虚词的教学通常还涉及句子图式的学习。

根据英语学习结果的类型分析英语词汇学习的任务，可以有助于教学设计者明确词汇学习的重点，从而可将有限的教学时间真正用在需要学习者学习的内容上，提高学习和教学效率。

116

二、在英语教学中激发学生英语学习的动机

学习英语要学习大量的英语词汇和复杂的英语语法规则，这一学习过程是长期的，艰苦的，需要学习者有强烈的学习动机或毅力才有可能熟练掌握这门语言。缺乏了学习者学习动机的配合，即使教师的教学基于各类学习结果学习的规律，也难以做到让学生学有所得。因而英语教学不仅要考虑到让教学符合学生学习的认知规律，还要考虑到符合学生的动机规律，使教学的过程也成为激发和维持学生学习动机的过程。

学习心理学家对动机问题十分关注，提出了许多理论、模型来解释学生的学习动机问题（王小明，2009）。凯勒（J. M. Keller）则在众多学习动机理论基础上提出了一个有操作性的动机设计模型，可以为教学的不同阶段激发和维持学生的动机提供指导。凯勒认为，激发学生动机的任务是一个系列过程，在进行教学之前，首先要引起学习者的注意；其次要让学习者相信教学与其个人目标有关而且会满足其具体需要；再次要树立学习者学习下去的信心；最后要让学习者看到学习的回报，获得满足感。这四个过程可简称为引起并维持注意（attention），促进相关性（relevance），树立信心（confidence），产生满足（satisfaction）。凯勒取这四个过程的英文名称的首字母构成了缩略词 ARCS，于是这一模型就被称为ARCS 动机设计模型。模型中的每个过程都有相应的实施策略(见表4－3)。下面

分别加以介绍。

表4－3　ARCS 模型所建议的激发与维持动机的教学策略

动机成分	相应的策略
引起并维持注意	·通过运用新奇或料想不到的教学方法吸引学生的注意。 ·用可唤起神秘感的问题来激发持久的好奇心。 ·通过变化教学呈现来维持学生的注意。
促进相关	·通过阐明（或让学生确定）教学如何与个人目标相关以提高对有用性的知觉。 ·用自学、领导和合作的场合来提供将学习者的动机和价值观加以匹配的机会。 ·通过在学习者原有经验基础上进行教学来增加熟悉感。
树立信心	·通过阐明教学目标和目的创设积极的成功期待。允许学习者设置自己的目标。 ·给予学生成功完成挑战性目标的机会。 ·让学习者合理地控制自己的学习。
产生满足	·通过给学习者提供运用新学得技能的机会以引起自然后果。 ·在自然后果缺失时，可运用积极后果策略，如口头表扬、真实的或符号性的奖励。 ·通过保持一致的标准并将结果与期待相匹配而确保公平。

（一）引起并维持学生注意的策略

英语教学的首要工作是让学生持续关注所学习的内容，没有对学习内容的注意，后续的学习便不可能发生。如何引起并维持学习者的注意呢？根据凯勒动机模型的建议，可以考虑如下一些方法。一是创设有趣的情境来引发学生的注意。如要让学生练习用"How many ... are there...?"，"There are..."句型说话，教师可以拿出几本学生喜爱的书籍。如果有人想看的话，就必须猜出该书的页数，老师可给予适当的暗示（严文清，郭跃进，2004）。

117

T：Boys and girls, look at these books. Do you like them?

C：Yes, very much. We want to read them.

T：I'm sure you can read them. But you must guess how many pages there are in the books.

C：Ok. We will try our best.

T：How many pages are there in this book?

C1：I think there are one hundred and seventy.

T：Not so many.

C2：There are one hundred and twenty.

T：There are a few more pages.

C3：There are one hundred and twenty-five.

T：Yes, you are right. You can read it after class.

又如，有教师在教学生学习一周七天的英文表达时，拿了七个不同的洋娃娃到班上，并且分别给每个洋娃娃取名叫 Monday，Tuesday，Wednesday，Thursday，Friday，Saturday，Sunday。然后让学生比赛谁先记住这七个洋娃娃的名字。这类有趣的情境很吸引学生尤其是年龄较小的学生的兴趣和注意。

二是通过变换教学呈现来维持学生的注意。英语教学的活动过于单调，会使学生很快失去兴趣，因而教学中应适当变换一下教学活动方式。如在练习英语对话时，如果一味由教师问学生答，则活动形式单调。如果变换方式，先是教师问学生答，再变为学生问学生答，还可变换成学生问老师答。这样的活动形式的变化有助于将学生的注意维持在所练习的英语技能上。

（二）促进相关的策略

促进相关的目的是让学生感到所学习的英语的具体内容对他个人而言是有用的，即学习者发现学习或练习具体的英语技能的价值，这样他就会有动力继续学习下去。促进相关的一种策略是让学生看到英语学习的应用性。如在教学英语字母 H、B 时，老师拿起一支铅笔问学生 HB 表示什么意思。H 表示铅笔的硬度，铅笔上的 H 值从 1H 到 6H，H 值越大，铅笔就越硬；B 表示颜色，铅笔 B 值的表达从 1B 到 6B，B 值越大，铅笔就越黑。教字母 K 时，老师问学生金戒指为什么分 24K 和 18K，并告诉学生 K 是 karat（克拉）的缩写，K 的比值表示金子的纯度，比值越高，含金量越高（严文清，郭跃进，2004）。学生看到学英语字母对其日常生活的价值，就会有兴趣和动力来学习。另一种策略是将教学组织的方式与学生偏好的方式相匹配来使学生认识到教学的相关性。如一些学生喜欢竞争，另一些学生喜欢在小组中领导其他同伴，教师就可以组织竞赛活动、组织小组合作学习来迎合这些学生的价值取向。这些学生虽然没有认识到教学的有用性，但感到教学适合自己的特点，因而也愿意投入到学习中。最后一种策略是把教学与学生的原有知识经验联系起来，即在学生的原有知识基础上进行教学，如学生已学过 long 和 live 两个单词的意义，在这一原有知识基础上，再学习 long-lived（长寿的）一词，就可使新学习的内容与其原有知识联系起来，较之学习morpheme（词素）这样的词，学生更有动力学习前者。

（三）树立信心的策略

学生学英语遇到的最大障碍是对自己学习、学好英语的能力信心不足，他们认为自己不是学英语的料，或者认为自己不具有"语言天赋"，因而自暴自弃，从而形成恶性循环，英语越发学不好了。要让学生跳出恶性循环的怪圈，关键是让他们对自己形成积极的认识，即认为自己有能力、有信心学好英语。凯勒提出的一些策略是有用的。一种策略是让学生看到自己在英语学习上的进步，这种亲历的、成功的体验能够增强学生对自己能力的主观判断（班杜拉称之为自我效能）。如做一道填空题"I have _____（困难）in learning English."有个同学第一次什么也没写；第二次只写了 di；第三次写出了 difi；第四次则写出了 difficuty；后三次在许多教师的笔下同样是个"错"，似乎同第一次一样，都毫无区别地被视为失败。要是老师能够告诉这位学生第二次拼对了 20%，第三次拼对了 40%，而到第四次已能拼对 90%，他就有可能感受到自己每一次取得的进步，产生成功的体验（吴本虎，2002）。二是引导学生对自己学习上的成败进行正确归因。研究发现，当学习者将其学习上的成败归因于努力、策略等自己可以控制的因素时，可以极大调动学生继续学习的动机。因而当学生没有记住新的单词时，教师不宜斥责学生太笨；如果学生没有努力去记忆，要将原因归结为他努力不够；如果学生也很努力地去记忆了，这时要引导学生将记不住的原因归为所有的记忆方法或策略不足上；如果让学生形成了自己脑子笨才记不住的认识，会对他进一步学习的动机造成极大伤害。

（四）产生满足的策略

对英语学习来说，学习英语的关键在于应用。如果学生能将学到的英语句型用于与外国人交流，不仅自己理解了外国人所讲的内容，而且也通过英语句型的使用让外国人理解了自己的意思，这种交流上的成功会让学生体验到极大的满足，会激发他们继续学习。因而要让学生体验到满足，首先应让学生有机会运用新习得的英语技能。但是，并非所有的英语内容的学习都是马上可以用来交流的（如字母、音标、单词等内容的学习），对这种情况，要让学生获得因学习而导致的满足感，就需要教师为学生的学习提供奖励，这种奖励可以是口头表扬、物质奖励，也可以是其他类型的奖励。如一位英语教师利用电路的有关知识，设计了一个简单英语句型电路，在能够导电的板上写着英语单词或词组，把板插入句型电路，当句型正确时（如 I am a pupil.），指示灯亮，如把"am"换成"are"，句型不对了，指示灯就不亮；如果再把"I"换成"You"，变为"You are a pupil."，指示灯又亮了，说明这时句型正确；如果把"a pupil"换成"pupils"，句型仍然正确，所以指示灯仍亮（李培实，1996）。这里学生学习的是句子结构的练习。当他按一定的句子图式组织成正确的句子时，指示灯亮就是对学生的奖励，学生获得了满足感，有利于激发他们进一步练习的兴趣和动机。

上述四个方面的动机激发与维持策略，贯穿教学过程的始终，而且与教学的内容有机地融合为一体。为学生设计英语教学，既要让教学符合学生英语学习的认知规律，也要符合学生的动机规律。有效的教学策略通常是那些既符合认知规律又符合动机规律的策略。

三、任务型教学与英语学习的心理学规律

我国的《英语课程标准（实验稿）》为避免教师的英语教学单纯传授语言知

119

识的倾向而倡导"任务型"的教学。任务型教学（task-based language teaching）是一种以任务为核心单位来计划、组织语言教学的途径。其中的任务通常指以真实世界为参照、以形成语言意义为主旨的活动（魏永红，2004）。任务型教学作为一种新的教学途径或方式，和其他的教学一样，也要以促进学生的英语学习为其最终和根本的目的，从其与学生学习的关系视角来分析任务型教学，有助于我们对其深入认识和正确定位。

（一）任务型教学的目标

组织任务型教学，要让学生习得什么？目标的问题是任务型教学首先要解决的。目标上的含糊不清，会使任务型教学流于形式而学生学无所得。在目标这一问题上，研究人员有不同认识。有人将任务型教学看做是英语学科的研究性学习，强调学生的参与，重视学生对任务的完成情况，以在完成任务的过程中发展学生的合作、参与等品质。也有人认为任务型教学以学习语言和掌握语言为目的，任务仅仅是给学生提供了用语言做事情的机会，以便练习运用所学习的语言（包育彬，陈素燕，2004）。这两种目的是互补的而不是对立的。但在英语学科中，任务型教学要实现的学习和掌握语言的目的是基本的、主要的，如果抛弃了这一目的而单纯地追求发展学生合作、探究的精神这一目的，有可能使任务型教学偏离"语言教学"的主轴而走入误区。

120

布卢姆认知目标分类学（修订版）有助于我们明确认识任务型教学的目标。在这一新的认知目标分类框架中，教学目标被界定为学习者对不同类型知识的不同掌握水平。就英语学习而言，有些英语语言知识是需要学习者记忆的，如不规则动词的过去式、固定的短语等，这类教学目标不是任务型教学要达成的目标。任务型教学强调学生通过"用语言做事"来完成相对真实的任务，在布卢姆新的认知目标分类框架中，这是要求学生基于各类英语语言的知识（包括英语事实、概念、图式、程序、元认知知识等知识类型）去分析、评价、创造某个对象或任务（安德森等，2008），这类目标有人称之为对各类知识的复杂运用或综合运用。要达成这类目标，固然需要学生完成一定的任务或表达一定的意义，但学习者若不具备有关的英语知识类型，他是难以完成这类任务的，因而在认识任务型教学的目标时，片面强调任务的完成或语言知识（包括英语的事实性、概念性、程序性、元认知知识）的学习，都不能全面描绘教学目标，因为布卢姆新的目标分类强调知识类型与认知过程的有机结合才构成所谓的目标。

（二）任务型教学与学生的学习过程

任务型教学与学生的两个学习过程关系十分密切，这两个过程分别是学生的注意过程或动机过程以及迁移过程。

学生学英语需要具备一定的动机，并将其注意力集中于所要学习的内容上，如何引起其注意，调动其动机，凯勒的动机设计模型为我们提出了具体的建议，这就是采用能引起学生兴趣，有一定挑战性的任务来引起学生的注意。而任务型教学在设计任务时，非常注重通过任务的挑战性来吸引学习者的兴趣和注意（魏永红，2004），因而采用任务型教学要实现的一个目的是引起学生的注意。

任务型教学要促进学生学习的另一个方面是促进英语技能的迁移。所罗门和帕金斯（G. Solomon & D. Perkins）指出，技能的迁移有两种方式：低路迁移和高路迁移。低路迁移指技能在一种情境中达到熟练化或自动化程度后，在另一个与之相似的情境中被激活，从而得以在新情境中运用。低路迁移是自动进行的，这种迁移的发生需要两个条件：一是所迁移的技能的学习要达到自动化的程度；二是迁移情境与学习情境要在知觉上类似。高路迁移是指学生通过有意识的耗费心神的抽象，将一种情境中的原理原则，应用到另一种情境中去（皮连生等，1998）。从迁移机制的角度看，任务型教学的目的是促进英语技能的低路迁移。任务型教学强调任务的真实性或与真实的任务非常类似，这样，学生在课堂的任务型教学中遇到的情境与将来真实的交际情境高度类似，这就满足了低路迁移的一个条件：学习情境和迁移情境要类似。如果在这种真实或接近真实的任务情境中，学习者对一些英语交流、会话技能的多次练习使得这些技能的执行达到了自动化的程度，那么，这就满足了低路迁移的另一个重要条件：所学习的技能要达到自动化程度。于是，将来在与学习情境类似的真实情境中，这些自动化的技能就能被激活，我们便会看到学生能够流畅自如地用英语进行交际了。

如到医院看病这种情境或任务需要学习者熟练掌握如下一些主要句型（英语课程标准实验稿，2001）：

A. What's the matter?

What seems to be the trouble?

Do you have a fever?

How long have you felt like this?

It's nothing serious.

Take this medicine three times a day.

You'll be all right/well soon.

Give up smoking and keep on taking more exercises.

B. I have a headache/cough/fever.

I feel terrible/bad/horrible/awful.

I don't feel well.

I've got a pain here.

It hurts here.

121

I don't feel like eating.

I can't sleep well.

采用任务型教学，创设就医的情境，在这一情境中学生不断进行上述句型的听说，使之达到自动化的程度，那么，将来在真实的就医情境中，学生就能流畅地表达自己，准确理解医生的问讯和建议了。《英语课程标准（实验稿）》中在"功能意念项目表"、"话题项目表"部分列出了学生用英语完成的主要任务所需要用到的英语语言知识。通过任务型教学，让学生熟练掌握这些知识就是在提高学生的英语能力。张思中也将学生用英语进行交际的任务和情境分为 4 个单元 24 类，分别是：1. 时间、空间、数量、质量、颜色、形状的表示法。2. 饮食、衣着、住宿、交通、家庭、学校的表示法。3. 情感、气象、文娱、体育、卫生、节假日的表示法。4. 交际、通讯、旅游、环保、电脑、人物的表示法（张思中，2006）。每类都有各不相同的英语技能需要学习。如果在与将来应用类似的任务或情境中让学生对这些技能的学习达到自动化程度，同样也能整体提高学生的英语水平。这些任务及相应的技能到底应有哪些，可能需要英语课程的研究人员根据社会实际需要来加以拟定，任务型教学不过是适合这类课程内容的教学方法或模式。

四、学习者的认知负荷与英语教学

认知负荷（cognitive load）是澳大利亚心理学家斯威勒（J. Sweller）提出的一个概念，用来描述学习者学习材料时的心理努力程度。学习者学习时之所以会体验到一定的认知负荷，是因为学习者工作记忆容量的有限性。由于工作记忆容量的限制，学习者能同时加工、保存、处理的信息是有限的，当所要加工的信息超过这一限制时，称之为认知负荷过重（cognitive overload），这时学习者感觉学习起来很吃力，难以理解所学的材料，因而学习效果也不好。

斯威勒又进一步将认知负荷分为三类：1. 内在认知负荷，指由学习材料的复杂性（如学习者要同时处理的存在相互作用的成分的数量、易使学习者产生混淆的学习材料）而施加给学习者的认知负荷。这类认知负荷随学习者的原有知识技能的掌握水平而变：同样的学习材料，对相关知识技能掌握较少的学习者而言会造成很大的认知负荷，但对于掌握了大量相关知识技能的学习者而言，所施加的认知负荷就很少。2. 外在认知负荷，是由不良的教学设计或无关的学习材料施加给学习者的认知负荷。如学生要学习英文文章的阅读理解策略，而教师的教学则花很多时间就文章里涉及的有趣的内容进行发挥，教师的这种教学内容就给学生施加了外在的认知负荷。3. 相关认知负荷，是学习者为完成学习而必须承担的认知负荷，如梅耶在其多媒体学习模型中指出的学习者进行的选择、组织、整合过程而需要承担的认知负荷。学习时需要承担一定的认知负荷，但负荷过重将无助于学生的学习。任何要促进学生学习的教学，都必须考虑学习者的这一重要认知机制。

英语的某些教学内容如各种时态、虚拟语气等，十分复杂，学生学起来很吃力，教师也教不好。从认知负荷的角度看，这是由学习材料的复杂性而给学生的学习造成了过重的认知负荷。如英语的动词一般有 16 种时态，《英语课程标准（实验稿）》要求学生掌握其中的 8 种时态，即使数量有了减少，学习者在学习时态时仍要综合考虑动作的特征、状态、时间等等诸多因素，这对初学者来说十分复杂，其学习时的认知负荷很重，学习难有明显效果。

如何在考虑学习者的认知负荷情况基础上设计有效的教学呢？认知负荷的研究者提出了两条较为可行的措施：按从简单到复杂的顺序学习复杂程度不同的材料；为学生的学习提供支架。提供支架的问题在本书第二章作过专门介绍，这里重点阐述如何处理学习材料的复杂性。如英语的时态虽然复杂，但只有两种时态即现在时和过去时是英语书面语中最常用的。不同的调查发现，一般现在时占书面英语中限定性动词形式的 38.4% 或 26.4%，一般过去时占 48.2% 或 58.5%，二者共占 86.6% 或 84.9%（贾冠杰，1996）。这两种时态相对简单而又常用，因而教学时可从这些简单的时态开始，在学生熟练掌握后，其相关的知识技能有了提高，他们就有可能应对复杂性更高、认知负荷更重的材料的学习，如过去完成时、过去将来完成时等。

123

认知负荷理论还有助于我们更深入地认识英语语法的教学。英语语法的教学应该强化还是淡化，这一问题不仅困扰着广大英语教师，也困扰着英语教学研究人员（黄远振，2003）。英语语言有很多的规则和规律，要学会使用这门语言，就必须会运用这些规则和规律。英语语法明确地把这些规律表述了出来。从这个角度看，语法的学习很有必要。英语语法与英语语言的规律有很大的一致性，学习英语语法就是在学习英语语言的规律；而有一些英语语法的内容过于繁杂，给学生的学习造成了不必要的认知负荷。如英语语法中将"$v. + ing$ 形式"分为动名词和现在分词两种情况，学生学习时要弄清两者的区别，但这种区别两种形式的认知活动及其所导致的认知负荷对学生正确理解和使用与"$v. + ing$ 形式"有关的句子并没有什么作用，学习者反而要花费一定的工作记忆容量来学习与其学习结果无关的内容，这会给学习者施加不必要的认知负荷（黄远振，2003）。对这类语法教学，我们要回避。

【建议参考资料】

1. 孙鸣. 英语学习与教学设计［M］. 上海：上海教育出版社，2004.
2. 贾冠杰. 外语教育心理学［M］. 南宁：广西教育出版社，1996.

3. 章兼中. 外语教学心理学［M］. 合肥：安徽教育出版社，1986.

4. 王小明. 学习心理学［M］. 北京：中国轻工业出版社，2009.

【问题与思考】

1. 在英语学科中，事实学习具体是指对哪些内容的学习？英语事实学习有什么规律？

2. 英语学习中的哪些任务是动作技能学习？英语动作技能学习有什么规律？

3. 选取英语教科书的某一单元，分析学生从中习得的学习结果类型。

4. 从学习结果和学习规律的角度看，中国人学英语过程中出现的"哑巴英语"、"文盲英语"、"聋子英语"现象的主要原因是什么？

5. 英语教学要以学习者为中心这一理念得到许多教师的认同。请用本章的有关知识解释一下什么是"以学习者为中心"？

6. 毛主席说过，语言这东西，不是随便可以学好的，非下苦功不可。请用本章的观点阐释这句话的含义。

第五章　科学学习心理

【本章提要】

　　科学学科的学习结果涉及科学事实、科学概念（包括具体概念和定义性概念）、科学原理、心理模型、科学方法和科学态度。科学事实的学习基本上要靠学习者的机械记忆，学习者若采用精加工策略会促进其对科学事实的学习。科学概念与原理可通过有指导的发现学习和接受学习进行，科学概念与原理的学习还需要同学习者在日常生活中形成的错误的科学观念进行斗争，实现观念的转变，在这一转变过程中，学习者认识到其原有的观念有问题是其观念转变的重要先决条件。心理模型的学习要求学习者在心里构建出系统的成分模型和因果模型，设计良好的图解和动画可以促进心理模型的习得。科学方法或策略通常要从明确的、有意识的教学中习得，学习者不仅要习得构成策略的程序步骤，还要知晓策略运用的效果和条件，这样才会促进策略的迁移和运用。策略的学习要和科学概念原理、心理模型的学习结合在一起，片面夸大策略的作用，贬低科学概念原理的学习是不对的。科学态度可经由亲历学习和观察学习进行，学习者对其行为后果的亲历和榜样的树立在科学态度形成中起重要作用。科学教育的目标是培养学生的科学素养，认知心理学的研究及运用布卢姆认知目标分类学（修订版）的分析表明，科学素养的主要成分是各种类型的科学知识。学习者的认知发展水平对其科学学习有重要影响，小学生的科学启蒙学习适合通过"做中学"的方式习得一些具体概念，而独立的科学探究对学生认知发展水平要求很高，中小学生的科学探究主要是在教师支持、帮助下的探究。

125

【学习重点】

　　1. 举例说明科学学科中的具体概念和定义性概念。
　　2. 举例说明什么是心理模型。
　　3. 举例说明科学学科中都有哪些科学策略。
　　4. 陈述科学概念与原理学习的方式及学习者日常观念转变的规律。
　　5. 陈述心理模型的学习规律。
　　6. 陈述科学学科中策略学习的一般规律。
　　7. 举例说明科学态度及其两种习得方式。
　　8. 用自己话解释科学素养与知识的关系。

9. 阐释儿童的认知发展对科学学习的影响作用。

【重要术语】

事实　具体概念　定义性概念　原理　心理模型　科学方法　科学态度
日常观念　亲历学习　观察学习　科学素养　科学探究　科学启蒙　支架

我们所处的时代是一个科学技术迅猛发展的时代。我们的日常生活、工作和学习，无一不与科学发展的成就密切联系着。身处科学发展成就的氛围中，对科学一无所知的人是很难享受科学发展带来的便利和幸福的。为此，我们的学校为受教育者开设了科学方面的课程，以发展他们的科学素养，为他们将来的工作和生活奠定基础。要有效地实施科学课程，首先需要了解学生科学学习的规律。近几十年来，心理学家对科学学习的心理学规律作了大量探索，这些研究成果对我们科学有效地实施科学课程很有指导价值。

第一节　科学学习结果

学生要学习的科学课程的内容是丰富多样的。从动物、植物到阳光、土壤，再到地球、宇宙，大千世界的种种现象和规律，都是学习者要学习的内容。心理学家将这些林林总总的学习内容，根据其内容的性质和学习的规律进行了分类归总。如下几类是学生在科学课程中要习得的主要学习结果：事实、概念与原理、心理模型、策略、态度。

一、事实

事实又叫事实性知识，是学生通晓一门学科或解决其中的问题所必须知道的基本要素。它们通常是一些与具体事物相联系的符号或"符号串"，一般不随情境的变化而变化，大都以相对较低的抽象水平出现（安德森等，2008）。在科学课程中，事实具体体现为两种形式，一是符号及符号的意义，如在物理学中，F 表示力，g 表示重力加速度，在化学中，Fe 表示的是铁元素，H_2O 表示的是水的化学式，这类知识都涉及符号代表的意义，并为从事该学科研究的人所认可，是通晓该学科的基本事实。此外，科学课程中的一些符号串也需要学习者将其作为事实学习，如硫酸的化学式是 H_2SO_4，学习者需要学习的 H_2SO_4 这些符号的顺序组合也是事实。一些用符号表示的物理、化学公式本身是由一些符号组成的，如万有引力公式 $F = G\dfrac{m_1 m_2}{r^2}$，透镜成像公式 $\dfrac{1}{u} + \dfrac{1}{v} = \dfrac{1}{f}$，对这些公式本身，也需要学习者将其作为事实来记忆。二是对科学事件或现象的描述，如"光在真空中的传播速度是 3×10^8 米/秒"，"1905 年，爱因斯坦发表相对论"等，也是具体的事实。

126

二、概念与原理

与事实不同的是，概念与原理是对一类事物、现象的概括，它们揭示了一类事物或现象的内在的、本质的规律。概念通常用词或短语来表示，原理涉及若干个概念之间的关系，通常用句子或公式来表示。在科学课程中，有不同类型的概念与原理。

（一）具体概念

具体概念概括了一类事物的关键特征，不过这些关键特征要直接作用于学习者的感觉器官，如眼、耳、鼻、舌等。学习者最初认识的自然界的一类事物，通常是作为具体概念而习得的，如大葱的头状花序，鸭嘴兽、花岗岩等概念，都需要学习者通过眼睛的看、手的触摸来感知事物的关键特征；而硫化氢、浓硫酸等概念则需要通过鼻子的嗅来习得其在气味上的关键特征。学习者习得了具体概念以后，在面对多种概念的正反例证时，能根据该概念的关键特征，通过感官感知这些例证而指出哪些例证是该概念的例证，哪些不是。如给出几株未见过的植物的根系图，学生能通过观察指出哪些根系是须根，哪些不是，这时我们就可以说，学生已习得了"须根"这一具体概念。

（二）定义性概念

许多科学概念是不能通过学习者感觉器官的观察而获得的，必须通过下定义的方式才能揭示这类概念的关键特征。这类概念，加涅称之为定义性概念。如"功"的概念就是一个定义性概念，我们必须通过"功＝力×距离"这一界定才能习得"功"的本质特征。"密度"的概念也是一个定义性概念，我们不能通过观察、触摸密度不同的物体而习得这一概念，必须通过"密度＝质量/体积"的定义来习得这一概念。科学是对世界本质的把握，本质是隐藏在可以感知的现象背后的，仅仅观察现象是不能习得表示世界本质的概念的。一些高度概括和抽象的概念，如摩尔、动量、电流等，从对其例证的观察中学习者很难发现其关键特征，这类概念必须作为定义性概念学习。

对于加涅划分的具体概念和定义性概念，不应将二者看做是彼此排斥的，而应看做是一个连续体的两个极端。在这两个极端中间，存在一些既可以是具体概念也可以是定义性概念的概念（陈刚，2005）。如"水"、"酸"这两个概念，学生可以通过看、闻、嗅等感觉器官的感知而以具体概念的形式习得"水"和"酸"的概念，也可以通过定义"水是由两个氢原子和一个氧原子组成的水分子构成的物质"、"在水溶液中电离出的阳离子全部是氢离子（H^+）的物质就是酸"，以定义性概念的形式习得这两个概念。许多科学概念既可以作具体概念学习，又可以作定义性概念学习。事实上，认知心理学有关概念表征的研究也对此提供了支持。概念在人的头脑中的表征是多重的（王小明，2009），通过感觉器官的观察获得的一类事物的关键特征在我们头脑中通常是以意象（包括视觉的、

127

听觉的、嗅觉的等意象）形式表征，而通过定义的学习而习得的概念的关键特征是以言语方式表征的。介于具体概念和定义性概念中间的科学概念通常兼具这两方面的关键特征。同时习得这两方面的关键特征才算是较为充分地习得了这些概念。一个学过科学的人，如果只会通过尝、嗅来判断某物质是不是"酸"，那么，我们可以说，他的有关"酸"的科学概念是肤浅的和不充分的；而另一个学过科学的人，如果只会陈述银杏所属的植物类别、特点、价值，而面对一株银杏树时却不知道这是什么，那么，我们同样可以说，他有关"银杏"的概念也是不充分的。

（三）原理

原理表示的是若干概念之间的关系。科学原理通常揭示了若干科学事物、现象之间的内在、本质的联系。如杠杆平衡的条件"动力 × 动力臂 = 阻力 × 阻力臂"就揭示了动力、阻力、动力臂、阻力臂这四个概念之间内在本质的关系；氢气在氧气中燃烧生成水也揭示的是氢气、氧气、水、燃烧几个概念之间的关系。科学中的许多定理、定律、公式、化学反应式、实验操作的规则等，表示的都是若干概念之间的关系，都是科学原理。

习得科学原理的学生，会运用科学原理解释新的科学现象，或按科学原理执行一定的操作，而不是机械地背诵科学原理的含义。从布卢姆认知目标分类学（修订版）的角度看，是达到对概念性知识的理解和运用的程度。如习得了"水蒸气遇冷凝结成水"这一原理的学生，就能解释冬天戴着眼镜从寒冷的室外进入温暖的室内时，镜片上为什么会很快蒙上小水珠而变得模糊。习得了稀释浓硫酸规则的学生，就能正确地使用玻璃棒缓慢地将浓硫酸顺着玻璃棒倒入水中加以稀释。

三、心理模型

在科学课程中，学生习得的不只是孤立的事实、分散的概念和原理，还会习得由相关事实、概念、原理组合而成的复合知识体，这种有组织的、大块的知识可使学习者对一些现象、物体的运作机制作出解释并加以预测，这类学习结果心理学家称之为心理模型。所谓心理模型是指某一系统主要部分及这些部分的状态变化间的因果关系的表征，主要包括两种成分：1. 成分模型——系统各主要部分的位置及可能的变化状态，如知道自行车打气筒包括一个可上可下的手柄，一个可上可下的活塞，一个可开可闭的进气阀，一个可开可闭的排气阀，一个气压可高可低的气缸等等。2. 因果模型——某一部分状态的变化如何影响另一部分状态变化的因果链，如知道随着手柄的下压，活塞会下移，接着又导致进气阀关闭，这又引起气缸中空气压力增大，从而导致排气阀开启等等（Mayer, 2003）。从这一定义中不难看出，心理模型与本书第二章提及的图式有些类似，其组成部分相当于图式中的空位；各成分的状态有不同的变化情况，这其实相当于图式中空位或变量本身的约束；各组成成分状态之间的因果关系则相当于图式各空位之间的关系，不过这种关系主要是状态变化之间基于一些科学原理的因果关系。事实上，梅耶等人也将心理模型看做是一种特殊类型的图式（Mayer & Chandler，2001）。也有人将这类学习结果称之为逻辑知识（Farnham-Diggory，1992）。一些较为综合的科学课程目标，如《生物课程标准（实验稿）》中的"阐明绿色植物的光合作用"，"概述尿液的形成和排出过程"，《物理课程标准（实验稿）》中的"了解高压锅的原理"，实质上都要求学生建构相应的心理模型。

马克曼和金特纳（Markman & Gentner，2001）指出，心理模型的运用具有如下一些特点。一是心理模型的运用是质性的。这主要是指人们在对物理系统进行推理时，并不估计该系统的具体量的值，如物体运动速度、物体的质量大小等。二是心理模型的运用常涉及形象和动作成分的使用。考虑如下的问题：想象在一块板上按圆形方式装有七个齿轮，每个齿轮都与它相邻的两个齿轮相咬合。如果顺时针转动其中一个齿轮，则紧挨它的那个齿轮会按什么方向转动？要回答这一问题，人们通常要在心理上模拟齿轮的转动，有时甚至还伴随有动作，这样才能作出推理和回答。

心理模型是学习者对系统的构成成分及各部分状态变化之间关系的内在表征，那么，我们如何知道学习者具有某个心理模型呢？一般来说，心理学家是通过学习者如下四方面的行为表现来推测其心理模型的存在与否。一是推理，要求学生对某一给定事件提供原因。如"为什么手柄上拉时空气会进入打气筒内？"习得了心理模型的学习者会回答，因为筒内气压低于外部的气压，于是空气就被压进气筒内，这里学生找到了解释某一事件的原理。二是诊断，要求学生在某一出故障的系统中找出原因。如"假设你反复拉上压下打气筒的手柄但没有气出来，则打气筒可能什么地方坏了？"学生会运用自己的心理模型提出如下一些解释，如"气筒上有孔，……排气阀失灵"。三是重新设计，要求学生改变系统以实现某些目的，如"如何改进打气筒以使其效率更高？"学生会用其心理模型来想象改变系统的一个或几个成分，如"在活塞和气筒之间涂上润滑油。"四是预测，问学生若系统的一部分状态发生变化对另一部分会有何影响。如"如果增加打气筒的直径会出现什么情况？"这一问题要求学生在心里"操纵"其打气筒的心理模型来看看气筒直径的增加会导致通过打气筒的空气量增加（Anderson et al，2001）。

如前所述，心理模型中各部分之间是一种质性的因果关系，而不是一种数量关系。此外，心理模型通常还包括有形象或表象的成分，学习者通过对头脑中这些表象的操作来表征系统的运作机制。学习者运用了不同表象，也就导致他们形成不同的心理模型，其对系统运作机制的理解和对现象的解释也不相同。如金特纳等人调查发现，学物理的学生通常会形成两种不同的有关电路的心理模型，他们称之为"流动的水"和"涌动的人群"（Farnham-Diggory，1992）。在"流动的水"这一心理模型中，水流相当于电流，蓄水池中水位高低决定的水压相当于电压，水管的粗细不同对水的阻力相当于电阻。借助水流的表象，学习者便可以理解欧姆定律：电压（水压）越大，电流（水流）越大；导线（水管）越细，电阻（水流的阻力）越大。在"涌动的人群"这一心理模型中，电流被想象成一大群急于通过通道的人群，于是，在通道某一点通过的人数相当于电流，推动他们移动的力相当于电压，通道上门的宽窄相当于电阻。

研究发现，这两种心理模型适合解释不同的电路现象："水流"模型适合解释电池串联并联的电路；"人流"模型适合解释电阻串联和并联的电路（见图5-1）。

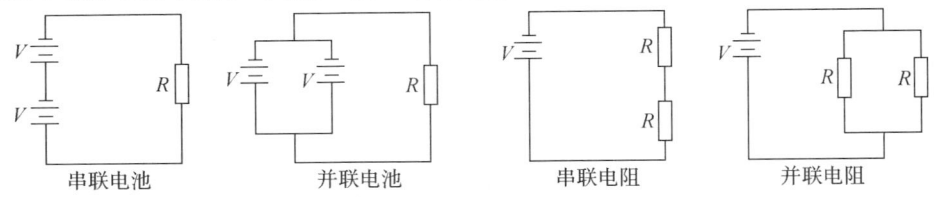

图5-1 两种电路的心理模型适合解释的电路

在电池串并联的电路中，将两个相同蓄水池中的水放在一起（相当于电池串联），则水位升高，水压（电压）增大，水流（电流）也增大；如果用管子将处于同一平面的两个水池连通（相当于电池并联），则水压（电压）保持不变，水流（电流）也不变。在电阻串联并联的电路中，将通道上两个窄门顺次联起来（电阻串联），则人流拥堵情况会更严重（电阻增大），在某一点通过的人数降低（电流降低）；如果两个窄门是并行的（电阻并联），则一些人从一扇窄门通过，另一些人从另一扇窄门通过，总的通过人数比只有一个窄门的情况要多（电流增大）。

金特纳等人对中学生和大学生的调查证实了上述观点：使用"水流"模型的学生能更好地解决电池问题；使用"人流"模型的学生则在解决电阻问题上更成功（见表5-1）。

表5-1 两种心理模型解决电路问题的百分比

被试报告自己采用的心理模型	电池问题	电阻问题
"水流"模型	93%	63%
"人流"模型	50%	70%

四、策略

策略也是一套规则或原理，与上文提及的科学原理不同的是，这里的策略是关于学习者如何思维、如何记忆、如何学习、如何解决问题的规则，是学习者主观世界运作的规则；而上文提及的科学原理则描述了客观世界运作的规则。这一区分类似于加涅对智慧技能和认知策略的区分（参见本书第一章）。总之，这里的策略是指学习者运用有关学习的规则来调节控制自己的科学学习、思维、问题解决活动以提高学习效率。在我国的科学教育研究中，许多研究者用"科学方法"、"科学思想方法"来指称这类特殊的学习结果。

如在解决物理问题时，有一种策略叫做极限策略，是将某个或某些变量的值置零或无限大，通过对极端特殊情况的考察来找到解决问题的办法。请看下面的一道物理题：

一轻质弹簧上端固定，下端挂一个质量为 m_0 的平盘，盘中有一物体，质量为 m。当盘静止时，弹簧的长度比自然长度伸长了 l。今向下拉盘使弹簧再伸长 Δl 后停止，然后松手放开，设弹簧总处在弹性限度内，则刚松手时盘对物体的支持力为：

A. $(l + \Delta l/l) mg$;　　　　　　B. $(l + \Delta l/l)(m + m_0)g$;

C. $(\Delta l/l) mg$;　　　　　　　D. $\Delta l/l(m + m_0)g$

对这一道选择题，如按照常规解题，首先要求出弹簧的倔强系数，再求出整体在松手瞬间的加速度值，然后将盘和盘中物体隔离，通过盘中物体 m 的运动加速度和受力分析求出盘对物体的支持力，整个解题过程很复杂。若将 Δl 外推至零，此时盘对物体的支持力为 mg，因而四个选项中只有 A 正确（皮连生，1998）。可见，如果选用了适当的极限策略，就可将题目化难为易。

科学研究中还有一种策略叫理想化策略，这是借助逻辑思维和想象力，有意识地突出研究对象的主要条件，完全排除次要因素和无关因素的干扰，在大脑中形成理想化的研究客体或相互关系，来探索物理世界内在奥妙的方法。如伽利略在研究惯性定律时就运用了理想化策略。他首先从如下的日常经验出发：一辆飞快的马车，当马停止用力时，马车并不因为没有力的作用而即刻失去其速度，而是要运动一段时间。然后假设如果把路修得更平些，在轮轴上涂上好的润滑剂，想方设法减小马车受到的摩擦，马车肯定会运动得更远些。假如路面是绝对光滑的，车轮和轴之间没有丝毫的摩擦，总之，没有任何东西阻止马车的运动，它不就可以永远运动下去了吗？由此，伽利略进一步推广扩展，得到任何物体在不受外力或所受外力的合力为零时，都将保持静止或匀速直线运动状态，直至有外力迫使它发生改变时为止，这就是惯性定律（张宪魁，2000）。

此外，还有控制变量策略、求同策略、差异策略等类型（陈刚等，2005）。物理特级教师赖祖良总结了学生学物理的质疑方法，这些方法本质上也是支配学生如何提问、如何思维的规则，属于策略，这些策略主要有（赖祖良，1990）：1. 因果法：见到一个现象，要习惯于问一问产生的原因是什么。2. 比较法：比较同一物体的不同部分或不同物体、不同现象之间的异同，比较互相矛盾的解释、说法、理论等等。3. 推理与验证法：通过推理得出了结论，能设计实验来

131

给以检验吗？反过来，从实践中发现的规律，能从理论上加以论证吗？4. 推广法：从某些特殊情况、物体或现象中总结出来的规律，推广到一般情况或物体中还能成立吗？这规律有普遍性或只是适合于某些特殊情况？5. 极端法：在通常情况下出现的现象或成立的理论与规律，推广到极端还会出现或成立吗？会不会出现新的问题？6. 变化法：如果把原因改变，结果如何？主要的条件变为次要的，又有什么变化？在解习题时，把已知的与未知的对换一下或是稍加变化，还能解出来吗？7. 转化法：物体的某种性质，能在一定的条件下转化成别种性质吗？8. 反问法：正面的问题，反过来又会怎样？正定理成立，它的逆定理也成立吗？

这类学习结果通常蕴含在科学概念、原理的学习、推导、发现过程中，并不像科学概念、原理那样明确地陈述在教科书中。如库仑在做扭秤实验时，将同样大小的金属球相互接触，把一个带电球的电量等分为 1/2、1/4、1/8 等，从而得出库仑定律。库仑定律描述的是客观世界的原理，而库仑所采用的等分电量的方法则是支配他如何去思维和解决问题（如等分电量）的规则，是一种策略，这种策略是隐藏在库仑定律的发现过程中的，和库仑定律一样，同样也是学生应当学习的结果。科学课程标准中提出的"过程与方法"，不是指科学概念原理本身，而是指体现于科学概念原理发现过程中的策略，并将这种学习结果用"过程和方法"的名称列为科学的教育目标之一。

132

五、态度

态度是学习者对一类人、事、物作出一类行为反应的内在倾向。科学课程要让学生形成对待科学、对待自然、对待科学学习等的行为倾向，称之为科学态度。如《科学课程标准（3—6 年级）》要求学生形成"尊重证据"、"尊重他人劳动成果"、"不迷信权威"、"珍爱生命"、"关注与科学有关的社会问题"等态度。以"尊重他人劳动成果"这一态度来说，态度的对象是"他人的劳动成果"，这是一类的事物，包括他人发表的论文、创造的发明、制作的模型等。对这一类事物，学习者要以具体的一类行为来表明其反应倾向，如爱护他人制作的模型、写论文时引用他人的研究成果予以注明等。当学习者对一类事物一致地表现出一类的反应时，我们才可以推断他具备相应的态度。在实际的教学情境中，教师可以通过多次观察学生（在其不知情的情况下）对一类态度对象的行为反应来间接推测、判断学生的态度。有时为简便起见，也采用问卷的方式来了解学生的态度，如下面就是一个了解学生对科学课程态度的问卷：

对以下每项陈述，圈出左边合适的字母来表明你同意或不同意的程度。其中 A 表示非常同意，B 表示同意，C 表示不确定，D 表示不同意，E 表示非常不同意。

A B C D E 1. 科学课很有趣。

A B C D E 2. 科学实验是枯燥的、令人厌倦。

A　B　C　D　E　3. 解决科学问题有乐趣。

A　B　C　D　E　4. 课堂活动很好。

A　B　C　D　E　5. 阅读教科书是浪费时间。

A　B　C　D　E　6. 实验室实验很有趣。

A　B　C　D　E　7. 大多数课堂活动很单调。

A　B　C　D　E　8. 我喜欢阅读教材。

A　B　C　D　E　9. 我们所研究的问题不重要。

A　B　C　D　E　10. 我对科学并不是非常热心。

在计分时，对积极的陈述，从 A 到 E 的每个选项的分值分别是 5，4，3，2，1。对消极的陈述，从 A 到 E 的分值变为 1，2，3，4，5。学生在每条陈述上得分的总和就是测验的总分，分值越高，态度越积极。

第二节　科学学习的心理学规律

一、事实的学习

在科学课程中，对事实的学习通常要求学习者记忆事实。事实学习的基本规律是机械学习，即学习者通过对构成事实的各项目同时或继时进行重复而实现对事实的记忆。一些物理学公式、元素或物理量的符号表示方法等，如果学习者经常用到，就有更多机会来对这些事实进行重复，因而记得也比较牢。但一些比较生僻、不常用的事实，如氡元素的符号是 Rn，很多人（即使是专门学化学的人）不一定记得住，因为在学习、生活中用到、接触到这一事实的机会太少，对它们的重复次数也少。

另一种学习科学事实的方式是学习者通过对科学事实进行添加、补充等精加工活动而更好地记住科学事实。对于科学事实当中的符号表征学习、符号学习来说，这种学习方式是较为有效的学习方式。如要记忆事实"水银的凝固点是 $-39℃$"，学习者可以利用其生活经验对该事实进行添加补充："三九严寒"。学生学习弹簧振子周期公式 $T=2\pi\sqrt{\dfrac{m}{k}}$ 时，常将根号内的 m 与 k 写颠倒，有些学习者便把 $\dfrac{m}{k}$ 形象地联想为"质量为 m 的人坐在倔强系数为 k 的弹簧沙发上"，从而牢固地记住 m 与 k 的位置（乔际平，1991）。

科学事实的学习还要处理好查找和记忆的关系。科学课程中有很多事实，当需要某些事实时，学习者可以到互联网、教科书、参考书中去查找。对一些生僻、不常用的科学事实，如"碘元素的相对原子量是 127"，"地球的平均半径是6 371 千米"等，查找是一个不错的选择。但对于那些经常使用的事实，将它们记住，在需要时随时提取，不仅方便而且有效（加涅等，2007）。因而，对科学课程中的事实，要根据其对后续科学学习的作用，确定应当是记忆还是查找。一

133

且要将其记住，就要按事实学习的规律，牢固而准确地记住它们。

二、科学概念与原理的学习

在科学课程中，学生要从无到有地学习许多新的科学概念与原理，如"摩尔"、"加速度"等。另一方面，在入学接受正规教育之前，儿童就已经是一个"小科学家"了，他通过对自然现象、物理现象的观察体验，已经形成了一些用来解释世界的概念和原理，但这些概念和原理很多与科学的概念与原理相冲突或矛盾，因而科学概念与原理的学习不仅涉及新的学生不具备的概念与原理的习得，还包括学生如何由自己形成的错误概念与原理转变为科学的概念与原理。下边先阐述两种科学概念与原理习得的方式，最后论述错误的科学观念的转变问题。

（一）例中学或有指导的发现学习方式

例中学或有指导的发现学习方式是科学概念与原理学习的一种重要方式。在这种学习方式中，学习者首先接触学习科学概念、原理的若干例证，而后通过对这些例证的比较、分析、概括而习得例证中蕴含的较为概括的概念与原理。概念、原理的例证可以由教师呈现给学生，也可以由学生自己提出，还可以由学生的学习活动所生成。例证之间在无关特征、表面特征上的变化对于学生习得正确的概念原理十分重要。在学习者对例证的加工过程中，教师要给学生的加工提供指点或引导，引导学生关注例证的哪些方面，分析例证的哪些方面，有时在学生出现不正确的概括时，需要教师给学生呈现反例，以使学生形成正确概括。

如特级教师路培琦在教学"热水温度降低的规律是先快后慢"这一科学原理时，先将学生分成9组，让他们同时开始用温度计每隔2分钟测量一下一杯热水的温度并作记录。学生测完以后，便得到了9组热水温度变化的数据，这些数据就是9个例证。显然，这9个例证是由学生的学习活动（而且是合作性的学习活动）产生出来的。接下来，学生要对这9个例证进行分析、比较。如果单纯让学生看这9组枯燥的数据，他们可能难以从中概括出规律来。这时，来自教师的提示和指导就对学生的学习有重要影响。路老师在学生学习的这一阶段提供的指导，是要求学生把记录下来的数据绘制成折线图，而后再通过言语提示"看看各组画的统计图是不是都是一样的规律"来引导学生对9个例证进行比较和概括，从而得到热水温度先快后慢降低的规律（李培实，1996）。

在科学课程中的例中学这种学习方式中，其例证的来源带有鲜明的学科特色。科学概念原理的例证有时是由教师提供的，但在很多情况下，例证是由学习者的学习活动生成的，这些活动可以是学习者动手做的活动（如上文提及的热水温度降低的规律的例证），也可以是学习者做的科学实验，如学生学习"电磁感应原理"（闭合电路的一部分导体在磁场中做切割磁力线运动时，会产生电流）就需要先获得该原理的若干例证和反例，这些例证是学生针对导体相对磁场运动的不同情况，而后记录是否有电流产生后得到的。这些正反例证至少有如下五个（见表5－2）。在对由实验获得的这几个例证进行分析、比较的基础上，学习者才有可能习得电磁感应的原理。

表5－2 电磁感应原理的正反例证

导体相对磁场运动情况	有无电流
1. 导体相对磁场静止	无
2. 导体上下运动（严格平行）	极小（无）
3. 导体左右运动	有
4. 导体斜着运动	有
5. 导体不动，磁铁左右运动	有

具体概念的关键特征需要学习者用自己的感官对其例证进行观察才能获得，因而例中学的方式尤其适合具体概念的学习。定义性概念和原理的学习也可以通过例中学进行。由于这种学习方式带有发现的性质，因而被建构主义思想的倡导者十分看好，认为在这种学习方式中体现了学生的主动性、建构性。但需要注意的是，在这种学习方式中，学生的发现是有指导的发现，教师的作用在于对学生概念与原理的学习或"发现"过程进行有效引导而让其习得科学概念与原理。而且，心理学多年的研究反复证实，有指导的发现学习的效果优于纯粹的、完全的发现学习（Mayer，2004）。上文路培琦老师的教学案例从某种角度看是学生进行的科学探究，但离开了教师的有效引导，这种探究会变得盲目和混乱，学生最终也难以习得科学原理。

（二）接受学习方式

有指导的发现学习或例中学虽是科学概念与原理学习的一种重要方式，但不是唯一的方式。事实上，有很多科学概念和原理是很难通过对多个例证的分析、概括而习得的，如"摩尔"、"电解质"、"密度"等概念。学生单纯观察1摩尔的物质是不能习得"摩尔"这一概念的；从闻到花香、嗅到饭菜的香味等例子中学生很难概括出"分子热运动"的原理来。还有些科学原理不是直接由实验得出的，而是由学习者已学过的某些原理推导出来的，如动能原理、动量守恒定律、透镜成像公式等。这类原理用例中学的方式来学习显然不合适。对这类概念和原理，接受学习是其主要学习方式。

在这种学习方式中，学习者首先学习以言语表述形式呈现的概念的定义或原理的表述，而后运用其头脑储存的相关原有知识来理解概念定义或原理表述的含义。奥苏贝尔的同化论区分的新旧知识相互作用的下位学习、并列结合学习刻画的就是这种情况。此外，在理解概念的定义和原理的表述之后，学习者再进一步学习一些

135

肯定或否定的例证有助于他们充分理解相关概念和原理（加涅等，1999）。

如学习者要学习"酸"和"碱"的概念，可通过接受学习进行。首先学习酸、碱的定义：凡在水溶液中电离出的阳离子全部是氢离子（H^+）的物质就是酸；凡在水溶液中电离出的阴离子全部是氢氧根离子（OH^-）的物质就是碱。而后学习者要用其原有的相关知识如"阳离子"、"阴离子"、"水溶液"、"电离"、"氢离子"、"氢氧根离子"等概念来理解上述定义的含义。如果学习者全部或部分缺乏上述相关概念，他就难以充分理解酸、碱概念的界定，而只能机械地记住酸碱的定义（将其作为事实来学习）。在理解这两个概念的界定之后，学习者可以再学习酸、碱概念的例证，如稀硫酸、稀盐酸是酸，烧碱、氨水等是碱，以充分理解这两个概念。

在这种接受学习中，学习者并不是机械、被动地学习，和有指导的发现学习一样，他也要进行主动的建构活动，即积极主动地把新知识（概念的定义或原理的陈述）与其头脑中的相关知识联系起来，从而将新知识纳入到其原有的命题网络中加以理解，奥苏贝尔称之为有意义的接受学习。因而学习者具备的相关原有知识对其进行有效的接受学习十分重要。但实际的许多情况是，学习者并不具备进行有意义接受学习的条件，如其相关的原有知识不够牢固，甚至缺乏相关的原有知识，或者学习者持有一种机械学习而非有意义学习的心向（认为科学学习就是记忆许多名词术语、概念定义），这会使得学习者难以理解或不去主动理解新的概念、原理的含义而诉诸机械学习。因而有意义的接受学习被认为是机械学习，学生的学习是被动的，这种认识不是接受学习本身造成的，而是我们在实践中没有很好地满足接受学习的条件所导致的后果。

（三）日常观念的转变

上文曾提及，学生在其日常生活中会自发习得一些解释自然界的概念、原理，这些概念原理本书统称为日常观念，也有人称之为前概念、朴素的观念、幼稚的观念、错误观念等。学生科学学习的一项重要任务是与其习得的日常观念作斗争，用科学的观念取代错误的日常观念。

1. 日常观念的体现与性质

日常观念在科学课程中的许多内容领域都有体现。请先看下面的例子。

例子1：悬崖问题

假定一个卡通人物以恒定的速度从A点向B点奔跑，至B点后坠下悬崖。请画出该卡通人物的跌落路径。这一问题有四种可能答案：

（1）它将会在水平方向继续运动一段距离，然后垂直下落；

（2）它将会在水平方向继续运动一段距离，然后逐渐地按弧形轨迹下落；

（3）它将会立即按弧形轨迹下落，其水平速度保持恒定，向下的速度逐渐提高；

（4）它一离开悬崖的边就马上直线下降。

图5-2中画出了四种可能的路径。

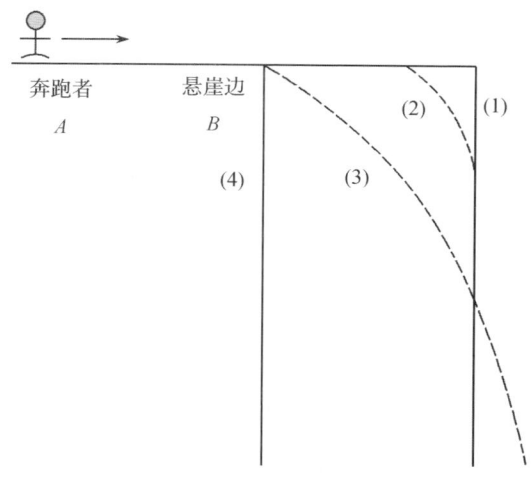

图5-2 下落物体的四种可能路径

当麦克洛斯基（M. McCloskey）1983年要求高中生和大学生回答这一问题时，5%的学生选择了第一个答案（他们都是卡通片《必必鸟》的忠实观众），35%选择了第二个答案，28%选择了第三个答案，32%选择了第四个答案。正确答案是第三个，物体在水平方向将会以恒定速度运动，因为没有外力改变它的水平运动；而在垂直方向将会有一个加速度，因为物体受到了重力的作用。这个答案是依据现代牛顿运动观得出的，即果物体没有受到外力作用，那么它将会一直保持原有的运动状态。而选择前两个答案的被试就具有有关物体运动的日常观念。他们认为，运动的物体依靠其内在的力来保持运动，当内在的力消失时，物体的运动将会受到影响（迈耶，2005）。

例子2：电流问题

用一节干电池，两根导线和一只灯泡连成一个简单的电路，电灯发光。问电流在电路中是如何流动的。在10—14岁的被试中，有35%的人认为两根导线中的电流都是从电源流向灯泡。当问及电路中不同部分的电流大小时，许多学生会错误地回答：因为灯泡要放出一部分光和热，所以其中一部分电流被用完了；当电流流回电源时，其强度要比刚刚流出电源时小（Bruning, Schraw & Ronning, 1995）。

莫海玲通过研究文献的整理，总结出初中生在学习科学的物理概念和原理之前可能具备的错误观念124个（莫海玲，2010），有关声、热内容的错误观念见表5-3。

表 5 – 3 初中生有关声、热的错误观念

物理学科的教学内容	学生的错误观念
声学	物体发生了振动就一定能听到声音
	空气不是传播声音的一种介质
	物体振动的幅度与频率相同，发出的声音也相同
	闪电先于雷声，因为闪电的位置比雷声距离人近些
	好听的声音是乐音，不好听的声音是噪音
	声音响度大是因为声音的音调高，声音响度小是因为声音的音调低
热学	冬/夏摸户外的铁/木感觉不同，是由于铁、木的温度不同，铁的高而木的低
	平时看到的"白汽"（如电水壶烧开水时）是水蒸气
	100℃的水蒸气比100℃的水烫人更严重是因为更热
	霜是凝固而成的
	使气体液化只能降低气体的温度
	温度高的物体比温度低的物体内能大
	物体吸热温度一定升高，物体放热温度一定降低
	物体温度升高，一定是吸收了热量/物体温度降低，一定是放出了热量
	物体的温度不变，内能也就保持不变
	物体吸收热量，内能一定增加
	物体对外做功，内能一定减少
	热量就是内能
	物体含有热量
	物体的运动速度越大，它的内能就越大
	一个物体的内能减少，一定有另一个物体的内能增加

138

　　学习者习得的日常观念有很强的顽固性，即使向其明确教授正确的科学观念，学习者也不大会放弃其错误的观念。如麦克洛斯基给学过一年物理和没学过物理的大学生呈现如下问题：假设你手持重球匀速奔跑，在途中某点丢下重球，则该球会按什么路径下落。结果发现，认为重球会垂直下落的（这是错误的回答），未学过物理的大学生占87%，学过物理的大学生仍有27%这样认为。认为球会以弧线形下降，即下降过程中会继续向前运动（这是正确答案）的，未学过物理的大学生只有13%这样回答，而学过物理的有73%这样回答（迈耶，2005）。这说明即使学过一年物理，仍有27%的大学生不能正确回答这一问题，依旧坚持其错误的观念。

　　学习者之所以会形成错误的科学观念，主要原因在于学习者接触的概念、原理的例证不够充分或例证的关键特征不够明显。从这些不够充分、缺乏变式的例

证中，学习者很容易得出错误的概括。如学生形成的"力是使物体运动的原因"这一错误观念，是有大量经验"事实"做基础的：一辆静止的车子，人推它以后动了；静止不动的树枝，风吹它以后动了；静止不动的犁，牛拉它以后动了。如果不推、不吹、不拉，这些物体就停了下来（乔际平，1991）。但由于缺乏有效的指导，学生自发接触的这些例证不够全面（在日常生活中，物体受力作用后由静止而运动的情况容易观察到，而且现象明显，所以学生印象深刻；而物体受力作用后速度由小变大的现象不明显，物体速度的大小用目测是不容易分辨的，因而学生印象不深），在这些例证基础上进行的概括当然也有问题了。又如，学生之所以会形成有关电流的错误认识（见上文），其中一个重要原因在于学生接触的电路例证的关键特征不够明显，日常生活中，电灯和电源之间表面看来都是用一条线连起来的，对这一条线内部的结构（两条导线）学生不容易发现，因而导致他们认为电流是从电源流向电灯并在那里变成光和热而被消耗掉的。错误观念形成的这一解释其实间接说明，放任学生自由地发现而不给其有效的指导，学生很有可能习得错误的概念与原理。

2. 日常观念的转变

心理学的调查研究已经证实，直接将科学正确的概念、原理教授给学生并不能有效改变学生的日常观念。要让学生改变错误的观念，首先要让学生认识到其日常观念是有问题的，有了观念转变的动机，学习者才有可能转变观念。相较于不考虑学生转变动机而直接教授正确观念的这种"冷"的观念转变，现在的心理学家更主张要为学习者提供观念转变的动机、诱因这种"热"的观念转变（Bruning，Schraw & Ronning，1995）。观念转变的具体过程与方法如下：

（1）引发认知冲突

观念转变的第一步是学习者认识到自己持有的日常观念有问题。一般来说，有两种方法可用来引起学习者的认知冲突，从而引发观念转变过程。

第一种方法叫"预测—观察—解释"法，即给学习者呈现某种问题或现象，学习者运用其原有的日常观念先作出预测，预测接下来会发生什么。接着，通过学习者自己动手做或教师的演示，学习者观察实际发生了什么。最后，学习者解释他们的观察与预测为什么有冲突，以此让学习者认识到当前持有的观念不能解释新的现象。如学生在日常生活中形成了如下的观念：物体重心两侧的重量是相等的。为让学习者认识到这一观念有问题，教师给学生呈现一根一头粗、一头细的棍子，找出棍子的重心，然后问：将棍子从重心处切为两半，这两半的重量是否相等。学生对这一问题，运用其原有的观念作出预测，认为两半的重量相等。接下来，教师将木棍从重心处切开，分别用弹簧秤称量，学生观察称量的结果，发现两半的重量不一样。于是，教师就引导学生思考，为什么会与预测的不一样，从而引起学生对自己观念的怀疑。

运用"预测—观察—解释"法并不能总是导致认知冲突。有研究表明，运用日常观念所作的预测会对接下来的观察产生影响，即学习者作出什么样的预测，就倾向于带着这种偏见进行观察，而实际观察到的又易于和这种偏见一致。如钦和马洛特拉（C. A. Chinn & B. A. Malhotra）向四年级学生呈现如下问题：两块一重一轻的石头，同时从高处落下，哪块石头先落地？结果，65%的学生认为重的先落地，15%的学生认为轻的先落地，20%的学生认为两块石头同时落地。接下来，教师演示这一实验，学生观察。结果见下表。从表中可见，预测重的石头先落地的学生比其他学生更倾向于观察到重的先落地；预测轻的先落地的也倾向于观察到轻的先落地，预测二者同时落地的也倾向于观察到二者同时落地（见表 5 – 4）（Mayer，2008）。

表 5 – 4　对石头下落的预测和观测结果

预测	实际观察到的结果		
	重的先落地	同时落地	轻的先落地
重的先落地	44%	25%	31%
同时落地	28%	72%	0%
轻的先落地	32%	27%	41%

第二种方法是利用文本来引发认知冲突。这一方法不需要动手做实验或演示，只是学生在阅读文本时，文本中的描述与其原有观念不一致也可引发认知冲突。如学生持有的血液循环的观念是带着营养和氧气的血液从心脏出发流向身体各部位，身体消耗氧气和营养后，血液就流回心脏。当他们阅读科学教科书上的如下表述：动脉血从右心室出发，流向身体各部位，而后再流回左心房，再经左心室流向肺，最后由肺流向右心房并进入右心室。这一循环路径是两条，与学习者持有的一条循环路径明显不一样，也可以使学习者产生认知冲突。

（2）促进新观念的构建

在引发学习者认知冲突以后，接下来就要促进学习者建构新的观念。有两种主要的方法可用来促进这一过程。

一是运用具体的类比来促进观念的重建。所谓类比是学习者将某一模型的各组成部分及其关系类推或映射到实际的现象或系统上。如学生原有的有关地球形状的观念认为，地球是球体，人只能生活在地球顶部的表面。为转变这一观念，首先要引发认知冲突，可以让学生用气球来模拟地球，并找到澳大利亚的位置，而后问学生澳大利亚的人为什么能生活在那里而不掉下去。接下来，要促进科学的地球形状观念的形成，可以采用一个具体的类比物，这一类比物是一个有磁性的球体及一些含有铁质的玩具船或玩具娃娃。然后用这一类比物演示地球就像一个巨大的磁体一样吸住它表面上的任何东西。这里使用的类比包括磁性球体和铁质的玩具，它们间的关系是球体对玩具有吸引作用而使其能停留在球体各处表面。这一成分和关系也同样适用于地球及地球上的人。研究表明，这样的类比十分有利于学习者构建新的观念。

另一种方法是通过改进文本的编写技术来促进观念的重建。传统的教科书编写常常注重清晰、准确地呈现科学的观念，一般不论及学生的错误观念，这样做的后果是学生虽然记住了科学观念的言语陈述，但错误的观念依旧存在。为改变学生的错误观念，一些研究者主张在教科书中明确地描述出学生可能持有的错误观念，而后再对这些错误观念进行比较，以此促进观念的转变。研究发现，学习了这类文本的学生比其他学生在回答概念性问题上的成绩要好（Mayer，2008）。

三、心理模型的学习

梅耶提出了一个心理模型学习的两阶段理论，将心理模型的学习分为两个阶段。第一个阶段建构成分模型，学习者理解心理模型各组成部分的名称、位置及可能的状态变化情况。第二个阶段是建构因果模型，学习者理解模型中一部分的变化如何影响另一部分的变化。为检验两阶段理论，梅耶等人做了一系列的实验研究，内容涉及闪电、汽车刹车系统、打气筒等心理模型的学习。其实验的基本思想是将两种不同阶段安排的学习效果作比较。一种学习方式是先建构成分模型后建构因果模型，另一种安排是先建构因果模型后建构成分模型。如在刹车系统的学习中，对第一种学习安排，是先让学生在计算机屏幕上观看刹车系统的图解，图中每个主要部分旁边有一蓝色的标签。当学习者点击某部分的标签时，该部分便高亮显示于一椭圆框中，并有一段解说词来描述该部分的主要状态（如"这是主缸中的活塞，它可以前后移动"）。学习者可以点击"演示给我看"按钮来观看这部分如何运动，而系统的其他部分则被黑屏掩盖。在学习者探索完刹车系统的各个组成部分后，再让他们来观看并描述刹车系统如何工作且伴有解说的动画。第二种学习安排则正好与之相反。系列研究发现，先建构成分模型再建构因果模型的学习者在迁移测验上的成绩优于先建构因果模型再建构成分模型的学习者（Mayer，2002），这说明学生习得心理模型确实应经过先建构成分模型再建构因果模型的两阶段过程。

心理模型的学习要经过两阶段的建构过程，那么，根据其学习的规律，我们应当采取哪些教学措施来促进其学习呢？梅耶对科学学习做过一些研究和调查后发现，图解（illustration）有助于促进学生对心理模型的学习。就心理模型的学习而言，梅耶区分了两类图解，一类叫组织性图解，描述了系统的各成分间的结构联系。如一幅标出了打气筒各组成部分的图片，组织性图解的目的是促进学生习得心理模型的成分模型。另一类叫解释性图解，是解释某些系统如何运作的，这主要是通过指明系统主要成分状态变化间的基于原理的关系而实现的。最有效的解释性图解是通过呈现两个以上的框面来表明在某一过程的不同时刻系统各部

141

分的变化。如用两幅图表示横膈肌收缩、横膈膜下降、肺泡扩张的状态和横膈肌舒张、横膈膜上升、肺泡收缩的状态。解释性图解的目的是促进学生习得心理模型的因果模型。

如果能设计出融合了组织性和解释性图解的综合性图解，则这种图解就为心理模型的学习提供了最有力的支持。梅耶等人就设计了这样一个图解，他们对一段描述打气筒如何工作的短文设计了两幅图解，既标出了打气筒的各组成部分（手柄、活塞、进气阀、排气阀、气筒内气压等），也画出了打气筒手柄上提和下压时打气筒各组成部分状态的变化。接着，他们找了两组学生。让一组学生只学习短文，另一组学生除学习短文外，还学习研究者设计的图解，学完之后对两组学生进行有关打气筒短文的保持与迁移测验。结果发现，阅读了短文和图解的学生，在回忆测验上的成绩是只阅读短文的学生的四倍。在要求新颖的问题解决迁移测验上（如手柄下压但打不出气来，问题可能出在哪里?），阅读了短文和图解的学生比只读短文的学生多提出了 69% 的解决办法。这说明图解对于学生习得有关打气筒的心理模型有积极的促进作用（Mayer，2003）。

四、策略的学习

科学策略或科学方法作为一种重要的学习结果已为科学教育工作者所认同，

但对于这种结果是如何习得的，探讨的人并不多。所幸的是，心理学家对策略这种学习结果学习的规律做过许多研究，形成了一些一致性的认识，可有助于我们了解这类学习结果学习的规律。

首先，学习者一般需要从明确的、直接的教学中习得策略这种学习结果。不可否认的是，一些聪明、能力强的学生会在其学习的过程中自己总结或发现一些策略。但这些策略通常是有限的、粗浅的（Alexander，2006）。大部分学生的策略需要从教学中习得。教师要明确、直接地把这些策略教给学生，不能将策略学习的任务放手给学生去发现。在我国的科学教育实践中，在科学方法或策略的培养上，很多教师和研究者持一种"渗透观"，这一观点认为，学生要学习的科学概念、原理、理论等相关内容中本来就蕴含有一定的策略，如在学习决定单摆摆动速度的有关内容时，其中蕴含有"控制变量的策略"（陈刚，2005）。经过多次这样的教学（即不断地渗透），学生会自然习得其中的策略，而不必"点破"其中蕴含的策略。策略教学的这种"渗透"思想，其实是将策略的学习完全放手让学生自己去发现，这与心理学对策略学习的研究结论不一致，在实践中的效果也不好（如很多学生经历了很多次"渗透"，但还是没有掌握相关的策略）。

其次，学习者要知晓策略适用的条件，看到策略运用的效果之后，才有可能在实际的学习、问题解决中适时而恰当地选用有关策略。对策略的明确教学存在一种误解，即认为学习者要习得策略，需要将策略以可执行的一步步程序的形式教给学生，而后让学生练习使用这套程序。策略训练历史上确实出现过这种实践，当时的实际效果是，这种训练有明显的、直接效果，学生能执行构成策略的一套程序，但这种效果仅仅是暂时的，受训结束不久或在遇到新的情境时，学生回退到以前使用的方法上，而不会继续使用训练中已"习得"的策略，即策略保持和迁移效果很差。有关策略的这类研究被称为第一代策略研究（Alexander，2006），盛行于 20 世纪 90 年代之前。为什么会出现这种情况呢？后来的策略研究发现，一方面，这是由于学习者只习得了构成策略的程序，而没有习得程序或策略适用的条件，即在什么情况下使用哪种策略，这种对策略适用条件的认识被一些研究者称为"元认知"。策略学习中缺乏元认知的参与，学习者学习的可能是常规的技能，而不是可灵活运用的策略。另一方面，学习者学会了执行构成策略的程序，但他看不到所学会的这套程序对他的学习、问题解决活动有什么帮助，即看不到学会这种策略的效果。如果学习者认为自己习得的这种策略对他的学习没有帮助和提高，在以后的学习和问题解决情境中，他就缺乏相应的运用策略的动机。这两方面的原因导致学习者策略学习的保持和迁移效果较差。有鉴于此，现在的策略学习研究非常注重让学习者习得策略适用的条件，让他们看到运用策略给其学习带来的明显收益。

此外，应结合科学事实、概念、原理的学习与教学进行策略的学习与教学。这就是说，虽然科学策略、方法很重要，但不能因此单独为学生开设一门科学策略或科学方法课来教授这种学习结果。正如普莱斯利等人指出的，不要为了教策略而牺牲对重要内容的教学，而应当将策略的教学与内容的教学整合起来（Pressley & Woloshyn，1995）。在学习"极端法"这种科学方法时，可以结合对超导的有关内容的学习（如研究者提出"如果温度降到很低，导体的电阻能变为零吗？"）来教授这一策略。在这种情况下，学生的学习其实涉及两个方面：一是对科学具体内容的学习（如概念、原理等），二是对具体内容中蕴含的策略的学习，但这一方面的学习和对科学具体内容的学习一样，都是有意识而明确进行的，而不是借"渗透"之名通过学生的朦胧"体验"来学习的。

最后，策略的学习是一个长期的过程。由于科学方法是分散在不同的科学概念、原理的学习之中，而策略的学习又要结合这些具体内容进行，更重要的是，策略的学习要达到应用的层次，就离不开练习。这种练习不只是练习执行构成策略的程序，还要练习识别在什么条件下适合执行这一程序。这一学习过程不可能在短时间内完成。这需要作为教学者的教师有"策略意识"，在遇到适用某种策略的学习或解题场合时，拿出时间用于策略的学习或练习，或者解释某一策略，或者练习执行某一策略，或者就策略适用的条件让学生去分析判断，或者对学生正确的策略运用进行强化。

143

五、态度的学习

班杜拉提出的观察学习和亲历学习两种学习方式，都适用于科学态度的学习。

（一）通过亲历学习习得科学态度

亲历学习是学习者从其行为后果中进行学习的一种方式。对态度学习而言，学习者首先要表现出一定的行为，而后从获得的行为后果中形成对后续类似行为后果的预期并影响其作出行为选择。学习者要按这种学习方式习得一定态度，还需要一定的条件。

首先，学习者要有亲历科学的机会。亲历学习的关键是学生要有亲历的行为，对科学态度的学习而言，学生要有亲历科学的行为，那种教师讲，学生听的环境是很难实现这一点的。一些科学实验、小制作、种植植物、养殖动物、观察、参观、调查等实践活动，需要学生的亲自参与，学生会在这些活动中表现出很多具体的行为，这些行为有可能体现了良好的科学态度，也有可能体现了不好的科学态度。有了学生的这些亲历的行为，教师才有可能通过让学生知悉其行为后果来强化或纠正其相应的科学态度。如果没有学生表现出来的一些与态度有关的行为，只让他们静坐默听，是无从让他们进行亲历的态度学习的。

其次，学生要有机会看到自己的行为后果。知悉行为后果对态度学习十分关键。在科学态度学习中，有些行为的后果学习者自己可以感受到，如做实验时粗心、不细致而导致实验失败，学生自己就可看到态度行为的后果。但有些行为后果学习者感受不到或一时感受不到，这时可以采用外来的帮助让学生看到其行为后果。如一组同学在做实验过程中做不下去了，于是他们便去观察另一组同学的实验，而后参照同学的实验改正了自己实验中的错误，并最终完成了实验。但在汇报实验情况时，这组同学只讲了自己实验的过程，没有提到参照另一组同学的事情，这种行为没有体现出对他人劳动成果尊重的态度，这时教师要适时对这组同学进行教育，让他们认识到自己这样做是不对的，以此让他们感受到自己行为的后果。

再次，学习者要一致地体验到某一类态度行为的后果。这是因为通过亲历学习培养科学态度是一项长期的过程，在这一过程中，受周围环境等多种因素的影响，学生多次表现出同样的态度行为有可能得到不同的后果，而心理学的研究又发现，学生从某次行为后果中形成一定预期（预期得到奖励或惩罚）之后，如果预期的奖励没有实现，就相当于是对学生进行了惩罚；而预期的惩罚没有实现，就相当于是对学生进行了奖励。如在某次实验中，学生从其行为后果中形成了要尊重他人劳动成果的预期，学生会进一步期望，如果他以后表现出了尊重他人成果的行为，会得到好的结果（如教师的表扬）。但在随后的教学中，教师对学生表现出的尊重他人成果的行为视而不见，于是学生预期得到的奖励没有实现，就相当于对学生进行了惩罚，他以后尊重他人劳动成果的预期会受到削弱，不大可能表现出相应的行为来。因而在科学教育过程中，教师对学生表现出的与科学态度有关的行为进行一致的奖惩对学生科学态度的形成至关重要。

最后，学习者对其行为和行为后果的反思有助于态度的习得。反思的目的是让学生在其行为与其行为后果之间建立联系，从而形成后续行为后果的预期。如学生用滴管在硬币上滴水滴。一名同学只能滴上十几滴，而其他同学则能在硬币上滴三四十滴。这时，如果这名同学对自己的行为进行反思：用的器具一样，为什么不如其他同学滴得多？这会迫使他根据行为后果对自己的态度、行为进行反思，从而意识到自己粗心、不细致的行为才导致这种结果（喻伯军，2005）。

（二）通过观察学习习得科学态度

观察学习是学习者通过对他人行为或其行为后果的观察而进行的学习。对态度学习而言，学习者通过对榜样行为与行为后果的观察而习得榜样身上体现的科学态度，因而学生以这种方式习得态度的关键在于榜样。那么，在科学课程的学习过程中，学生会遇到哪些承载态度的榜样呢？一般而言，有三种类型的榜样。第一类榜样是科学家。科学家在科学研究中表现的一丝不苟、锲而不舍、敢于质疑权威等科学态度可对学生产生重要影响。在教学科学概念和原理的过程中，可以结合具体内容介绍科学家的相关事迹。如在讲授"简单电路"的内容时，可以介绍爱迪生为寻找合适的电灯灯丝而试验过 1 600 多种矿物和金属材料以及 6 000 多种植物纤维的事迹。第二类榜样是教师本人。在科学教育过程中，教师有时候也会向学生示范和表现出相应的科学态度，从而成为学生效仿的榜样。如教学物体的导电性时，教师及教科书中都讲到，湿木棒是电的导体，不能用湿木棒去挑掉在地上的电线。为说明这一点，教师在课堂上将湿木棒接入电路中，结果灯泡不亮，表明湿木棒不导电（郁波，2003）。这时教师的不同表现和做法就体现了他对待科学的不同态度，会对学生产生影响。是为了保证实验成功而换一根木棒（甚至在木棒上做手脚），还是不盲从书上的结论而仔细研究湿木棒为什么不导电的原因？教师不同的选择会为学生示范不同的科学态度，因而在指导学生探究、在课堂上演示实验、在回答学生的提问时，教师的所做所答都会在不同程度上反映出他们对待科学的态度，都会成为学生观察的榜样，对此教师要有明确而清醒的认识，为学生做好榜样。第三类榜样是学生的同伴。在学习科学过程中，班上其他同学对待科学学习、对待实验、对待自然的行为及其后果，也会对在旁边观察的同学产生示范作用，而且，由于同伴与学生自己在年龄、知识水平上更为接近，因而其行为也更易于为学生所效仿。

教科书、课外读物、影视作品及现实的学习生活中，学生会接触到上述各类榜样。但仅仅有对榜样的接触并不一定能导致学生习得相应的科学态度。学习者注意榜样的哪些方面，思考些什么问题都对其从中习得态度影响很大。如学生阅读一些科学家的传记时，可能过多地关注了某些科学家生活上不注重细节、行为怪异等方面，而忽视了科学家们为追求真理而表现出的严谨、求实、不迷信权威等态度。因而在对榜样的观察上，学生还需要教师的指导。教师可以用言语指导或提出问题来指引学生的注意，如阅读有关布鲁诺的传记时，可以提问：布鲁诺在宣扬日心说时遇到了什么困难？他是怎样做的？此外，学生对榜样的观察要能观察到榜样的行为与其行为后果。由于科学家的成就、名声已为学生所知，且在学生心目中是有权威的、值得尊敬的，因而对科学家榜样的观察不一定需要呈现其行为后果，他们所取得的成就、获得的荣誉（已为学生知晓）就是其态度行为的后果。对其他类型的榜样，为学生指出其行为后果有助于学生的态度学习。如学生做概率实验时，将硬币上抛，观察并统计正面朝上的频率。大多数学生只抛了二十多次就不做了，有的学生却可以一直抛到上百次、上千次（喻伯军，2005）。对后一类学生的行为，教师要及时予以表扬，让其他学生看到该生行为的后果，以促进其他学生形成细致、执著的科学态度。

科学态度的学习贯穿于科学学习的始终。教师、教科书、同学都是学生科学态度学习的重要影响因素，在这其中，教师起着主导作用，要根据学生态度学习的方式和规律，有意识地调整自己、学生、教科书的相关方面，为学生的态度学习营造一个良好的环境。在这种意义上，态度的学习更带有"传递"的色彩，而不是学生的自主发现。

第三节　科学学习规律的教学含义

一、科学教育的目标：科学素养

科学教育最根本的任务是培养儿童具备良好的科学素养（郝京华，2002）。我国的科学课程标准均将这一思想作为科学课程的核心理念。科学素养的概念主要来源于《美国国家科学教育标准》，该标准将科学素养描述为（郝京华，2002）：

1. 由于对自然界的认识和理解而产生充实感和兴奋感；
2. 在进行个人决策时，运用适当的科学过程和原理；
3. 智慧性地参与那些与科学技术有关的各种问题的对话和辩论；
4. 运用相关的科学知识、理解与技能来提高个人的经济生产率。

更具体地说，科学素养是指"了解和深谙进行个人决策、参与公民事务和文化事务、从事经济生产所需的科学概念和科学过程；对日常经历的各种事物能够提出、能够发现、能够回答因好奇心而引发出来的一些问题；有能力描述、解释甚至预言一些自然现象；能读懂通俗报刊上的科学文章；能参与就有关结论是否有充分证据的问题进行的社交谈话；能识别国家和地方决定所依据的科学原理，并能够提出有科学技术根据的见解；能够根据信息源和产生此信息所用的方法来评估科学信息的可靠性；能够提出和评价有论据的观点，从而恰当地运用从这些观点得出的结论"（卢新祁，2005）。

学习心理学的有关理论和研究有助于我们更深入地认识科学教育的这一根本任务，从而为我们有效地达成这一目标提供有益的指导和建议。学习心理学的相关理论和研究主要是认知心理学对专家的研究以及布卢姆认知目标分类学（修订版）。

（一）认知心理学对科学专家的研究

20 世纪 70 年代以后，认知心理学家开始研究科学方面的专家（主要是物理学家）与科学方面的新手在解决科学问题上的差异。这方面的研究通过对照的方式，为我们阐释了什么是专家，对于我们清楚地认识科学教育培养的目标以及有科学素养的人的特征都不无参考价值。在这方面比较典型而影响又大的研究是齐（M. T. H. Chi）、拉金（J. H. Larkin）等人对物理学专家的研究。

1. 齐对物理学专家的研究

在齐等人 1981 年的研究中，他们让物理学专家和刚开始学物理的学生对写在卡片上的 24 个物理学问题进行分类。结果发现，新手是根据问题的表面特征对问题进行分类的。所谓的表面特征是指：（1）问题中实际提到的物体（如弹簧、斜面）；（2）问题中提及的物理学术语（如摩擦、质点）；（3）问题中描述的物理结构（即物体之间的关系，如斜面上的木块）（Farnham-Diggory，1992）。而专家则忽视了问题在表面特征上的类似，根据制约解题办法的内在物理学原理（如能量守恒定律或牛顿第二运动定律）来对问题进行分类。图 5 - 3 和图 5 - 4 分别例示了物理学方面的新手和专家对物理问题的分类及其依据（Farnham-Diggory，1992）。

专家和新手对物理问题为什么会有不同分类？齐等人认为，分类上的差异是专家和新手激活了不同类型知识的缘故。为证实这一认识，他们又让参加研究的专家和新手在三分钟内对某些问题类型说出自己知道的所有内容，然后，研究者就用图的方式画出被试先提及什么、再提及什么等等，这可以说明激活是如何沿被试的知识网络扩散的。新手和专家的知识网络分别见图 5 - 5 和图 5 - 6（Farnham-Diggory，1992）。

图中表明，专家的知识网络是围绕基本的物理学定律而组织的，与这些定律相联系的是解决具体问题的程序性知识，与这些程序性知识相连的是具体问题的表面特征的知识。而新手的知识网络只包括了一些问题的表面特征。齐等人又对专家和新手出声思维的资料用产生式规则的形式进行重新表述，即列出专家和新手的"如果……那么……"的陈述。结果发现，专家的出声思维资料中有许多产生式规则，如：

如果　问题涉及斜面，

那么　可以运用能量守恒定律。

147

新手认为类似的两个问题

问题10 (11)

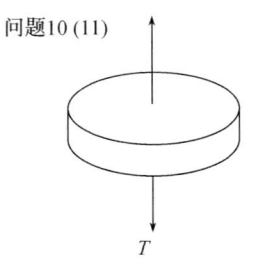

类似于
问题11 (39)

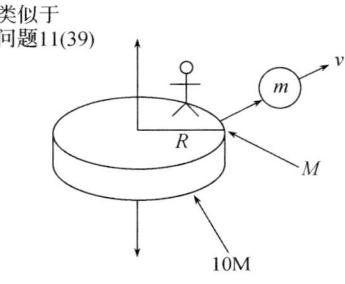

新手认为类似的两个问题

问题7 (23)

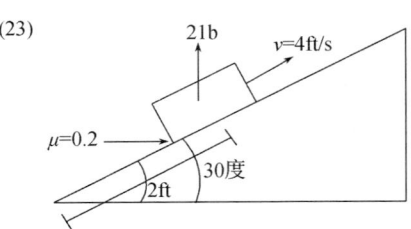

类似于
问题7 (35)

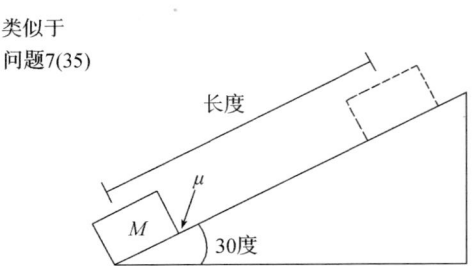

新手对其分类的解释

新手2：角速度，动量，旋转的东西
新手3：旋转运动学，角速度，角速度
新手6：有关物理转动的问题，角速率

新手对其分类的解释

新手1：两个问题都与斜面有关
新手5：斜面问题，摩擦系数
新手6：在有角度的斜面上的木块

图 5 - 3　新手对物理问题的分类

如果　平面上有某物体，

那么　确定是否存在摩擦。

如果　有摩擦，

那么　用图表示出来。

如果　要画力的图示，

那么　要画出所有的力——重力、垂直于平面的力、摩擦力、引力。

如果　是平衡问题，

那么　$F=0$，在坐标轴上标出。

如果　涉及加速度，

那么　用公式 $F=ma$。

　　而新手虽能陈述出一些"如果……"，但并不知道接下来的"那么……"应是什么。如"如果有一些力作用于木块，那么……"，"如果木块静止，那么……"，"如果木块有初始速度，那么……"（Farnham - Diggory，1992）。

　　2. 拉金对物理学专家的研究

148

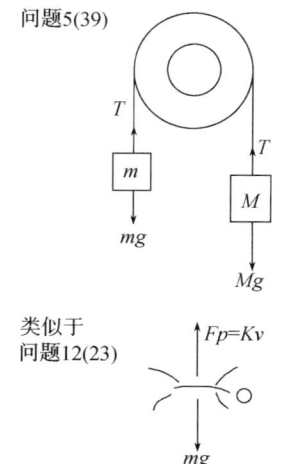

专家认为类似的两个问题

问题6(21)

0.6m

k=200nt/m

0.15m

平衡

类似于
问题7(35)

长度

μ

M

30度

专家对其分类的解释

专家2：能量守恒

专家3：功-能定律，这些都是很直接的问题

专家4：这些问题可从能量的角度来解答。
　　　你应该知道能量守恒定律，
　　　或功会在某些地方散失

专家认为类似的两个问题

问题5(39)

T

m

T

M

mg

Mg

类似于
问题12(23)

Fp=Kv

mg

专家对其分类的解释

专家2：这些可以由牛顿第二运动定律来解答。

专家3：$F=ma$；牛顿第二运动定律。

专家4：主要运用$F=ma$；牛顿第二运动定律。

图 5－4　专家对物理问题的分类

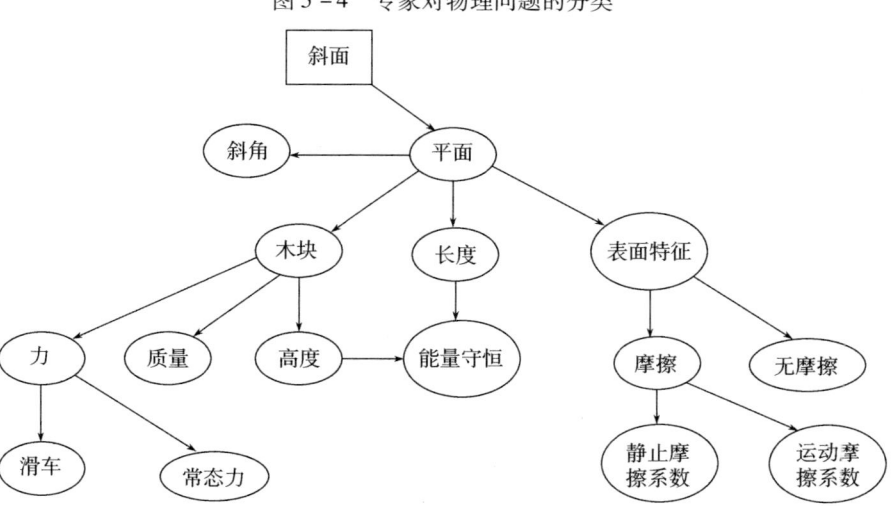

图 5－5　新手关于斜面问题的知识结构

　　拉金要求物理学方面的专家和新手在解决物理问题时进行出声思维，而后从这些出声思维资料中分析专家与新手是如何解决物理问题的。研究中使用的一个问题如下：一质量为 m 的木块沿一斜面下滑，斜面长度为 l，斜面与水平面的夹角为 $θ$，摩擦系数为 f。求木块抵达斜面底部时的速度。

力学原理

能量守恒

牛顿定律

应用条件

坐标变换

如果有加速度

第二定律
$F=ma$

如果平衡

合力$F=0$

斜面

平面

木块

表面特征

力

摩擦

重力

常态力

图5-6　专家关于斜面问题的知识结构

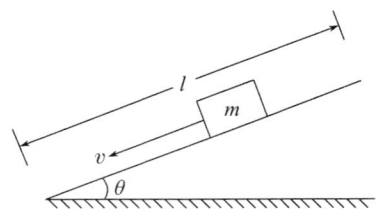

对专家与新手的出声思维资料的分析表明，专家和新手使用不同的问题解决路径。专家使用的是顺向（working forward）解题路径，即先从问题的已知条件开始，推衍出一些相关信息，最后得出所要求的物理量的值。专家先运用已知的 m，g，θ 求出重力的分力 Fg'，$Fg' = mg\sin\theta$，而后又利用已知条件求出摩擦力 $f = \mu mg\cos\theta$，再计算这两个力的合力 $F = Fg' - f$，并利用公式 $F = ma$ 求出加速度 a 的值。接着，利用已知的斜面长度 l，已求出的加速度值 a 和公式 $x = v_0 + \dfrac{1}{2}at^2$，将 l 代入 x，求出时间 t。最后，用公式 $v = v_0 + at$ 求出木块抵达斜面底部的速度 v。

而新手采用的则是逆向（working backward）解题策略。如其中一名新手是这样解题的：他先确立一个目标，即求出木块到达斜面底部的速度 v，然后从记忆中提取一个含有速度 v 的公式 $v = v_0 + at$，以求出 v 的值。但由于公式中 a，t 未知，他放弃用这一公式求 v 的打算。而后他又想起了一个含有 v 的公式：$v^2 - v_0^2 = 2ax$，其中 $v_0 = 0$，$x = l$，但 a 未知，于是他便确立了一个求 a 的子目标，这时，他想起了一个公式 $F = ma$，其中 m 已知，若求出 F，就可求出 a。F 为使木块沿斜面下滑的力，由木块重力的分力 Fg' 和木块遇到的摩擦力 f 合成，而 $Fg' = mg\sin\theta$，$f = \mu N$，$N = mg\cos\theta$，公式中的 m，g，θ 均为已知条件，v 的值可以求出（胡谊，2006）。两名专家和新手运用不同原理或公式达成目标的情况列表对照如下（表 5 – 5）：

表 5 – 5　专家与新手的问题解决路径

步骤	专家		新手	
	应用的公式	要达到的目的	应用的公式	要达到的目的
1	$Fg' = mg\sin\theta$	求出重力的分力 Fg'	$v = v_0 + at$	求出 v
2	$f = \mu mg\cos\theta$	求出摩擦力 f	$v^2 - v_0^2 = 2ax$	求出 v
3	$F = Fg' - f = ma$	求出加速度 a	$F = ma$	求出加速度 a
4	$x = v_0 + \dfrac{1}{2}at^2$	用已知的 l 代入 x，求出时间 t	$F = Fg' - f$	求出合力 F
5	$v = v_0 + at$	求出速度 v	$Fg' = mg\sin\theta$	求出重力的分力 Fg'
6			$f = \mu N$，$N = mg\cos\theta$	求出摩擦力 f

151

从表中可以看出，专家和新手在解题时，用到的原理公式差不多，但使用的顺序正好相反：专家一开始使用的公式，是新手最后使用的公式；新手一开始使用的公式，是专家最后使用的公式。

3. 两项研究的比较及其对科学素养的启示

齐和拉金的研究在认知心理学对物理专家的研究中很有代表性。两项研究都指出，专家之所以较新手有优异的问题解决表现，归根结底是专家具有不同于新手的专业知识。齐的研究突出了专家具有很多物理学领域的基本概念与原理，而且这些概念原理之间组织成了有意义的网络结构。此外，专家还具有解决具体问题的程序性知识，这些知识与基本的概念原理密切联系着。拉金的研究则突出了专家与新手解决问题时使用的不同策略：专家使用从已知到未知的顺向解题策略；新手使用从未知倒推到已知的逆向解题策略。

梅耶将物理学的专家具备的知识分为如下四种类型：（1）事实性知识，指物理学的基本知识，包括物理定律，如力 = 质量×加速度；（2）语义知识，指物理定律中各种变量所蕴含的概念的知识，如知道力、质量和加速度的含义；（3）图式性知识，指问题类型的知识，如知道所给问题是否涉及动量守恒；（4）

策略性知识，指如何生成和监控解题方案的知识，如从目标到已知条件的逆向解题思路（Mayer，2008）。迪科特（E. De Corte，1996）将专家的特点描述为如下四方面：（1）组织良好、可灵活通达的专门领域的知识基础，包括事实、公式、概念、规则、原理等，它们构成了某一内容领域的要义。（2）启发式方法，即问题分析的搜索策略（如将问题分解成子目标），这些策略虽不能保证问题得到解决，但能大大提高找到正确解法的概率，因为它们引发了一种解决问题的系统方法。（3）元认知，这一方面包括关于自己认知功能的知识与信念（如相信通过学习与努力，自己的认知能力能够得到发展和改善），另一方面，包括对自己的认知过程进行自我调节的技能和策略（如监控正在进行的问题解决过程）。（4）情感成分，如与内容领域有关的信念、态度与情绪（如认为解决问题是一个费心费力的活动而不是运气好坏的问题）。

如果我们认为，科学方面的专家具备良好的科学素养，那么，认知心理学家对科学专家的研究和分析就是在向我们揭示专家的科学素养到底是什么。研究表明，专家的科学素养主要是由科学方面的知识所构成的，不过这里的知识是认知心理学家所讲的知识，皮连生称之为"广义的知识"，具体包括陈述性知识、程序性知识、策略性知识（皮连生，2008）。梅耶区分的物理学专家具备的四类知识也是基于认知心理学的知识概念，属于广义的知识。当然，新近的研究也指出，与科学有关的态度、情感也是科学专家科学素养的组成部分。

（二）布卢姆认知目标分类学（修订版）与科学素养

布卢姆认知目标分类学（修订版）综合认知心理学家、课程论专家、测量评价专家的智慧，从知识和认知过程两个维度来刻画认知领域的教育目标。这一分类框架的核心思想与认知心理学的研究相一致，即用认知心理学的知识（广义的知识）来解释认知领域的各种能力。学习者在认知领域的不同能力表现，均是其对不同类型的知识采用不同的认知操作（即分类表中的认知过程维度）的结果。

从布卢姆认知目标分类学（修订版）的角度来看，科学素养的实质是学习者对不同类型的科学知识采取不同认知操作的结果。《美国国家科学教育标准》中对科学素养的描述被广为接受，这些科学素养的表现，都可纳入到知识与认知过程的两维分类表中。为分析和呈现的便利，这里先将科学素养的描述标示为不同的目标，而后从知识和认知过程两维的结合对其进行分析、归类。

目标1：了解和深谙进行个人决策、参与公民事务和文化事务、从事经济生产所需的科学概念和科学过程。

该目标中的动词是"了解"和"深谙"，表示的认知过程是"理解"。目标中的名词是"科学概念"和"科学过程"，"科学概念"属于两维分类表中的概念性知识，"科学过程"相当于表中的程序性知识，因而该目标实质上要求学习者理解概念性知识和程序性知识。

目标2：对日常经历的各种事物能够提出、能够发现、能够回答因好奇心而引发出来的一些问题。

该目标中的动词是"提出"、"发现"、"回答"，相应的名词是"问题"（日常经历的问题），提出与发现问题需要学习者知晓自己知识的局限，涉及的知识类型是元认知知识，相应的认知过程是运用。而回答问题涉及学习者运用有关的科学概念、原理等概念性知识对问题进行分析、解释和说明，因而在两维表上属于概念性知识的理解和基于概念性知识的分析。

目标3：有能力描述、解释甚至预言一些自然现象。

目标中的动词"描述"、"解释"、"预言"表明的是"理解"这种认知过程，而名词"自然现象"则暗含其背后存在一定的科学理论、模型或结构，这是一类特殊的概念性知识（安德森等，2008），因而该目标属于理解概念性知识。

目标4：能读懂通俗报刊上的科学文章。

目标中的动词是"读懂"，这是"理解"这一认知过程的另一种表达，名词"科学文章"中包含许多科学概念、原理、理论，这些都是概念性知识。读懂科学文章通常还涉及学习者对文章进行分析，发现文章所要表达的思想，因而还涉及分析过程，于是这一目标属于理解概念性知识和基于概念性知识的分析。

目标5：能参与就有关结论是否有充分证据的问题进行的社交谈话。

该目标中的动词是"参与"、"谈话"，谈话中探讨的是有关结论是否有充分证据，这其实要求学习者根据证据（可以是科学事实、科学概念、原理、理论等）是否充分的标准（一种概念性知识）来对观点进行分析和判断（一种评价的类型），因而本目标属于基于事实性知识、概念性知识的分析和评价。

目标6：能识别国家和地方决定所依据的科学原理，并能够提出有科学技术根据的见解。

该目标前半部分的动词是"识别"，相应的名词是"科学原理"，而这些原理又体现在国家和地方的决策中，因而这一目标要求学习者从例子中识别出原理，因而属于概念性知识的理解。目标后半部分的名词是"见解"，而且这些见解要有科学技术根据，这需要用到相应的概念性知识和程序性知识，相应的动词"提出"相当于"生成"，属于"创造"这一类目，因而后半部分的目标属于基于概念性知识、程序性知识的创造（即创造一种观点或假设）。

目标7：能够根据信息源和产生此信息所用的方法来评估科学信息的可靠性。

该目标中的动词"评估"表明要求的认知过程是"评价"，评估的标准是"可靠性"（一种概念性知识），这是一个典型的基于概念性知识的评价目标。

目标8：能够提出和评价有论据的观点，从而恰当地运用从这些观点得出的结论。

153

该目标前半部分的动词是"提出"和"评价",对应的认知过程分别是"创造"和"评价"。要提出有论据的观点,需要有大量的科学事实、概念、原理、实验做后盾,还需要学习者对自己的思维过程有良好的意识和控制,因而这里涉及基于四类知识的创造这一类目。而评价有论据的观点也要有上述四类知识外加评价的标准(基于证据的),于是这里还涉及基于四类知识的评价这一类目。目标的后半部分的动词是"运用",相应的名词是"结论",即上半部分目标提出的科学概念、原理、理论、模型等概念性知识,因而这里涉及的是概念性知识的运用。

上述 8 个科学素养的目标在知识与认知过程两维表上的分类情况见表 5-6。

表 5-6　科学素养的分析与归类

	记忆	理解	运用	分析	评价	创造
事实性知识				5	5,8	8
概念性知识		1,2,3,4,6	8	2,4,5	5,7,8	6,8
程序性知识					8	6,8
元认知知识			2		8	8

从上表可以看出,科学教育界普遍认可的"科学素养",其实主要涉及两个方面:一是学习者对科学概念性知识(包括科学概念、原理、理论、模型、结构)的理解;二是基于四类知识去分析、评价、创造其他事物(如观点、产品、现象等)。不管是哪一方面,都离不开科学知识。因而离开了科学知识(当然是广义的知识)的学习,科学素养的养成便成了无源之水,无本之木。

二、认知发展与科学教育

在我国的基础教育课程体系中,从小学三年级起就开设有科学课程,甚至还有学者主张从小学一年级就开始设立科学课程,可以说,科学课程在我国的基础教育课程体系中是一门时间跨度相对较长的课程。而从小学到高中的这一时间段,也正是学习者身心发展变化最大、最明显的时段。与学生的学习关系密切的认知能力,也在这一时期发生着巨大的变化。科学课程的学习要求学习者透过种种现象来认识和理解我们周围的自然界,这就要求学生具备相应的认知和思维的能力,而学生在这一学习时期认知和思维的发展变化,对其科学学习和接受科学教育都有重要的影响和制约作用。

(一)什么是科学启蒙

《科学课程标准(3—6 年级)》指出,小学科学课程是以培养科学素养为宗旨的科学启蒙课程。小学的科学课程为什么是"科学启蒙"课程?它较之后续的科学课程有什么特点?在这种启蒙性的科学课程中,学生应如何学习,教师应如何教学?这些问题都可归结于对"启蒙"的理解,而理解"启蒙"这一概念

154

的关键就是儿童的认知发展水平，换言之，正是儿童的认知发展水平决定了其所学习的科学课程是一种启蒙性的课程。

根据皮亚杰的认知发展理论，小学生的思维发展水平处于具体运算阶段，他们能够习得一些概念，也能进行一些逻辑推理，但必须借助实际的经验和具体的形象才能进行。这一阶段的儿童不能进行假设思维，也不能系统地考虑问题的所有方面（德里斯科尔，2008）。我国心理学工作者对小学儿童思维的研究结论基本上与皮亚杰的这一理论一致，如朱智贤就指出，小学儿童思维的基本特点是从以具体形象思维为主要形式逐步过渡到以抽象逻辑思维为主要形式。但这种抽象逻辑思维在很大程度上，仍然是直接与感性经验相联系的，仍然具有很大成分的具体形象性（林崇德，1995）。

小学儿童思维的具体形象性对他们科学课程学习的内容、学习的方式有很大的决定作用。首先，思维的具体形象性决定了他们主要学习的是加涅所讲的具体概念。由于具体概念的关键特征可以通过观察而习得，这对于依赖具体形象进行思维、概括的儿童来说，是适合他们的认知发展水平的。从科学课程内容的选择这一角度来看，科学课程的开发者或教学的设计者，在确定科学启蒙课程的概念原理时，要考虑到将那些儿童可直接感知的概念原理作为课程的内容，而对那些儿童缺乏具体形象支持的概念原理，则放到更高年级，如功、加速度、电子、能量守恒这些概念原理。由于这些概念原理比较抽象，离具体形象的距离比较远，儿童在日常生活中也难有相应的具体形象，因而不适合儿童学习。而雄蕊、凤仙花、塑料、噪音、温度等概念，由于儿童可在生活中习得具体的概念例证的形象，因而适合他们学习。有些科学概念，如酒精、酸，既可以作为具体概念学习，也可以作为抽象的定义性概念学习（参见本章第一节的有关论述），对这类概念，在小学的科学启蒙课程中，宜将它们作为具体概念来学习，不宜作为定义性概念学习。刘默耕在谈及科学启蒙教育时指出，科学基础启蒙教育更多的是考虑感性的东西，要通过各种感官大量地给孩子们输入信息（成尚荣，2001），这一建议非常适合小学儿童的思维特点。

其次，小学儿童思维的特点还决定了其科学学习的主要方式是"做中学"。由于小学儿童适合学习具体概念，而具体概念的关键特征又要求儿童运用自己的各种感觉器官去感知，因而为习得相应的概念，学生去看、去摸、去嗅、去尝、去触是其概念学习的必经途径（当然这里有时还要考虑到安全问题）。"做"的含义应理解成用各种感觉器官去感知概念的例证。此外，皮亚杰的认知发展理论认为，儿童认知的发展或有关世界的知识的获得，是其与环境相互作用而建构或创造出来的，为此，儿童必须主动地接触周围环境并通过行动来获得知识（德里斯科尔，2008），这可看做是"做"的另一层含义，即主动的亲历。只有在"做"中儿童才能与周围环境相互作用，感知概念的关键特征，习得"启蒙"水

155

平的科学概念。

随着儿童认知水平的发展以及科学知识的积累，他们的科学学习的内容和方式也要随之改变，不能一直停留在科学启蒙的水平。高年级的许多科学学习内容多是抽象的、定义性的概念（如加速度，动量）、复杂的理论（如月相的形成，光合作用的机制等），都需要学生进行相应的推理，这时，学习者的原有科学知识基础对其进一步的科学学习就开始发挥越来越大的作用，仅靠"做中学"是难以完成这种学习任务的。

（二）科学探究与认知发展

科学探究是科学课程的重要组成部分，它既是科学学习的目标，又是科学学习的一种方式。科学探究一般要求学生提出问题、猜想结果、制定计划、通过观察实验来收集证据、进行解释、表达与交流等。在这些活动中，猜想结果需要学生提出假设，进行实验需要学生对多个因素、变量的影响进行系统的考察和控制，进行解释需要学生根据现有资料证据进行推理。如探究影响方糖溶解快慢的因素，学生要从多个角度多个方面考虑可能的溶解因素，如方糖是否粉碎，是否对水进行加热，溶解过程中是否有搅拌等。此外，学生还要能通过有意识地控制变量来考察具体某一种因素的影响作用。如在控制好搅拌、水量、加热等因素的情况下，研究方糖颗粒大小对其溶解速度的影响作用（见表 5 – 7）。

156

表 5 – 7　方糖溶解速度的实验设计

	1	2	3
搅拌	不搅拌	不搅拌	不搅拌
水量	60 毫升	60 毫升	60 毫升
加热	不加热	不加热	不加热
粉碎	整块	粉碎成 32 块	粉碎成细末
溶解时间			

这些活动要求学生对可能的情况进行思考，而且要从多个维度或角度看待某个问题或事物。此外还要能系统地控制变量并作出合乎逻辑的推理。根据皮亚杰的认知发展阶段理论，这些思维特点主要是 11—15 岁处于形式运算阶段的儿童具备的（皮连生，2003）。在我国的学制中，这些儿童主要是初中学生，因而从皮亚杰的经典论述来看，科学探究宜从初中起实施，当然这里的探究是由学生独立进行的探究，不大需要教师的帮助与指导。但皮亚杰之后的心理学家在对其认知发展阶段理论进一步验证后却发现，皮亚杰高估了青少年的认知能力，很多 11—15 岁的儿童青少年并不具备皮亚杰所描述的形式运算思维，甚至很多成年人也达不到形式运算思维水平。如有人给国外 13、14 岁的初中生呈现如下的问题：图中的杠杆保持平衡，判断下列论断是否成立。1. A 的体积大于 B 的体积；2. A 的质量大于 B 的质量；3. A 的密度大于 B 的密度。要解决这一问题，需要

进行如下的推理：杠杆平衡，说明 A、B 的质量相等。由于 A 的体积更大，因而 A 的密度小于 B 的密度。结果发现，虽然 13、14 岁的初中生理论上处于形式运算阶段，可以进行演绎推理，但仍有 3/4 的学生认为，A 的质量和体积大于 B 的质量和体积，他们认为，因为 A 更大，它的质量和密度也大，这表明他们的思维仍受具体直观特征的影响，仍处在前运算的发展水平（Eggen & Kauchak，2005）。这就是说，学生能够进行独立的科学探究年龄段可能要延后到高中阶段。

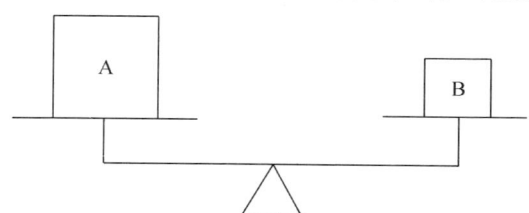

　　于是，我们似乎可以保守地讲，科学探究应是高中生的"专利"，初中生和小学生不适宜做科学探究。但我国的科学课程标准却主张科学探究贯穿于从小学到高中的科学课程中，之所以会出现这一矛盾，在于皮亚杰认知发展理论的局限。皮亚杰的认知发展理论强调儿童的认知发展对其学习和所接受的教学的限制，而没有注意到教学对儿童认知发展的促进作用。维果茨基的认知发展理论则强调学习者与更有能力的个体（如教师、同学等）的社会性互动对其认知发展的促进作用。在这种认知发展理论中，更有能力的个体通过给能力较弱的学习者提供适当的支持、帮助（称之为支架），使受助的学习者能够完成原本不能独立完成的任务。而后，在这种有支持的完成任务的活动中，再逐渐减少对学习者的支持、帮助，从而逐渐让学习者在没有帮助、支持的情况下也能完成相应的任务。这时，我们就会发现，学习者的认知能力得到了发展。虽然从皮亚杰的理论观点看科学探究适宜从高中时开始进行（当然这里的科学探究主要是学习者的独立科学探究），但是，如果给小学生、初中生提供相应的与探究有关的支持、帮助（支架），他们也能进行科学探究，不过这种探究是支架支持下的探究，不是独立的探究。这里的支架主要是由教师、教科书等学生之外的主体提供的。如教育科学版的小学《科学》五年级教科书中，有关摆的快慢的探究是这样安排的：探究的问题由教科书提出（摆的快慢与什么有关？），对问题的假设由教科书提出（与摆锤、摆长、摆幅有关），实验的设计也由教科书提示（保持摆长不变，换成 1 倍、2 倍、3 倍摆锤重量；摆锤不变，换成 1 倍、2 倍摆长），实验的执行则由学生完成。结论部分由教科书提示，学生回答，反思部分也由教科书提示，学生回答（什么样的摆摆动得慢？我们怎样知道的）。这里教科书提出的问题、提供的实验设计、给出的提示等，就是为学生的探究提供支架，而这种支架可以随学生探究能力的提高而逐渐减少。如该版六年级《科学》教科书，探索铁生锈的原因时就减少了教科书提供的支架，只呈现如下提示：

157

　　研究的问题

　　我们的假设

　　实验方法

　　观察到的现象

　　实验结果

　　由学生按照提示进行科学探究，这时教科书对学生科学探究的支架已经撤除了很大部分。在这种有支架的教学中，学生的科学探究能力就会得到不断发展。

【建议参考资料】

　　1. 迈耶. 教育心理学的生机——学科学习与教学心理学［M］. 姚梅林，严文蕃，译. 南京：江苏教育出版社，2005.

　　2. 陈刚. 自然学科学习与教学设计［M］. 上海：上海教育出版社，2005.

　　3. 李培实. 中国著名特级教师教学思想录（小学自然卷）［M］. 南京：江苏教育出版社，1996.

【问题与思考】

　　1. 什么是心理模型？它的学习有什么规律？

　　2. 从学习心理的角度看，应如何培养学生的科学思想方法？

158

　　3. 在科学课程的学习过程中，学习者是如何习得相应的科学态度的？

　　4. 学习心理学是如何解释"科学素养"的含义的？

　　5. 儿童的认知发展水平对其科学学习有何影响或制约作用？

　　6. 运用本章的观点，分析学生从科学课程的实验中能学到哪些学习结果？

第六章　社会科学习心理

【本章提要】

社会科是一门培养学生公民素质的综合性学科。学生在这门学科中要习得有关社会的事实、概念原理、大块的有组织知识、程序以及态度。事实的学习一般通过机械重复或进行精加工活动而得到记忆。概念原理既可以从概念原理例证中学习，也可以从概念原理的界定中学习，在这两种学习方式中，都要重视例证的作用和学习者原有知识基础的作用。有组织知识的学习涉及选择、组织、整合三个关键过程，引发和促进有组织知识学习过程的外部条件有提问、提供图解、提供回忆线索等。程序的学习遵循从陈述性知识向程序性知识转化的规律，讲解、示范、练习、反馈是促进其学习的重要条件。在社会科中，态度主要经由经典条件作用和观察学习两种方式习得。学生习得态度需要具备与态度有关的知识、技能及形成对传载态度的榜样的认同，这样才有可能形成态度行为与行为后果的预期。社会科的教育目标更多的是布卢姆认知目标分类学（修订版）中提及的基于各类知识进行分析、评价、创造。要达成这种目标，除了让学习者习得相关的事实性、概念性、程序性、元认知知识外，还要给学习者创造一种推崇并实践分析、评价、创造等较复杂认知过程的环境。儿童的道德判断发展有一定规律，这些规律对于我们更深刻地认识儿童的道德判断行为，引导其道德判断的发展都有一定指导意义。可以根据社会科学习的心理学规律来分析社会科的教学任务，厘清任务中涉及的学习结果类型及习得规律，在把握学生当前学习基础的前提下，进一步明确教学内容和教学方法。

159

【学习重点】

1. 陈述社会科的学科性质。
2. 举例说明社会科的主要学习结果类型及其学习的规律。
3. 根据布卢姆认知目标分类学（修订版）的观点分析社会科的教育目标。
4. 陈述儿童道德判断发展的规律及其对社会科态度教育的启示。
5. 对给定的社会科教学内容，能运用本章的观点分析其所涉及的学习结果类型、学习的过程与条件，并为教师如何教学提出有根据的建议。

【重要术语】

社会科　事实　概念　原理　有组织的知识　程序　态度　社会规范　选择

过程　组织过程　整合过程　经典条件作用　观察学习　儿童道德判断发展　布卢姆认知目标分类学（修订版）　社会科教学任务分析

　　社会科，又叫社会学科（social studies，也有人译为社会研究），是一门旨在教会学生作出理性决策、形成良好公民素质的综合性课程。社会科对造就合格的社会公民的作用不言而喻，世界各国都对这门学科十分重视。良好的公民素质体现在多个方面，因而构成社会科的学科内容也是多方面的，如美国的一本社会科著作就认为，社会科涉及人类学、经济学、地理学、历史学、哲学、政治学、心理学、社会学等学科（Woolever & Scott，1988）。在我国的基础教育课程体系中，社会科具体体现为《品德与生活》、《品德与社会》、《历史与社会》、《历史》、《地理》等课程。本章从分析社会科涉及的学习结果类型入手来阐释社会科学习的心理学规律及其教学含义。

第一节　社会科学习结果

一、事实

　　这里的事实又叫事实性知识，是学习者通晓社会科或解决其中的问题所必须知道的基本要素。安德森等人将事实性知识分为两类：术语知识和具体细节、元素的知识（安德森等，2008）。前者是指具有特殊指称物的言语和非言语标记和符号，如历史学科中"B. C."表示"公元前"的意思；地理学科中我国各省级行政单位的简称（"豫"代表"河南省"）、地图图例（如 o 表示城市，绿色表示0—200 米的海拔高度）等。这类事实，用奥苏贝尔的话讲，是符号表征学习，即学习者要学习符号代表什么意义。后者是指事件、地点、人物、时间、信息源等的知识。社会科中有大量这样的事实，如中东地区盛产石油，漠河是我国最北端的城市，1937 年抗日战争爆发，马克思诞生于 1818 年 5 月 5 日等。除了安德森等人区分的这两类事实外，学习者在社会科中还要学习一些地理事物的名称、历史人物的名字、历史事件的名称，如安第斯山脉、雅鲁藏布江、努尔哈赤、靖难之役等，这类学习，针对的是符号表征学习中的"符号"尤其是言语符号的学习，而且要按照固定的或约定的顺序来学习符号，学过之后，学习者能流畅地说、写出这些符号。这类学习结果也属于社会科的事实。

二、概念与原理

　　社会科中的事实通常较为具体和零碎，概念和原理则较为抽象和概括，一具体一概括，凸显了两种区别明显的学习结果类型，安德森等人分别将其称为事实性知识和概念性知识。这两类学习结果的区分在地理和历史学科中体现得最为明显。如地理学科的教师常将地理学科的知识分为"地"和"理"两方面，"地"

常指地理事实，如地名、地理数据、地理景观、地理事物及其演变和分布状况；
"理"常指地理特征、地理事物的演变和分布规律及形成这些规律的原因等（瞿
葆奎，1990）。这里的"地"主要指具体的地理知识，而"理"则有一定的抽象
概括性，因而它们分别相当于事实性知识和概念性知识。历史学科的老师也常将
历史学科的知识分为具体知识和规律性知识（也有人分为史实性知识和理论性知
识），前者是体现历史发展过程的具体事件、现象、人物活动等，后者主要指揭
示历史现象本质的历史概念、历史发展的客观规律等（苏寿桐，1997）。如洪秀
全领导的太平天国运动最终失败，这是具体的知识，而其失败的原因之一是农民
阶级在当时并不代表先进的生产力，这就揭示了历史现象背后的本质，属于规律
性知识。历史学科中的这两类知识也分别相应于事实性知识和概念性知识。

事实、概念与原理这两类学习结果的区分有助于教师和学生正确认识社会科
的教学目标。在很多学生甚至教师眼里，社会科尤其是历史、地理学科，属于文
科，学文科就是要记忆很多事实，如某地有什么矿产，以何种经济为主；某年某
月某日，历史上发生了什么事件等。因而历史、地理学科被很多学生认为是需要
机械记忆的学科（聂幼犁，1999）。这种观点仅仅注意到了这类学科中的一种学
习结果——事实，而没有看到还有更为重要的学习结果类型，即学习这些具体现
象背后的规律。如中外历史上不乏许多落后的、野蛮的征服者征服了社会发展较
先进的部落或国家的情况。但在这些具体的事例中，却体现着一条规律：野蛮的
征服者最后都为被征服者所同化，有的甚至还不得不采用被征服者的语言（苏寿
桐，1997）。又如日本列岛、美洲西海岸是地震多发地带，这些事实背后蕴含着
一条规律：这些地方处在两大板块交界处，两大板块相互挤压，导致岩石断裂而
引发地震。学习历史、地理，并不只是记忆一些零碎、枯燥的事实，还要学习这
些学科中有概括性、普遍性的规律，也就是概念性知识。

概念与原理由于是具有概括性的规律性知识，因而掌握了这类学习结果，可使
学习者能够透过事物表面的现象看到其本质，从而能形成对事物的深刻认识并作出
有效的预测和解释（皮连生，2009）。如学生掌握了经济基础和上层建筑的关系原
理，就会对历史上的历次革命、改革的原因影响等形成深刻认识，并能对当今社会
发展中的一些现象作出评论和预测。相较于事实这种学习结果，概念与原理是更为
重要的学习结果和教育目标，不仅社会科如此，其他学科也同样如此。

三、有组织的知识

在社会科尤其是历史、地理等学科中，学习者要学习的通常很少是单条事实
或单个概念、原理，而是由许多事实、概念、原理组成的大块知识，如历史事件
（五四运动）的情况介绍以及国家、地区（日本）的地理情况等。习得这类知识
后，学习者能有条理地用自己的话叙述相关的内容，这种学习结果加涅称之为

161

"有组织的知识"。

那么，这种有组织的知识如何组织起来形成有机的结构呢？具体到社会科而言，这种组织主要是通过图式的结构和因果关系而建立起来的。图式是一类事物的一般知识结构在我们头脑中的表征方式。图式中有许多空位，这些空位按照一定的关系而组成相对稳定的结构，其中的空位可根据具体情况填入特定的信息，于是这些信息便被图式这种结构加以组织了起来。如历史教科书对历史事件的介绍通常从事件的背景、起因（导火索）、事件的过程、事件的影响几方面来介绍，这几方面有较为固定的顺序关系，特定的历史事件（如五四运动、戊戌变法等）的具体内容便可按这样的结构而组织起来。又如战国时期的百家争鸣涉及多个学派的不同主张，有关各个学派的具体事实可以按学派名称——代表人物——政治主张——代表著作的格式加以整理和组织（苏寿桐，1997）。历史事件的几个方面、百家争鸣学派的几方面都是用来组织相关知识的图式。这样，学习者习得的有关知识就不是凌乱的、琐碎的，而是按照图式的结构组织起来的。地理学科中也有很多组织相关知识的图式，一些地理教师称之为"地理知识模式"，如国家、地区地理概况的知识便存在如下的模式（陈尔寿，1997）：

1. 地理范围和位置
2. 自然地理概况
（1）地形和地势
（2）气候
（3）植被、土壤
（4）河流、湖泊
（5）自然资源
3. 经济地理概况
（1）农业
（2）工业
（3）交通和城市

有了这一模式，有关具体某个国家或地区的许多地理方面的事实便可纳入其中而形成有组织的知识结构了。

另一种将知识组织起来的方式是通过事实或知识之间的因果关系。如在地理学科中，诸多地理现象、地理事实之间存在原因—结果的关系，这种关系有时是一因一果，有时是一因多果，有时是多因一果，有时是多因多果。如地球公转中，公转轨道平面与赤道平面的交角——黄赤交角，决定了太阳直射点在南北回归线之间的往返运动。这一原因引起了多种结果：正午太阳高度角的变化，昼夜长短的变化，四季的更替，五带的划分，二十四个节气的出现，气温的变化（有一部分因果关系），大气环流的形成，气压带和风带的形成与季节位移，太阳能的利用等等。而某地的气候类型则通常是多种原因作用的结果，如纬度位置、大气环流、海陆分布、地形、人类活动等（陈尔寿，1997）。历史学科中的许多历史事件之间也不是孤立的，而是存在和地理学科中一样的复杂因果联系。如鸦片战争是由多种原因导致的，有远因——英国为了寻求海外殖民地和商品市场；有近因——英国反对中国政府严禁鸦片；有内因——清政府的衰弱和腐败；有外因——资本主义列国的强大。而《南京条约》是鸦片战争的结果，同时又是太平天国运动的原因。《马关条约》是甲午战争的结果，同时又是维新变法和义和团运动的原因（赵恒烈，2005）。通过这些复杂的因果联系，孤立分散的历史事件、历史事实得以组织起来。学习者的学习不是机械枯燥地记忆这些看似互不联系的事实，而是要通过因果关系将分散的事实串联成有机的整体。

四、程序

在社会科中，学生还要习得一些如何做事的规范或步骤。如在小学阶段，学生要学会一种正确吐痰的步骤：先把痰吐在手绢里，然后及时把手绢洗干净，最后用开水烫一烫手绢或在太阳下晒晒（吴慧珠，1996）。有时还要学会做值日生打扫教室的步骤：开窗—洒水—扫地—擦桌椅—摆桌椅—关门窗（吴慧珠，1996）。在地理学科中，学生要学会利用地图计算两地的实际距离的方法：先测量出地图上两地之间的距离，然后根据地图的比例尺确定地图上单位长度代表的实际距离数，最后用地图上的距离乘以地图上单位长度代表的实地距离。在历史学科中，学生要学习一些分析历史资料的操作程序，如要对历史上流传下来的神话和传说进行分析，一般需要遵循如下步骤：先指出传说的特定时间和场所，再从传说的内容中，分析离奇说法的社会背景，最后从传说中分离出符合历史真实的部分内容（赵恒烈，2005）。此外，还有分析历史遗物、历史统计数据、诗词及历史文献的分析方法。学生要学习的这些内容，都是由一些操作步骤构成，这些步骤的本质是一些可表示为"如果……，那么……"形式的产生式规则连接而成的，加涅称其为程序（加涅，1999）。

五、态度

态度是学习者对一类人、事、物作出一类行为反应的内部倾向。社会科的许多学习结果可用态度来描述。如在小学的社会科中，学生要学习的"爱护公物"、"关爱他人"、"乐意做妈妈的小帮手"等主题，都是要让学生习得态度这种学习结果。具体讲，学生要形成对公共物品加以爱护、爱惜的行为倾向；对他人形成关爱的行为倾向；对妈妈做的家务事形成乐于提供帮助的倾向。小学的《品德与生活》、《品德与社会》要让学生学习的主要就是态度。在历史学科的学习中，学生也会习得许多相关的态度，这些态度有的是针对历史人物、历史事件

163

的态度，如对汪精卫、袁世凯形成憎恶、批判的态度；对司马迁、孙中山形成尊敬、仰慕的态度。有的态度则是对待国家、民族的态度，如学生从文天祥抗元的事迹中习得保持民族气节的态度；从土尔扈特部落万里归国的历史事件中习得热爱国家的态度。历史学科中丰富的历史人物以及历史教科书的编写者对历史事件、历史人物所持的立场，成了学生态度学习的丰富源泉。

社会期望其成员具备的态度有时是通过社会规范（social norms）明确陈述出来的。所谓社会规范是指社会组织根据自身的需要而提出的、用以调节其成员的社会行为的标准、准则或规则（冯忠良等，2000），它体现了个体作为一名合格的社会成员或合格的公民在各方面应达到的要求。如国外有学者提出了利他行为的三种重要社会规范：人们有责任去帮助依赖于自己的人；接受过帮助的人有义务去回报提供帮助的人；人们所得到的与他们所付出的要成合理的比例关系。这些规范要求社会成员对于依赖自己的人，对于给自己提供过帮助的人等态度对象，表现出相应的行为反应倾向（如提供帮助，给予回报等）。学习者学习这些社会规范的目的不是要准确地记忆这些规范，而是要按照这些规范的要求行事，即表现出相应的态度行为。社会科以造就良好的公民素养为己任，社会规范不可避免地成为其重要的课程内容之一。

第二节　社会科学习的心理学规律

一、事实的学习

社会科中的事实具体包括术语知识、具体细节、元素的知识以及一些言语符号本身的知识，习得这些事实的本质是联想学习，即学习者要在若干个项目之间建立起联系。这些项目有时完全是言语符号（如科迪勒拉），有时是言语符号和特定的内容、概念（如"四羊方尊"与其图片）。心理学的研究发现，建立这种联想的基本方式是学习者对这些项目进行重复。如要记住"埃塞俄比亚"这一国家的名称，就需要学习者多次对其中的五个言语符号按固定顺序进行重复。对那些重复次数多的项目，学习者可以流畅地脱口而出，而对于那些重复机会少的项目，学习者可能说不出来。对事实的重复要达到一定程度或次数，虽然我们很难确定具体的次数是多少，但多次重复是需要的。在关注重复次数的同时，不同的重复方式对事实的学习也有一定影响。如果给定某条事实的重复次数（如300次），学习者可以在一天之内对事实完成300次重复，也可以在一个学期甚至一个学年之内完成这300次重复。这两种重复方式哪一种效果好呢？对此，心理学的许多研究都证实，分散重复的效果优于集中重复（邵瑞珍，1990）。因而对事实的重复在短期内集中进行，虽然有一定效果，但这种效果通常持续时间不长，从学习的定义来看，学习者身上没有发生相对持久的变化，不能严格地说发生了学习。对于那些社会科中很重要的事实（如地图的图例，重大历史事件发生的时间地点等）来说，持久地记忆是更为可取的目标。

对社会科的许多事实的重复通常是机械性重复，这种枯燥的重复很容易让学习者产生厌倦，因而事实学习中学习者的兴趣、动机是影响其学习的一个重要因素。在对事实的重复中，让学习者对重复的活动有浓厚兴趣，可以有效促进学生的学习。一些优秀教师通常通过创设有趣的游戏活动，调动学生的兴趣或动机，并结合游戏活动来实现对事实的重复。如要让学生记忆中国各省、自治区、直辖市的简称及其在中国地图上的位置，一位地理教师设计了一次游园活动，事先绘制一幅《中国行政区划图》，图中只有各省级行政单位的轮廓线而未标出名称，同时准备好一些写有各省、自治区、直辖市简称的纸条。游戏开始时，学生随机抽取一张纸条，若上面写的是"晋"字，便要求学生说出"晋"是指哪个省，回答正确后，再把学生的眼睛蒙上，给他一颗图钉，要求钉在行政区划图上山西省的位置。如果学生钉对，就发给他奖票一张以示奖励（中国教育学会地理教学研究会，1984）。学生对游园活动本身很感兴趣，有参与的动力，而游戏活动内容的实质是学生对要记忆的事实进行重复，机械的重复与有趣的活动融为一体，学生感觉不到重复事实的机械性，反而觉得其中乐趣无穷，这是将动机与机械重复两条事实学习规律融合在一起的很好的例子。这种游园活动不仅可以用来学习我国各省级行政单位的简称，还可以用来学习世界各大洲及世界主要国家的名称及其地理位置。

在社会科事实的学习中，有时学习者自己采用的一些记忆策略或教师提供的促进记忆的策略会有效促进事实的学习，提高事实学习的效果，使得学习者对事实的学习可以避开机械重复事实的路子。在这些记忆策略中，较为常用的也十分有效的一种策略是精加工策略，这是一种通过谐音、联想等方法给要记忆的社会科事实添加细节、充实意义的策略。如历史课上要记忆"马克思诞生于1818年5月5日"这一事实，有教师通过日期谐音来为学生提供如下的精加工内容：记住吹喇叭，一把一把，呜！呜！（苏寿桐，1997）。又如地理课上要记忆目前日、俄两国争议的四个岛屿的名称：择捉岛、国后岛、色丹岛、齿舞群岛，也可利用谐音、联想的方法来提供精加工的内容：这桌（择捉）过厚（国后），颜色淡（色丹），样子张牙舞爪（齿舞）。

二、概念与原理的学习

概念与原理的学习有两种基本方式：学习者从概念原理的例证中进行归纳、概括而习得概念原理；学习者从概念原理的界定中，利用其原有的概念、原理或经验而理解概念原理的界定。在社会科的学习中，两种方式都有所体现。

（一）从例证中学习

加涅将概念区分为具体概念和定义性概念，前一种概念的关键特征必须通过

165

学习者的感觉器官（主要是眼睛）而直接感知，后一种概念的关键特征必须通过下定义的方式才能揭示出来（如人口密度是一个国家或地区平均每平方千米的人口数）。具体概念的学习只能通过对其例证的观察才能获得，如地理学科中一些描述自然界许多事物的概念，通常要作为具体概念学习。如"卷云"、"钩云"等概念，学生通过观看电影、图片或实际观测天空中的云才能习得；识别黄铜矿、黄铁矿，仅凭教师的讲解学生是难以习得的，他们必须通过观察、触摸等活动，对这两种矿石例证的光泽、条痕、解理、硬度等特性进行直接感知，方可形成正确的概念。

一些抽象的定义性概念和原理也可以通过例中学的方式习得。这里的"例"不仅包括概念原理的正例，也包括概念原理的反例。学习者通过对正反例证的分析、比较、概括，也能习得相应的概念原理。如在历史课上学生要学习"自然经济"的概念，就可以从"自然经济"的许多例证中来学习。这些例证如东汉豪强地主的田庄、东晋大地主孔灵符、谢灵运的产业以及陶渊明在《桃花源记》中描述的桃花源人的生活，牛郎织女传说故事中描述的男耕女织的生活，这些都是自然经济的写照（赵恒烈，2005）。学生通过对这些例证的分析、比较，才有可能习得"自然经济"的概念。又如，在政治课上学生要学习"按经济规律办事，经济建设就发展"这一原理，就是从教师呈现的诸多正反例证中学习的：教师从我国20世纪50年代初百业待兴，日新月异，蒸蒸日上，讲到1958年大跃进，钢铁元帅升帐，粮食放卫星；再到自然灾害时的精神会餐，60年代调整带来的生机，"文革"中"形势大好，问题不少，工厂的烟囱不冒烟，东西越来越少"的濒于崩溃的经济，一直到党的十一届三中全会以后改革开放造成的社会主义建设新局面。教师边说边逐步在黑板上画出一幅大起大落的曲线图（吴铎，1997）。学生从这些例证（也有教师称为是事例群）中很容易习得经济规律与经济建设的关系原理。

需要注意的是，从概念原理的例证中进行学习，学生习得的是相应的概念原理，不是学习概念原理的例证。由于例证的醒目、有趣，学生很容易对其予以过分关注，而把较少的精力用在得出概念原理上。因此，学习者要从例证中习得相应的概念原理，还需要来自外部的引导，以便将他们的注意从对例证的关注及时转向对例证的分析、比较、概括上。特级教师毛蓓蕾在教学"遵守集体纪律"这一原理时，先后给学生呈现了正反两个例证，先呈现的反例是教师课前有意录制的儿童合唱歌曲，其中多次出现不协调的声音，还夹杂着谈笑、喊叫声，后呈现的正例是同一首歌曲的另一遍录音，其中歌声整齐、节奏明快，毫无嘈杂声音。例证呈现完毕，接下来要着重引导学生对例证进行分析。教师先问学生喜欢听哪一次录音，然后又让学生说说第一次录音为什么难听，第二次录音为什么动听。这些问题引发了学生对例证的思考，学生的认识很快统一到了如下认识上：

第一次合唱中有人不听指挥，第二次合唱中大家都能服从指挥，遵守纪律。遵守集体纪律才有好的合唱效果（吴慧珠，1996）。社会科的一些教师也认识到，在教学中不能只给学生呈现概念原理的例证而不引导学生从中得出相应的概念原理：一些课堂教学表面上看来热热闹闹，但就是不渗透论点，从实际的效果来看，绝不是教师论据讲得越多，学生会越明了。恰恰相反，倒是因为教师对论据说得太多了，使学生越听越糊涂。这样不但使论据本身失去了应有的意义，而且增加了学生的负担，在教学时间上也造成一定的浪费（刘植义，1997）。在这些教师的话语体系中，论据相当于例证，论点相当于概念原理。因而从例证中学习概念原理，例证的设计和呈现固然重要，但引导学生对例证进行分析比较更为关键，换言之，学生既要学"例"，更要学"理"。

（二）从界定中学习

从概念原理的界定中习得相应的概念原理也是一种重要的学习方式，对于小学高年级学生和中学生来说，这种方式可能是他们习得社会科概念原理的主要方式。要学习的概念原理的界定通常明确地陈述在教科书、词典或教师的课堂讲授中。从这些界定中进行的学习并不是复述、背诵概念原理的言语界定（通过这样的学习方式，学生习得的可能是言语连锁或孤立的事实），而是学习者用其头脑中的相关概念、原理和经验对这些界定加以理解的过程。用奥苏贝尔的话讲，是学习者在新知识（要学习的概念原理的界定）与原有知识（相关的概念、原理、经验）之间建立实质性的、非人为的联系。加涅在谈及定义性概念和原理的学习时，特别强调指出，其学习的重要内部条件是学习者能从其头脑中提取出构成定义性概念和原理的成分概念（加涅等，2007）。这样看来，从界定中学习这种方式的效果关键在于学生是否具有相关的知识经验以及能否将其原有知识经验与新学习的概念原理联系起来。

要从界定中进行有效学习，学习者本人具有的原有基础这一内部条件固然重要，但来自教师的引导这一外部条件也同样重要。缺乏教师的引导，仅凭学习者具备的原有知识基础并不总能保证学生习得正确的概念原理。教师采用的教学措施对于学生从界定中的学习非常关键，这些教学措施的目的在于保证学生有且有正确的原有知识基础可用于新概念原理的学习。

一种教学措施是将概念原理的界定转换成易于被学生理解或学生能理解的表述形式。有时可能出于界定的严谨性的考虑，教科书、词典有关概念原理的表述中会使用一些学生不具备的成分概念，这时学生理解这些概念原理就有了困难，教师的作用便凸现出来了。通过将原表述中学生不具备的概念换成学生已具备的概念，就可促进学生对概念原理的理解。如小学生学习《好孩子不任性》一课时，不可避免地要涉及"任性"这一概念。《现代汉语词典》中对"任性"的界定是"放任自己的性子，不加约束"，其中涉及的"放任"、"约束"这两个成分

167

概念，小学低年级学生不理解，从这种以词解词式的界定中，学生是不能习得"任性"的概念的。这时，教师的教学措施就有了用武之地，通过将"任性"解释成"想干什么就干什么，不想想应该不应该干，能不能干，不高兴就发脾气，甚至大哭大闹"。这一解释中没有涉及小学生不理解的成分概念，学生就可以习得"任性"这一概念了（吴慧珠，1996）。

另一种教学措施是用具体的正反例证来说明概念原理的言语界定，以便达到"充分理解"的目的（加涅，1999）。如学习恩格斯揭示的一条历史规律：在长期的征服中，比较野蛮的征服者，在绝大多数情况下，都不得不适应征服后存在的比较高的"经济情况"；他们为被征服者所同化，而且大部分甚至还不得不采用被征服者的语言。除了理解这一言语表述外，还需要举一些例子来加深对这一规律的理解。如元朝灭掉宋朝，清朝灭掉明朝，最后征服者反被被征服者的某些方面所同化。

此外，教师还要针对学生的不当或错误的原有知识基础采取相应的教学措施。在日常的社会生活和学校学习中，学生会自发地形成一些有关社会的概念原理，这些日常观念，有些是科学的，对新的社会科概念原理的学习起促进作用；有些则是有问题的，可能会干扰社会科概念原理的学习。因而利用学生的原有知识基础进行教学，不单是发挥原有知识基础的积极作用，还要防止其消极作用。与科学课程的概念原理学习一样，社会科的概念原理学习也有同错误观念作斗争的任务。如学生学习历史概念中常犯的一种错误是以今度古，即用自己现在的日常生活经验来理解、解释过去的历史问题和现象，如把秦的弛道说成是如北京长安街一样宽广的平坦的柏油马路；把诸葛亮的联吴抗曹说成是执行了统一战线政策；把孙中山提出的平均地权说成是把土地平分给农民的土地改革政策等（赵恒烈，2005）。学生学习时为什么会出现这种现象？应如何改进他们的学习以避免这种问题？对此，奥苏贝尔提出的综合贯通的思想很有启发。奥苏贝尔认为，学生的学习就是要形成良好的认知结构，良好的认知结构的一个要求是综合贯通，这需要学习者努力探索不同观念之间的关系，指出它们的异同点，消除实际存在的表面上的矛盾。如果学习者没有这样做，就会导致如下不良的后果：1. 用名目繁多的术语表征除上下文不同之外，本质上相同的概念，从而导致不可胜数的认识上的负担和混乱，并且还鼓励了机械学习；2. 在相互联系着的一些课题之间设置了人为的障碍，从而使学生认不出重要的共同特征，不能依靠对这些共同性的认识而达到顿悟的目的；3. 不能充分利用先前习得的有关观念作为包容和联合有关的新知识的基础；4. 因为不能清楚而明确地识别那些表面上类似的概念之间的重大差异，所以这些概念便常被知觉为相同的概念，并作为相同的概念而被保持下来（奥苏贝尔等，1994）。上文提及的历史学习中出现的以今度古的错误，主要就在于学生没有清晰地辨别古今看似类似的术语、概念之间的重大差异，在学习时没有做好综合贯通的工作。

奥苏贝尔进一步指出，要促进学生学习时的综合贯通工作，可以通过增加学习材料与学习者头脑中表面类似观念之间的可辨别性来实现（奥苏贝尔，1994），教师可以将两者作明确的比较对照。教学实践也验证了奥苏贝尔的这一建议。如孙中山提出的民主主义的内容之一是平均地权，学生的原有观念是把土地分给农民的土地改革办法，由于学生学习时没有去仔细分析、对照这两个概念，因而平均地权和平分土地二者就易于混淆。要促进这两个概念的可辨别性，需要通过教学来对这两个概念进行有意比较。平均地权主张先核定天下地价，其现有之地价，仍属原主所有，革命后因社会改良进步增加的地价则为全体国民所共享，这就是说，如果地主有价值 2 000 元的地，后来地价增至 10 000 元，则增加的 8 000 元为全体国民所有，2 000 元仍为地主所有。可见，平均地权并不是中国共产党所实行的把土地分给农民的土地改革政策，资产阶级革命派并未像中国共产党那样从根本上解决农民的土地问题（赵恒烈，2005）。又如，明中叶的私营手工工场和唐朝的私营作坊学生也易于混为一谈，为此，教学时可列表对照如下，促进这两个概念的辨别（赵恒烈，2005）：

	相同点	不同点		
		剥削情况	生产规模	技术分工
唐作坊	手工业生产	作坊的主人是师傅，他带着家属和学徒一块儿工作	较小	没有分工
明手工工场	手工业生产	工场主剥削许多雇佣工人	较大	分工较细

169

三、有组织知识的学习

学习者是如何习得有组织的知识呢？对此，梅耶阐述的有意义学习的认知过程为我们揭示了学习者习得有组织知识的内在机制（参见本书第一章的介绍）。这一机制涉及选择（将注意指向学习材料中的有关成分）、组织（在新知识内部建立联系）、整合（在新旧知识之间建立联系）三个认知过程。这就是说，学习者在学习有组织的知识时，首先要将注意指向或集中于需要学习的内容上，而后还要在心里（工作记忆中）自己建构新的有组织知识的内部联系以及把新的知识与其头脑中的相关原有知识联系起来。学习者做好了上述认知上的工作，才有可能习得有组织的知识。这一学习机制的阐述也指出了有组织知识学习所需要的条件。

（一）有组织知识学习的内部条件

加涅等人指出，有组织知识学习的重要内部条件是学习者以前习得并储存在记忆中的有意义知识结构（加涅等，2007），简言之，就是学习者具有的相关原有知识。由于有组织知识具有一定的内在结构或联系，因而学习者具有的相关内容组织结构的知识（即图式）是其重要的原有知识的一部分。有了这种组织知识的框架，学习者就有可能以有组织的方式习得大块的知识。如有地理教科书在介绍长江中游荆江段的概况时，有如下一段表述："长江穿过三峡，至湖北宜昌以下进入平原，江面展宽。荆江河道特别弯曲，有'九曲回肠'之称。这一段水流不畅，泥沙容易沉积，淤塞河床，造成水灾，并妨碍航运。现在荆江地段完成了几处人工裁弯取直工程，对防洪、航运起了良好作用"（中国教育学会地理教学研究会，1984）。对这一段有组织的知识，如果学习者具备人类改造自然环境的知识的一般结构，即通常从环境问题、原因、措施与效益四个方面依次论述，则这种原有知识在学习新知识时，就会起到对新知识的组织作用，学习者也就不易孤立、零碎地习得相关知识了。又如有历史教科书在阐述"人民军队的创建"的内容时，先写了"八一"南昌起义、湘赣边区秋收起义和广州起义等三次起义，进而归纳出这样一个结论："南昌起义、秋收起义和广州起义，为中国无产阶级从城市转入农村，创造红军、建立农村革命根据地揭开了序幕。"（赵恒烈，2005）如果学习者在学习前具备"先分后总"的课文组织结构，那么，他就能用这一结构来理清南昌起义、秋收起义、广州起义与人民军队创建的关系，从而将不同的事实组织进一个有机的结构中而加以习得。

170

（二）有组织知识学习的外部条件

学习者在学习有组织的知识时，并不是总能引发和执行选择、组织、整合等认知过程，这时，就需要一些外部的措施来引发和促进学习者的相关认知活动，这些措施或条件主要有如下一些。

1. 提问

提问是一种非常有效也易于实施的教学条件。促进学生有组织知识学习的好的提问要能引发和促进学生的选择、组织、整合活动。麦克拉顿（M. T. McCrudden）等人2005年的研究生动说明了提问对学生学习有组织知识时的注意引导作用。他们让三组大学生阅读一篇1 150字的太空旅游的文章，对第一组学生，阅读短文前先给他们看六个有关太空旅游者的问题；对第二组学生，阅读短文前给他们看六个有关人在太空旅行中生理变化的问题；对第三组学生不给任何问题。三组学生学完之后，对他们进行测验，内容涉及短文中提及的有关太空旅行者、人的生理变化及其他方面的信息。结果发现，在阅读之前看了有关生理变化问题的学生，比其他两组回忆出更多的有关生理变化的信息；而阅读之前看了有关太空旅行者问题的学生，比其他两组回忆出更多的有关太空旅行者的信息（Mayer，2008）。显然，短文之前的问题指引学生将注意集中于与问题有关的内容上。

提问还可以引发学生的组织、整合活动。不过这里的问题不是那种可以直接在文章中找到答案的机械性的问题，而是一种引发学生思考的精加工式的问题。

如教科书中提到"长江是我国第一大河，全长 6 400 公里"，如果提"长江的长度有多少公里"这样的问题就是机械性的问题，不能促进学生的组织和整合活动，充其量只能将学生的注意指向具体的事实上（Mayer，2008）。而学习"黄土高原"的有关内容时，提一个"在黄土高原上，从甲地往乙地走，眼看很近，但常要绕道远行，为什么？"这样的问题有助于学生将有关黄土高原的知识加以组织和整合，因而是精加工式的问题。1974 年，里卡兹（J. P. Rickards）和笛维斯塔（F. J. Divesta）就这两类问题对学习的影响作了检验。他们让大学生阅读一篇 800 字的关于一个假设的非洲国家"马拉"的文章。一组学生每读完两段后阅读机械问题，如"马拉的南部年降水量是多少英寸？"另一组学生每读完两段后阅读精加工式的问题，如"为什么可以说马拉的南部是沙漠？"还有一组控制组学生，他们每阅读两段后阅读的是无关的问题。在回忆测验上，精加工式问题组的学生回忆起了 35 条信息，机械问题组学生回忆起了 21 条信息，控制组只回忆起了 15 条信息。里卡兹和笛维斯塔指出，精加工式的问题促使学生将材料组织成纲要结构而不是记住一系列事实（Mayer，2003）。

2．图解

图解是用直观的图、表方式来呈现有组织知识的组织情况。社会科的许多内容的学习，通常要求学生利用因果关系将不同的信息组织起来，图解可以直观地表示这种因果关系，画图解的目的是促进学生学习有组织知识时的组织过程。由于这种组织活动要由学习者自己来建构和执行，因而图解最好由学习者自己来画，但在学习者不熟练的情况下，教师与学生一道来画也可促进学生的组织活动。如青藏高原的地势、气候、农作物等的知识是有组织的整体，学习时可以画出如下的图解来表示其中的因果关系（中国教育学会地理教学研究会，1986）：

171

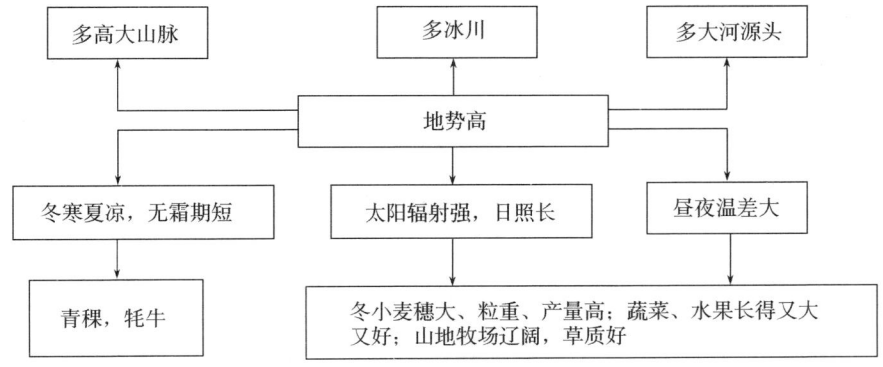

3．提供回忆线索

有组织知识的学习不仅要通过组织、整合等活动加以理解，还要在一定的情境中能提取和回忆出来，而提供有效的回忆线索有助于促进学生对有组织知识的学习和保持（加涅等，2007），这些线索通常是通过提取出有组织信息中的关键、核心的字、词、短语，将其组织成简短的词、短语或句子后形成的。学习者回忆有组织的知识时，可以先回忆起浓缩成的短语、词句，而后再回忆起大块的知识。如有关隋唐大运河的有组织知识，可以从中提炼出"三四五六七"五个字作为回忆的线索（苏寿桐，1997）：

三，即三点。中心洛阳，北通涿郡（今北京），南达余杭（今杭州）；

四，即四段。自北至南依次是永济渠、通济渠、邗沟、江南河。记词头：永通邗江；

五，即五水沟通。沟通海河、黄河、淮河、长江、钱塘江。记词头：海黄淮长钱；

六，即六省受益。记简称：冀鲁豫，皖苏浙；

七，七字总评价：南北交通大动脉。

这种生成回忆线索的方法有人称之为信息压缩法或提要法。

四、程序的学习

程序的本质是加涅所讲的智慧技能或认知心理学所讲的程序性知识，其习得过程可用陈述性知识向程序性知识的转化来解释，具体来说，在学习的第一阶段，学习者通过观察程序的示范或学习程序的言语描述来理解所要学习的程序。在第二阶段，学习者在实际的情境中练习使用所学习的程序，同时获得反馈。在第三阶段，经过一定量的练习，一些程序的执行可达到自动化的程度，在需要时可以快速激活并执行。历史特级教师包启昌总结的"教师示范，授之以法，逐步放手，反复训练"的方法（苏寿桐，1997），描述的就是教程序的步骤，符合程序学习的过程。如在他教学观察历史图片的程序时，结合课本上的插图"建造金字塔"，向学生说明观察图片要注意图片反映的时间、地点，从整体到部分，再从部分回到整体，反复观察，反复思考，这是运用讲解的方法，让学生理解所要学习的程序。接下来，在观察西欧典型的封建主庄园时，就由教师指导学生自己观察，而到学习法国资产阶级革命时，则由学生独立观察"重重压迫下的法国农民"图，这是以逐步放手的方式让学生通过练习来掌握观察历史图片的程序。

又如对于分析革命原因的方法，包启昌老师也是按照这一模式进行教学的。在分析太平天国运动时，他结合该例子将分析的程序归纳出来：首先分析经济上的矛盾及这一矛盾在政治上的反映，在阶级社会里就是阶级矛盾的尖锐化，而后分析革命形势的形成，革命组织或领导者的革命活动，有时还要指出导火线。以后在学习义和团运动和辛亥革命时，也要求学生运用教师总结的方法进行分析。再以后，训练学生用该程序来分析资产阶级革命的必然性（苏寿桐，1997）。

五、态度的学习

态度是社会科的一种重要学习结果。学生在社会科的学习中是如何习得相应

172

的态度呢？很多研究发现，仅仅凭借对学习者的言语说教（包括那些动之以情、晓之以理的说教）是很难让学习者习得态度的（加涅等，2007）。"口号式德育"在中小学教学中广受诟病也就不足为奇了。不同流派的心理学家为我们揭示的一些学习规律中，有些适合解释态度的学习。这里我们以这些学习规律为基础，就社会科态度学习的方式和条件作些阐释。

（一）社会科态度学习的方式

在社会科中，态度主要以如下两种方式习得：经典条件作用和观察学习。

1. 经典条件作用

态度可以经由巴甫洛夫的经典条件作用（参见本书第一章）而习得。学习心理学家们做过一些这方面的研究，有力地说明了态度可经由这种方式而获得。如在拉兹兰（G. Razran）的研究中，将一系列的政治标语和免费食物一起呈现给被试，结果导致被试对这些标语的积极接受；而在呈现另外一套标语时伴有令人不愉快的气味，结果导致被试对标语的排斥。当问及被试时，他们并不能回忆起哪些标语与哪个条件相匹配，这说明被试的态度不是审慎选择的结果，而是条件作用的结果。又如在施塔斯和施塔斯（A. W. Staats & C. K. Staats）的研究中，将讨人喜欢的单词（如"美丽"、"悦耳"、"礼物"）与一组男子的名字一起呈现；而不讨人喜欢的单词（如"苦味"、"丑陋的"、"悲哀的"）与另一组男子的名字一起呈现，结果第一种条件导致被试对这些名字不断增强的积极态度，而第二种条件则与之相反（加涅，1999）。

在社会科尤其是历史学科中，很多态度是以这种"潜移默化"的方式习得的。历史学科要让学生形成对历史人物、历史事件的态度，为此，教师或教科书的编写者可以将一些表示不同感情色彩的词句与这些人、事同时搭配呈现（即用带感情色彩的词句来描述历史人物和历史事件）。由于带感情色彩的词句会引起学习者相应的感情和态度，再加上这些词句与历史人物、历史事件同时呈现，因而根据经典条件作用的原理，学习者也会对相应的历史人物、历史事件形成相应的态度或情感。如有历史教科书介绍了刘永福在台湾的斗争中英勇拼搏，可歌可泣，后因弹尽粮绝，不得不放弃最后的据点台南而回到大陆，课本里原来用了"逃回"两字，后来改成了"退回"（苏寿桐，1997）。下面根据经典条件作用的原理分析这种改动对态度学习的影响。在学习教科书内容之前，学生已形成了"逃回——嘲笑、否定的情感"或"退回——中性情感"这样较为牢固的条件反应（是学生在其学校学习中建立起来的）。在学习刘永福回到大陆的历史事件时，用"逃回"来描述，于是刘永福这一客观、中性的事件便与"逃回"这一刺激项目搭配起来，学生多次阅读之下，会因条件作用而在"刘永福回到大陆"这一客观事件与嘲笑否定的情感之间形成联系，学生有可能会对刘永福产生嘲笑、否定的态度。对这一学习过程，可图示如下（见图6-1）。

173

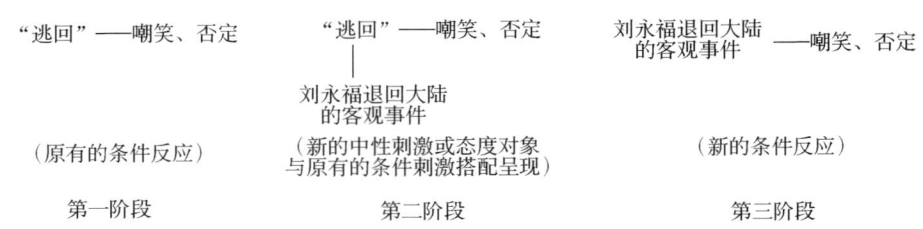

图 6 - 1　利用经典条件作用习得态度

　　学生习得的对刘永福的这种态度可能不是教科书的编写者期望学生习得的，将"逃回"改成中性的"退回"，才有可能避免在态度上误导学生。

　　有时，对同样的历史事件，不同的教科书编写者要让学生形成不同的态度，便在描述事件的词句上有所斟酌。如对于公元875—884年的唐朝末年农民战争这一历史事件，人民教育出版社出版的教科书中，是这样写的："唐末农民战争沉重打击了地主阶级，瓦解了唐朝的反动统治。907年，唐朝为藩镇所灭。"而台湾出版的历史教科书是这样写的："大乱起自山东，大江南北继之广遭劫掠，东南富庶地区，在此次大乱中也惨遭破坏；洛阳、长安又先后沦陷，全国骚动。唐朝重用黄巢降将朱温，勉强平定乱事，国力则从此衰竭"（于友西，叶小兵，赵亚夫，1999）。两种写法，使用了带不同感情色彩的词语，人教版的教科书使用了"瓦解……反动统治"、"沉重打击地主阶级"等词语，这些词语引发学生的肯定态度会通过条件作用的方式而逐渐转向唐朝末年的农民战争，于是使用该教科书的学习者会对这场战争形成肯定的态度。而台湾版的教科书则使用了"大乱"、"劫掠"、"乱事"等词语，这些词语本身会引发学生的否定情感或态度，又由于它们被用来描述唐朝末年的农民战争，于是，使用该教科书的学习者会通过条件作用的方式形成对唐朝末年农民战争的否定、敌视的态度。在有鲜明的价值取向的社会科中，选用不同的描述词语会让学生形成不同的态度，因而对相关教学材料的编写要做到字斟句酌，这一要求不只是从语言规范的角度考虑，更要从态度、价值观学习的角度考虑。

　　2. 观察学习

　　榜样的力量是无穷的。观察学习是态度学习的一种非常重要的学习方式。在这种学习方式中，学习者通过观察榜样对待某种态度对象的行为及其行为后果而习得相应的态度。社会学科中有很多供学生学习的榜样，如历史学科中的历史人物、品德与社会学科中的故事主人公以及学生学习中遇到的老师、同学等。那么，在这种学习中，学习者都要观察榜样的什么呢？根据观察学习的定义，学习者要观察到榜样的态度对象、榜样的态度行为、榜样态度行为的后果，而后从这种观察中，学习者替代性地习得了自己对同样的态度对象做出同样的行为，也会得到同样的行为后果，并用这一认识来指导其以后的行为选择。这时我们可以说，学习者从榜样那里习得了相应的态度。在社会科尤其是历史学科中，学习者观察的榜样通常是符号性榜样，即教科书中为学生描绘的历史人物。教科书中对历史人物的介绍，通常是放在特定的环境中，围绕其在特定历史事件中的作用而介绍的，不一定会按照观察学习的要求，从态度对象、态度行为、行为后果几方面进行明确介绍，这就需要教师对教科书进行二次开发，使得教科书的内容能够用来促进学生的观察学习。如有教师在讲授汉武帝反击匈奴的战争时，除表彰卫青、霍去病长驱万里的英雄业绩外，还补充了汉武帝想为霍去病大造府第，而霍去病却以"匈奴未灭，无以家为"相辞谢，表现了先国后家的品德，为后世所称道（苏寿桐，1997）。教科书对霍去病的介绍是围绕"反击匈奴"这一主题而进行的，而教师补充的材料则突出了霍去病这一榜样对待奖赐（态度对象）的态度行为（辞谢）以及其行为后果（为后世所称道）。这样的补充就充分发挥了霍去病的态度榜样的作用。有时，历史人物榜样表现出的态度对象和行为较易介绍，但其行为选择的后果较少见诸文字，这时就需要教师采用相应措施来展现其行为后果，即后人和今人对其的评价。如北京三中的朱尔澄老师在介绍徐光启时，添加了一个徐光启之死的细节，她说徐光启71岁死于大学士官位，"盖棺之日，囊无余资，据说只有白银10两，一品大学士，不置家产，多少年来为后人钦佩。——盖棺之日，囊无余资，闪烁着徐光启金子般的品质"（苏寿桐，1997）。在补充的细节中，徐光启对待家产（态度对象）的态度行为（不置家产）跃然纸上，其行为后果一方面是通过后人评价（闪烁着金子般的品质）来呈现的，另一方面是通过朱老师低沉而又坚定的语音中渗透的强烈的爱憎分明的情感体现的。学生一方面可从徐光启身上习得相应的态度，另一方面朱老师本人在课上富有感情地展现自己对徐光启的态度，考虑到她在学生心目中的威望，她本人也可以成为学生观察、学习的榜样，从而促进学生习得像她那样的对待徐光启这一历史人物的态度。

175

　　榜样作用的一种特殊形式是"角色扮演"，这是一种为我国教师和学生所熟悉的学习和教学活动。在这种活动中学习者模仿的是想象中的而不是真实的榜样。如在学习"不私拆、隐匿、毁弃他人信件"的态度时，可以让学生想象一下自己是个集邮爱好者，而且手上有一封来自国外寄给他人的一封信，上面有一张罕见的外国邮票，让学生实际扮演一下应该怎样收集这张邮票又不私拆、隐匿、毁弃他人信件（吴慧珠，1996）。在这样的态度情境中，学生要把自己想象成集邮爱好者或收信人，而后根据这一角色及相应态度的要求，考虑如何作出相应的、合适的行为选择，并在这种假设的情境中体验自己或观察他人行为选择的后果，从而习得态度。

　　（二）社会科态度学习的条件

　　和其他类型学习结果的学习一样，态度的学习要想发生，也是需要一定的条件的。根据加涅等人的论述，主要有如下一些条件。

　　首先，学习者要具有与所学习态度有关的先决知识和技能。态度涉及学习者在一定情境中对一定的对象作出一类反应的倾向，要建立这种倾向，学习者要具有关于态度表现的情境以及态度对象的知识与技能。换言之，学习者要具有识别一定的态度对象、情境的技能，要具有执行某种态度行为的技能，还要具备有关态度及态度对象的知识。如学生要学习"爱护公物"的态度，事先就要具备一些知识、技能，如能说出什么叫公物，能指出哪些物体是公物，能知道如何爱护具体的公物（如学校的电脑、桌椅、花草树木等）。如果学生不知道什么叫公物，不知道什么样的行为是爱护公物的，他就无从习得爱护公物的态度。但仅仅具备与态度有关的知识技能并不是态度本身。

其次，在观察学习中，学习者要对榜样表示认同。一些有威望、有魅力的榜样，如著名的科学家、著名历史人物、影视明星、教师等，易于得到学生的认同。当榜样不具备一定的权威和魅力时，与学习者各方面较为类似的同伴榜样也易得到学生的认同。同伴榜样展示的态度行为及其体验到的行为后果，为学习者观察到之后，因其与榜样的类似，易于产生替代性的学习。

再次，学习者要从对榜样的观察中形成对自己未来行为选择的预期。学习者的态度学习不只是被动地观察榜样，他还要对榜样的行为选择及其后果进行记忆、思考，形成自己若像榜样那样做会得到什么样的后果或不这样做会得到什么样的后果的认识，这种认识班杜拉称之为"结果期待"，它会成为态度的重要成分而影响学生今后的行为选择。要促进态度的学习，关键还要采取各种措施，让学生形成这种预期。如呈现榜样时，不仅要呈现榜样的行为选择，还要有这种行为选择所带来的积极或消极后果。

我国小学社会科的优秀教师在教学实践中总结出了一套培养小学生态度的教学模式，即"是什么——为什么——怎样做"。这一模式较好地体现和满足了态度学习的条件。"是什么"是让学生结合事例理解要学习的道德规范是什么，"为什么"是让学生理解道德规范的必要性和正确性，即这样做有什么好处，不这样做有什么坏处。"怎样做"是让学生按明确的行为要求，做出正确的行为（吴慧珠，1996）。从这一模式的具体含义中不难看出，"是什么"和"怎样做"是让学生事先具备与态度学习有关的知识和技能，而"为什么"则要让学生形成一定的结果预期，即这样做有什么好处，不这样做有什么坏处，和态度学习的第三个条件相吻合。"为什么"的教学被很多教师认为是态度教学的关键和重点，一些教师采用了很有特色的方法来实施这种教学，如特级教师王霍亚在教《劳动光荣，懒惰可耻》一课时，为让学生形成热爱劳动的预期，便采用兄弟两人不同的事例加以比较对照的方法，生动、直观地让学生看到兄弟两人的不同行为及其后果，从而促进学生形成了"热爱劳动有什么好处，不热爱劳动有什么坏处"的认识（吴慧珠，1996）：

176

老二	老大
手脚勤快	好吃懒做
吃上新粮，住上新房	粮食吃光，东西卖光
乡亲们喜欢	乡亲们嫌弃
劳动光荣	懒惰可耻

第三节　社会科学习规律的教学含义

一、社会科的教育目标解读

社会科总体上是对学生进行公民教育，使他们具备良好的公民素质。我国的《历史与社会课程标准（一）》将其总体目标规定为"对学生进行公民教育和人文素质教育，培养创新精神、社会实践能力和社会责任感，促进学生的社会性发展，为学生形成正确的世界观、人生观和价值观，成为社会主义现代化国家的合格公民奠定基础"。这里，在上两节论述的基础上，采用布卢姆认知目标分类学（修订版）的思想来进一步分析社会科教育的目标。

（一）社会科教育目标解读：布卢姆认知目标分类学（修订版）的观点

布卢姆认知目标分类学（修订版）主张用知识的不同掌握程度来确定认知领域的教学目标。这里的知识的概念来自认知心理学的研究，分为事实性知识、概念性知识、程序性知识、元认知知识。这样看来，认知领域的各种目标都是学习者掌握不同知识的缘故，学习者认知方面的能力、技能等，都是知识掌握的体现或结果，因而布卢姆的两维目标分类学中没有出现能力、智力、技能等概念，而将其阐释为不同类型的知识的掌握。

布卢姆认知目标分类学（修订版）的这一思想在历史学科中得到了较好的体现，也在我国的历史教育中得到了一定程度的实践。布卢姆1956年发表认知目标分类学后，自20世纪80年代以来，在我国教育界得到广泛传播和应用。上海的教师在将其应用到历史学科的教学中发现，1956年的分类不符合历史学科的特点，可操作性不强，为此，在布卢姆2001年的新分类学发表之前的1997年，上海的教师提出了一个适合历史学科的认知目标双向分类体系，见表6-1（赵恒烈，2005）。

表6-1　历史教学目标的两维分类

	史实知识	理论知识	技能知识
知道			
理解			
应用			

177

对照布卢姆2001年的认知目标分类学（修订版），上海教师提出的这一分类已与其有相当程度的接近。其中的史实知识、理论知识、技能知识大体相当于布卢姆2001年分类体系中的事实性知识、概念性知识和程序性知识；其中的知道、理解、应用大致相当于记忆、理解、运用三种认知过程。后来，历史教育工作者赵恒烈又将这一两维分类加以修改，变成表6-2的形式（赵恒烈，2005）：

表6-2　赵恒烈的历史教育目标分类

	史实知识	理论知识	技能知识
识记			
理解			
评价			
应用			

表中的识记是指对历史知识的记忆，包括对历史人物和历史事件的记忆，也包括对原因、经过、结果等历史过程的记忆。理解是指对历史信息的改组和加工，使历史认识从现象深入到本质，从感性上升到理性。评价是指站在现实高度对历史进行反思，说明它的地位、作用、意义、影响，确立其价值观。应用是指从历史学习中获得的历史知识和历史理论被用来解决其他领域中的问题，包括简单应用（如用历史知识为素材来作文，用历史知识来解释文艺作品的时代背景等）和综合应用（如用历史知识来解释社会现实、观察和分析社会问题），应用是目标中的最高层次。赵恒烈分类中的"评价"相当于布卢姆2001年分类中的"评价"，其中的简单应用和综合应用相当于布卢姆2001年分类中的分析、评价、创造。此外，赵恒烈还主张区分狭义的知识和广义的知识，他认为，"学生不仅要掌握知识，还要形成能力"中的"知识"是指狭义的知识，相当于布卢姆1956年分类体系中的第一层次"知识"，而广义的知识涉及领会、应用、分析、综合、评价等知识的应用。他进一步指出，广义知识观已将知识、技能、能力融为一体了（赵恒烈，2005）。这些观点正是当代认知心理学的观点（皮连生，1996）。我国的历史教育工作者能主动认同认知心理学的观点，并在布卢姆认知目标分类学（修订版）发表之前，提出与之十分接近的"修订版"，实属难能可贵。

这说明，布卢姆认知目标分类学（修订版）在指导和明确教育目标上，与历史学科有较好的适切性，而且，也可能易于为历史教育工作者所认同和接受。历史学科乃至社会科的一些目标诉求，如"解释和解决实际社会问题"、"对社会问题作出理性决策"等，从布卢姆认知目标分类学（修订版）的角度看，需要学习者基于各类知识来分析、评价问题或创造产品、提出假设或解决方案。如

178

对一定的历史观点做出评析是历史学科的一个重要教学目标，请看下面一个题目（赵恒烈，2005）：

郑成功收复台湾并经营台湾，为维护祖国统一立下丰功伟绩。但1683年清军进入台湾灭掉了郑氏政权，并于1684年设台湾府。对此有如下三种看法，你同意哪一种看法？ A. 既然郑成功收复台湾是统一祖国的爱国行动，那么清军进入台湾，灭掉郑氏政权当然就是错误的；B. 清朝把郑氏政权如同农民战争中建立的政权一样对待，因此清军进入台湾的性质和镇压农民起义是一样的；C. 因为当时大陆基本上已被清朝统一了，台湾作为一个割据政权而存在阻碍了中国的统一，所以灭掉郑氏政权有利于祖国的统一。

学生在类似这样的问题上的良好表现（正确答案是C）正是历史学科的教育工作者期望看到的。有这种表现的学生不只会机械地记忆事实，而且对一些问题、看法会作出辨析、判断。学习者要达成这样的目标，需要具备有关的历史知识（如台湾郑氏政权的建立过程，清朝的建立和发展等）和一定的评价标准（有利于国家统一，这也可看做是一种概念性知识）。而后，学习者才可以基于一定的历史知识，根据一定的标准对一些观点、论断作出评价。从布卢姆认知目标分类学（修订版）的角度看，这一目标的实质是基于事实性知识、概念性知识的评价。

根据布卢姆认知目标分类学（修订版）的观点，基于各类知识来进行分析、评价、创造这样的目标的达成，是以相关的知识作为基础的，离开了这些知识基础，或具有较肤浅的知识基础，都难以充分达成这样的目标。如历史教科书中有一幅宋人《耕获图》，展示了田庄中耕地、收割、打场、晾晒、入仓、灌溉、插秧等场面，其中有一个站立在桥畔，打着伞、穿着长衫的人，周围有一些农民在稻田里插秧。如果学习者仅具有地主阶级、农民阶级、封建社会这样一些历史概念，那么，在对这幅图进行分析、解释等较复杂的认知活动时，他会把打伞穿长衫的人分析并解释为地主田庄的狗腿子，他在监视田庄里农民的劳动；如果学习者具有更多的概念性知识，如"经济管理"的概念，则他在对插图进行分析时，会认为这个人是一个主要负责调配劳动力、督促生产进度、检查农活质量的经济活动的协调管理者，《耕获图》说明古代的农业生产已经具有为提高产量和质量而进行管理的思想（赵恒烈，2005）。从布卢姆认知目标分类学（修订版）的角度看，是学习者基于概念性知识而进行的分析、评价、创造，而其中基于的概念性知识的具体内容可能与目标达成的质量有密切关系。这又一次体现了认知心理学的能力观：历史学科的较高级的能力，要以各类知识的掌握为基础。

（二）社会科高级认知目标的教学

从布卢姆认知目标分类学（修订版）的观点来看，社会科追求的更高级的认知目标实质上是基于事实性知识、概念性知识、程序性知识、元认知知识的分

179

析、评价、创造，这启示我们，要让学生达成这样的高级目标，必须以知识的掌握为基础和前提，脱离了相关的知识基础来进行分析、评价、创造的训练是徒劳无益的。心理学的发展史上有一种解释学习迁移的理论，叫形式训练说，认为学习者通过拉丁语、几何、逻辑等形式学科的学习就可以发展和训练学生的一般推理、判断等能力，且训练好的能力可以广泛适用于各种情境与问题。这一观点不断地被心理学家的经验证据所否定（王小明，2009），但在教育实践中总是有一定市场，至今仍有很多教育工作者热衷于培养学生抽象的分析能力、评价能力、创造能力而无视相关知识的作用。培养社会科的这类高级目标时，首要的是致力于让学生习得相关的知识基础，同时还要避免脱离相关知识的学习与教学而抽象地培养所谓的能力，避免重蹈形式训练说的覆辙。

但是，在教学的帮助下，学生习得了分析、评价、创造等认知过程所需要的各类知识基础之后，并不能表现出相应的分析、评价、创造行为来。相关知识的掌握只是达成这类高级认知目标的必要条件但不是充分条件。那么，为达成目标，学习者还需要什么条件呢？虽然目前心理学家们对这一问题的研究还不够深入，但他们认为，至少有一个十分关键的条件，那就是学习者基于各类知识进行分析、评价、创造等高级认知过程的倾向（disposition）（Resnick，1987），这就是说，即使学习者具有相关的知识基础，如果他缺乏在此基础上进行高级认知过程的倾向，他就不会实际表现出这些高级的认知目标。学习者身上表现出的"惰性知识"现象可能有助于说明这一点。所谓惰性知识是指学习者能直接回忆出来但不会灵活运用的知识。在面对一定的问题情境需要进行分析、评价、创造这样的认知过程时，学习者虽然具备相关的知识，但不会以其为基础来进行分析、评价、创造，其中一个主要的原因就是学习者缺乏运用知识来解决问题的倾向。

那么，我们应当如何培养学习者的这种倾向以使其能达成高级的认知目标呢？心理学家认为，这种倾向的培养需要在一个合适的社会环境中持续不断地进行，这种合适的社会环境主要是指一个社会群体，该群体要崇尚分析、评价、创造等高级的认知过程，而且，在群体的活动中有许多场合为群体成员展示这些高级认知过程的执行，并且积极鼓励群体中的其他人也这样做（Resnick，1987）。可见，倾向的培养需要一个支持性的、促进性的社会环境。加涅等人在谈及问题解决技能（与布卢姆新分类中的"创造"认知过程相当）时，也认识到需要通过合作性的群体工作来促进对问题解决的学习（加涅，2007）。从学习结果的角度看，这种倾向更像是一种"态度"，一种基于各类知识执行高级认知过程的态度，而班杜拉的理论又指出，通过对榜样的观察是形成态度的一种常见而有效的方式，崇尚并经常执行分析、评价、创造等认知过程的群体，可以给其中的学习者更经常、更多地提供展示高级认知过程的榜样。从对榜样的观察中，学习者才有可能习得综合运用各类知识进行分析、评价、创造的倾向。在教学实践中，这种崇尚高级认知过程的群体主要是学生所处的班集体，其中有同学，也有老师。如果班集体的学习和教学的主要活动是围绕记忆事实、理解概念性知识、应用程序，而较少有教师或学生表现出基于这些知识对一些社会问题和现象进行分析、评价或创造，则处在这种班级环境中的学生虽然已经习得了进行分析、评价、创造所需要的事实、概念、原理、程序，但不会运用这些知识表现出相应的认知过程来。我们的课堂上师生的活动主要集中于布卢姆新分类中的哪些认知过程？这种课堂活动的特点与我们对高级认知目标的追求存在多大关联？每个教育工作者都应当认真思考和研究这些问题。

二、道德判断发展与社会科态度的教学

社会科态度教学的效果不只体现在学习者对一定的态度对象作出适当的、相应的行为反应，也体现在学习者对自己和他人行为的价值判断上。在日常生活和学习中，学习者接触到的不可能全是经过教育者有意识安排的教育环境，他们有更多的机会接触各种各样的人和事，这些人和事不会完全体现社会科要培养的良好态度。在这种情境下，学习者还要具有对这些人和事作出价值上正误或优劣的判断。心理学家将这类判断称为道德判断或道德认知。在布卢姆认知目标分类学（修订版）中，这类判断是学习者基于一定的知识，根据一定标准而作出的评价。发展心理学家发现，这种判断和评价受学习者心理发展水平的影响，他们调查了不同年龄段儿童的道德判断情况，发现了一些规律性的东西。

（一）儿童的道德判断发展

皮亚杰发现，学前儿童对一些规范很少关注，或意识不到，他们不能根据一定的规范对自己和他人的行为作出判断。到了5—10岁的时候，儿童注意到了规范，而且他们认为这些规范是不容置疑的、是固定不变的，他们常以有权威的老师、父母或长辈制定的规范作为判断自己和他人行为的标准。在判断行为的好坏时，通常依据行为后果的大小，而不是依据主观的动机。如一个孩子因帮助妈妈做家务不小心打碎了5只杯子，而另一个孩子因为偷吃东西打碎了1只杯子，这一年龄段的儿童通常认为，前一个孩子更坏，因为他打碎的杯子更多。到了9—12岁左右，儿童开始认识到规范不是固定不变的，而是经过协商制定的，是可以改变的，在对他人的行为进行判断时，不只会考虑行为的后果，还会考虑行为的动机。

柯尔伯格（L. Kohlberg）发现，3—9岁的儿童基本上根据行为的后果来判断是非好坏，或根据避免惩罚与获得奖励来行事。10—20岁的青少年儿童，根据行为的社会规范或文化规范来判断是非，遵从这些规范的就是好的，反之就是坏

181

的，而且，这些规范是维持社会秩序所必需的，是不能改变的。20岁以后的成人则根据抽象、普遍的道德、正义、公平等原则作出判断，社会规范是社会大众经过协商而建立的，是可以改变的。

皮亚杰和柯尔伯格发现的儿童的道德判断从只重行为后果向行为后果与动机并重发展，从社会规范的神圣不可改变向社会规范的契约观、可变观转变等现象，得到了后续研究的支持。虽然道德判断发展的规律得到认可，但这些发展规律与年龄段的关系并未形成一致认识。柯尔伯格的道德判断发展阶段的年龄段较皮亚杰的偏高，反映出柯尔伯格所持的儿童的道德判断发展较迟缓这一认识（皮连生，2011）。而我国学者的调查表明，我国中学生的道德发展水平大多数处于科尔伯格道德发展阶段论的第二阶段。在对行为后果和原因的道德判断上，我国儿童从小学三年级起，绝大多数已能根据行为的动机意向或从行为的因果关系上作出判断，而且已有半数以上的儿童能把行为动机和后果两个方面联系起来进行比较判断（皮连生，2011）。

（二）道德判断发展与社会科态度的教学

发展心理学家有关儿童道德判断发展的研究对我们在社会科进行态度教育不无启发。

182　首先，了解了儿童道德判断发展的规律，有助于教师更深入地认识儿童的道德判断行为。如对小学低年级学生，老师教育他们"拾到失物要交公"，一些学生因将拾到的东西上交而受到了老师的表扬，另一些学生则把自己的东西或从家里拿来的东西交给老师，谎称是自己拾来的，还有些学生明知拾到的失物是谁的，但就是不交给失主，非要交给老师。很多老师对学生的这种表现感到困惑，其实，从儿童道德判断发展来看，儿童的表现符合其年龄段的发展特点，正如柯尔伯格指出的，3—9岁的儿童是根据避免惩罚、获得奖励来指导自己行为的，而不是根据一定的道德规范来行事的。在儿童看来，他们行为的标准就是获得老师的表扬或避免老师对自己的惩罚。既然拾到失物交给老师可以获得表扬，于是，为了得到老师的表扬，在拾到失物时会主动交给老师，在没有失物可拾的情况下，他们会拿自己的东西冒充失物，以求获得老师的表扬。

又如，在小学低年级，对一些有关道德判断的问题，常有学生作出出人意料的回答。学完《狐狸和乌鸦》的故事后，有学生说他很欣赏狐狸，认为它有办法弄到自己想要的东西；学完《孙悟空三打白骨精》一课后，有学生认为要学习白骨精遇到困难不气馁、百折不挠的精神。学生的这种表现也让很多老师感到困惑。其实，从儿童道德判断发展的角度来看，小学或小学低年级的学生在进行道德判断时，是根据行为的后果而不是动机来作判断的，他们对狐狸、白骨精进行道德判断时，往往关注他们做出的行为及其后果，并以此来对他们作出判断，而没有注意到狐狸和白骨精这样做的动机是骗人、害人的。作出这种判断的儿童，是其道德判断发展不够成熟的表现，作为老师，不可以"珍视学生的独特体验"为依据而对学生的这种幼稚、不成熟的判断予以赞赏、珍视，而在价值观上误导学生。

其次，了解了学生道德判断发展的规律，有利于教师对学生的道德判断作出有明确方向的引导。如在小学中年级学生的道德判断开始由只注重行为后果转向行为后果与行为动机并重，因而，对学生只重行为后果的不成熟的道德判断，教师要引导学生关注行为的动机和目的，以提升其道德判断水平。如特级教师王震亚在教《学会全面看问题》一课时，让学生讨论如下事件：王敏同学平时一贯助人为乐，热爱集体。有一次，她为了帮助军属张大娘上街买东西，上课迟到了几分钟，有的同学批评她"不守纪律"，这样的批评对吗？为什么？一开始，学生意见并不统一，最后在老师的有意识引导之下，学生进一步明确了：评价一个人、一件事，不仅要评价行动，而且要评价动机，这样才能做到"全面看问题"（吴慧珠，1996）。有学生批评王敏"不守纪律"，这是根据她行为的后果作出的，而教师的引导则让学生综合行为的后果与行为的动机来评价。如果教师能采用两个行为后果相同而动机不同的榜样（如另一名同学在路上贪玩而上课迟到），让学生对这两个榜样进行比较、对照、分析，找出相同与不同的地方，然后再作出评价，这种引导活动或许更有益于学生将注意集中于人物的动机而不是行为的结果上。不管用什么方法，引导学生关注行为动机而不只是行为的结果，这本身就十分符合儿童道德判断发展的方向。

183

三、运用社会科学习的心理学规律分析教学任务

知晓了社会科的学习结果类型和各类学习结果学习的规律，我们就可以此为基础，对社会科的教学任务作出分析，明确学生学习教学任务的规律，从而为确定教学内容、教学方法提供指导。下面以两个例子来说明如何进行这种教学任务的分析。

（一）阅读地图任务的分析

社会科的一些教学任务，通常不只涉及单纯一种学习结果，而是涉及多种学习结果的综合运用。地理学科乃至历史学科中的阅读地图的任务就是这样。阅读地图的教学任务通常要求学生能做如下几件事情：1. 能够确定地图的方位，指出东南西北四个基本方向；2. 能够读懂地图上各种符号表示什么客观事物；3. 能够识别地图上的比例尺，进而计算实际距离；4. 利用经纬度和区域划分，在地图上查找某个地方；5. 能够表述相对位置（杨心德，蔡维静，2005）。

对这样的教学任务，我们应如何运用社会科学习的心理学规律进行分析呢？

首先，需要确定教学任务中牵涉的学习结果类型，同时明确各类学习结果学习的规律（如学习的过程、方式、条件等）。其次，分析学习者在上述学习结果类型上的掌握情况，即了解学生的原有知识基础，了解他们在某类学习结果的学习过程上已进行到什么样的程度。最后，对学生还需要继续学习的学习结果类型，根据其学习的过程和条件，明确促进其学习的教学措施。

阅读地图的教学要求涉及如下两种学习结果：一是程序（或规则），上述教学要求中的1，3，4，5都属于程序，学习者要运用一些规则（如上北下南，左西右东；用比例尺换算实际距离；先确定经度，再确定纬度，从而找出某个地方）来从地图中获取相关信息。二是事实，即图例与其代表的客观事物之间的联系。程序和事实学习的规律本章第二节作了详细介绍。学习者在这两类学习结果上都学到了什么程度？这需要教师结合学生的实际情况来定。这里我们可以合理地假设，学生在数学课上已经学会了有关比例的数学运算；在地理课上习得了经纬度的概念、地图图例的有关事实以及利用经纬度确定某一地点的程序。根据程序和事实的学习规律，教师需先示范或描述要学生学习的程序，而后再创设情境，让学生练习使用该程序，而对事实的学习需要教师直接将事实呈现给学生，让学生在多种学习地图的情境中对事实进行重复，或者为学习者提供精加工或引发学生的精加工活动来促进对事实的学习。经过这样的分析，在拿到教学的任务后，教师要教什么，如何教都十分清楚了。

（二）态度教学任务的分析

态度是社会科的重要教学目标之一，在进行态度教学时，应如何以态度学习的心理学规律为指导呢？和刚才阅读地图的教学分析一样，首先要确定所教的任务涉及态度的学习并进而明确态度学习的过程、条件。其次，根据对学生的了解，分析学生在所要学习的态度上已达到什么程度或已具备什么条件，还需要学习什么或需要什么条件。最后根据进一步学习态度所需要的条件选择和设计相应的教学措施。

根据上一节对态度学习的阐述，可将态度学习的内外条件总结在如下的表中：

	有关态度对象的知识 （是什么）	有关态度行为的技能 （怎样做）	态度行为与后果的预期 （为什么）
所要学习的态度			
	告知，讲解，举例	示范，讲解，练习，反馈	学生认同的榜样展示态度行为与后果

表中第一行呈现的是态度学习的内部条件，即学习者要习得什么，最后一行

呈现的是态度学习的外部条件，这些条件是教师可以操纵以影响或导致内部条件得到满足的。表中左列是有待学生习得的态度。这一表格其实呈现的是态度教学任务分析的框架。运用这一框架对态度教学任务进行分析，有助于教师更加明确为实现态度教学目标需要教什么，如何教。

如小学中年级学生"正确对待批评"的态度教育，可以参照态度学习的条件，分析学生态度学习的情况。小学生是具有有关正确对待批评的知识的，如他们接受过"虚心使人进步，骄傲使人落后"的教育，也有过"接受老师的批评，改正自己的缺点，对自己有好处"的体验，但在如何应对批评以及为什么要这样做上却显得不足。因而这一态度教学的重点应放在"怎样做"和"为什么"上。可以使用学生认同的榜样（如雷锋叔叔）如何对待批评的行为与思想来促进学生习得这一态度。

又如对小学高年级学生进行"在集体中讲民主"的态度教育，通过参照态度学习的条件对学生的分析，发现学生缺乏有关态度对象的知识（如什么是民主、民主生活会）以及态度行为的技能（如何实施民主），更不用说为什么要在集体中讲民主了。因而要让学生习得这一态度，需要结合学生生活中的具体例子和角色扮演活动，让他们理解什么是民主，什么是集体中的民主生活会，应当如何实施自己的民主权利。此外，还要用一些学生认同的榜样（如老一辈无产阶级革命家）在集体生活中讲民主的事例供学生观察学习。和前一种态度相比，这一态度学习缺少的条件较多，相应的教学也更为复杂。对这两种态度教学的分析结果可列表如下：

	有关态度对象的知识（是什么）	有关态度行为的技能（怎样做）	态度行为与后果的预期（为什么）
正确对待批评	有	无	无
在集体中讲民主	无	无	无
	告知，讲解，举例	示范，讲解，练习，反馈	学生认同的榜样展示态度行为与后果

我国一些优秀教师在对学生进行思想教育时，主张对学生的知行基础进行分析，对学生的不同情况，可区分出有知有行，有知无行，无知有行，无知无行等类型（吴慧珠，1996）。如果我们认为，这种分析中的"知"相当于态度学习条件中的"是什么"、"为什么"，"行"相当于"怎样做"，那么，这些优秀教师所做的工作便和本书基于态度学习规律的教学任务分析工作十分接近了。

【建议参考资料】

1. 吴慧珠. 中国著名特级教师教学思想录（小学思想品德卷）［M］. 南京：江苏教育出

185

版社，1996.

2. 杨心德，蔡维静. 社会学科学习与教学设计［M］. 上海：上海教育出版社，2005.

3. 加涅，韦杰，戈勒斯，凯勒. 教学设计原理［M］. 王小明，庞维国，陈保华，汪亚利，译. 5 版. 上海：华东师范大学出版社，2007.

4. 赵恒烈. 赵恒烈历史教育选集［M］. 北京：人民教育出版社，2005.

【问题与思考】

1. 举例说明社会科的概念原理及其学习的规律。

2. 举例说明社会科的有组织知识及其学习的规律。

3. 社会科态度学习的两种方式是什么？

4. 学生道德判断发展的规律对做好社会科的教学工作有什么指导意义？

5. 在社会科上，要对学生进行"低碳生活"的教育。请你分析这一教学任务的性质、学习的条件，并提出相应的教学措施。

6. 试根据布卢姆认知目标分类学的思想，构建一个社会科教育目标类型的框架。

第七章　学科学习心理的比较

【本章提要】

对各科学习的心理学规律进行比较有助于我们更深入地认识学生学习的规律，更准确地把握学科学习的特殊性。在不同学科中，概念性知识都是主要且重要的学习结果。数学、英语学科中的概念性知识学习主要达到运用层次，而语文、社会、科学学科中的概念性知识一般还要求达到分析、评价、创造的层次。概念性知识与其例证有时会分别成为学习的主要目标，如社会科、英语学科的某些内容的学习中，学生要学习的主要是概念性知识的例证，而在语文、数学、科学学科中，学生主要学习的是概念性知识本身。虽然榜样示范是各学科态度学习的主要方式，但在语文、社会等人文性、思想性较强的学科中，通过文本的学习，以经典条件作用方式习得态度是另一种明显的学习方式，而在科学学科中，在动手做等亲历活动中习得态度则成为该学科突出的态度学习方式。数学、科学、语文学科中的策略学习要摒弃"渗透观"，通过明确的教学，让学习者从双内容样例中习得并会主动运用相关的策略。原有知识是影响学生学习的重要因素，它们对新的学习有时会起促进作用，有时会起干扰作用，需要区别对待。社会科与语文学科都要借助于文本来学习，学习的关键是要处理好学"文"还是学"道"。文言文学习与英语课文学习都要学习不同于现代汉语的符号和语法规则，学生具有的现代汉语的知识对这两种学习任务有着类似的影响。绘画与作文这两个表面不同的任务其实涉及大体相同的学习规律，明确一种任务的学习规律之后，通过有意识的类比，会有助于教师把握另一种任务的学习规律。心理学与教育的结合经历了单向道、死胡同、双向道三个阶段，心理学与教育之间存在双向的互惠关系。学科学习心理学研究是实现这一互惠关系的重要途径。

187

【学习重点】

1. 举例说明不同学科概念性知识学习规律的异同。
2. 举例说明不同学科态度学习方式的特殊性。
3. 举例说明不同学科策略学习的共同规律。
4. 陈述社会科和语文学科文本学习的区别。
5. 举例说明文言文与英语课文学习的类似之处。
6. 结合具体例子分析并比较绘画与作文学习任务的类似。

7. 陈述心理学与教育相结合走过的三个阶段。

8. 举例说明心理学与教育的双向互惠关系。

【重要术语】

概念性知识 概念性知识的例证 "文"与"道" 单向道阶段 死胡同阶段 双向道阶段 策略学习 态度学习 原有知识 讲授法 自我解释 文本学习

本章之前的五章在本书第一章的基础上，分别阐释了语文、数学、英语、科学、社会科学习的心理学规律。各具体学科学习的心理学规律虽有相同或类似之处，但也不完全相同，每门学科在学习心理的规律上还带有各自学科的特色。换言之，心理学家为我们揭示的学生学习的心理学规律在不同学科中的体现形式是有所差异的。认真地审视这些差异，不仅有助于教师更有针对性地、更准确地将学习心理的规律运用于具体学科的学习指导和教学中，而且还有助于教师更深刻地把握具体学科学习与教学的规律。因而在阐述完中小学主要学科学习的心理学规律之后，有必要对这些学科学习的规律进行比较，用奥苏贝尔的话来讲，这种比较的工作可以促进教师有关不同学科学习规律之间的"综合贯通"，从而实现对各学科学习心理规律的深入理解。为实现这一目的，本章首先对各学科主要学习结果学习的心理学规律进行比较，而后对不同学科中相类似的或相关联的学习（教学）任务的学习进行比较，最后从学科学习心理的角度阐述心理学与教育相结合的问题。

第一节 主要学习结果学习规律的比较

一、概念性知识学习规律的比较

概念性知识是一种较为概括的知识类型，包括概念、原理、理论、模型等具体类型。各学科中的概念、原理、图式、心理模型、有组织的知识等学习结果类型，都属于概念性知识。概念性知识是各学科主要的学习结果类型（皮连生，2009）。这里从概念性知识的掌握程度以及概念性知识与其例证的关系角度对主要学科概念性知识的学习进行比较。

（一）概念性知识掌握程度的比较

布卢姆认知目标分类学（修订版）将概念性知识的掌握程度分为记忆、理解、运用、分析、评价、创造六种水平，不同学科甚至同一学科的不同概念性知识需要达到的掌握程度是不一样的，有的要求达到理解程度，有的要求达到运用程度，还有的要求达到分析、评价、创造的程度。

　　社会科的一些概念性知识，通常要求达到的掌握程度是理解，有时则更看重达到分析、评价、创造的程度。如要求学生分析、评价某种观点、鉴别史料、提出自己对某些历史事件的看法等。在义务教育阶段，科学学科的一些概念性知识和社会科的掌握要求一样，也要求达到理解、分析、评价和创造的层次。本书第五章对科学教育目标——科学素养的分析清楚地表明了科学学科中的概念性知识的教学要求。此外，在美术学科中，中小学美术教育工作者在尽力摆脱美术教育的专业化、成人化或过于注重技能技巧的教育，转而强调美术欣赏或审美的教学（姚今迈，1996）。美术欣赏的目标诉求要求学习者在具备与美术有关的概念性知识（如构图的原则、内容与形式的关系等）的基础上，对美术作品进行分析、评价。可见，美术学科中的概念性知识也有达到分析、评价层次的要求。

　　而数学、英语这样的学科中的概念性知识，通常要求达到运用的程度。英语中的许多有关语言结构、语言运用的规律，最终要求学习者会用其生成合乎规范的英语句段，而不能停留在理解这些规律却不会运用的层次。英语学科要培养的是使用英语这种语言的人而不是谈论这种语言的人。数学学科的许多概念性知识，如加法交换律、乘法分配律，要求学生能在类似或有变化的情境中演示或执行这些规律，而不只是能识别这些规律适用的例子。

　　语文学科是一门有着明显技能特色的学科，其概念性知识的学习首先也要达到运用的层次，但是，语文学科的概念性知识还是达成语文其他目标如阅读欣赏、作文等的基础。学生要综合运用各种知识（包括但不仅限于概念性知识）来对一篇文章作出分析，或根据一定标准作出评价，或生成一篇新的文章，这时，概念性知识的学习就不只是达到运用的层次，还要达到分析、评价、创造的层次。如叶圣陶先生在谈及作文时，讲到了文章的一个规律：文章的各部分（或材料）要围绕所要写出的总旨这一中心，让文章成为一篇圆满的文字，正好像一个浑凝调和、周通一致的圆球一样（叶圣陶，1980）。文章的这一规律，属于概念性知识，其学习的要求可以是让学生在这一知识类型基础上，分析《草原》、《少年闰土》等课文中使用的写作材料，而后根据是否"周通一致"的标准对这些课文作出评价（张伟，1997），或者可以要求学生综合这一概念性知识及其他的知识写出一篇像圆球一样圆满的文章来。于是，学生对这一概念性知识的掌握程度就达到了分析、评价、创造的层次。考虑到作文、阅读欣赏是语文教学的重要目标，因而语文概念性知识的掌握程度不能只限于运用，还要拓展至分析、评价、创造的层次。

189

　　（二）概念性知识与其例证关系的比较

　　概念性知识本身较为抽象、概括，概念性知识的例证较为具体，二者的关系是，概念性知识的例证是用来例示或说明相应的概念性知识的。概念性知识的作用为很多教育工作者所重视，主张将其作为主要的、重点的教学目标，但在不同学科或同一学科不同内容的学习上，这一认识有时不正确：概念性知识的例证成为学习的重点，而概念性知识本身则处于相对次要的地位。

在语文、数学、科学、社会学科中，概念性知识本身是学习的重点，概念性知识的例证是服务于概念性知识学习的，不管是例规法还是规例法，学生最终要学习的是"规"，并用这些"规"来做事。而在英语、社会学科中，一些概念性知识是服从于或服务于其例证的学习的。如在历史学科中，学习"百家争鸣"的内容时，各家学派的内容都可按学派名称—代表人物—政治主张—著作的格式加以组织，这一格式就是一个相对概括的概念性知识（图式）。各学派的具体内容则是这一图式的例证。在这种情境中，学生要学习概念性知识还是其例证？只习得了概念性知识而没有习得其例证的学生，其头脑中虽有了组织各学派内容的图式，知道每个学派都有学派名称、代表人物、政治主张、著作这样四个方面，但对于墨家学派的具体主张、著作、代表人物等具体内容一无所知，只有一个空的组织框架，这显然不是社会科要培养的人。因而，在这种情境中，学生学习的重点应是概念性知识的例证，即各学派的具体内容。概念性知识对这一内容的学习起到组织、促进作用。

在英语学科中也有这种情况。如张思中总结了不规则动词过去式、过去分词的变换规律，将其分成四条规则，见下表（张思中，2006）：

分类	原形动词	过去时态	过去分词
ABA 式	come	came	come
	run	ran	run
ABB 式	bring	brought	brought
	get	got	got
AAA 式	put	put	put
	let	let	let
ABC 式	do	did	done
	go	went	gone

这四条规则是有概括性的概念性知识，come，bring，put，do 等动词的过去式、过去分词是这些规则的例证。学生学习时要将重点放在规则上还是规则的例证上？如放在规则的学习上，则学生习得的是抽象的规则，在遇到动词 go 时，他仅仅知道 go 的过去式、过去分词与其原形不一样，这种认识不能让他说出或写出完整的英语句子，因而在这种情况下，只学会了概念性知识的学生是难以有良好的语言表现的，他们要学习的重点应是概念性知识的例证，即 go 的过去式、过去分词分别是 went，gone；get 的过去式、过去分词都是 got。学生所学习的概念性知识对这些例证起到组织、简化的作用，一定程度上可以减轻学生学习的负担，但其主要作用是服务于概念性知识例证的学习。

二、态度学习的比较

在各个学科中，态度的学习既有共同的一面，也带有各学科的特性。

观察学习或通过榜样的示范进行的学习是态度学习的主要方式，这里的榜样不只包括符号化的榜样（如教科书中塑造的人物形象），还包括真实的榜样（如教师、同学等）和想象的榜样（如角色扮演中的榜样）。这样看来，学生在各个学科学习中都有机会接触榜样，因而观察学习成为各学科态度学习的主要方式。

在语文、社会科等人文性、思想性较强的学科中，除了通过榜样学习外，学习者还可通过经典条件作用的方式习得态度。在这些学科的学习中，学习者通常要多次反复阅读文本，而文本的作者在写作文本时，会通过选词造句等方式将自己对待某些人、事、物的态度体现其中。如用褒义词来描写英雄人物，用贬义词来描写反面人物，这种情况在语文学科中的记叙文、议论文、散文中以及历史学科中对历史人物、历史事件的叙写中常被用到。从学习者学习的角度看，在学习之前或之初，他们对文本中的态度对象可能没有明确的态度，但是，他们在褒义词和积极、肯定的态度，贬义词和消极否定的态度之间已形成联系（已有的条件作用）。语文、社会学科中文本的作用在于将他们原本没有明确态度的对象通过褒义词、贬义词等手段的运用而与其已有的条件作用中的刺激项（即褒义词、贬义词）配对或同时呈现，在学生多次的阅读或学习文本过程中，他们会通过条件作用的原理对原本无明确态度的对象形成积极或消极的态度（具体例子请参阅本书第六章有关态度学习的阐述）。

在科学学科中，由于学习者有很多科学探究和实践的机会，因而态度学习除了榜样作用外，学习者的亲历经验也是其习得态度的一个重要来源。在亲历的动手做或探究活动中，学习者对一定的态度对象（如他人的劳动成果、数据的收集、结果的验证等）作出了一定的行为选择，教师的奖励、评价、批评对学生就一定态度对象形成合适的行为反应预期十分关键。虽然在其他学科的学习中，学生也可通过这种亲历学习的方式习得态度，但在科学学科中，这种态度学习方式因为适合科学学科强调动手做的特点而显得尤其突出。

三、策略学习的比较

策略描述的是我们学习、记忆、思维等方面的规律，揭示的是我们的主观世界运作的一些规则。数学学科中的数学思想方法、科学学科中的科学思想方法、语文学科中的阅读策略、作文构思的方法以及记忆事实性知识时使用的精加工方法、记忆术等，都属于策略。在这些不同学科中，都或多或少地有策略学习的任务，尤其是在语文、科学、数学等学科中，策略学习的任务更明显、更重要。综观这三科的策略学习，以下两点值得强调。

一是策略通常要通过明确、有意识的教学才能习得。我国的教育工作者认识

191

到了学科中存在策略这种学习结果，但在策略的学习与教学上，奉行一种渗透观，主张在蕴含有策略的具体学科内容的学习与教学中自然而然地让学生习得相应的策略，还有些教师或教育研究人员认为，特定的学科或特定学科中的特定内容有智力训练价值，学了这些内容，对学生的智力是有促进作用的，这里"智力"的概念就相当于策略。学生从中习得的东西，是一种"难以言说的回报"。但这些认识与心理学的研究不一致。心理学有关策略的研究主张策略应通过明确的教学而获得，而强调特定内容的智力训练价值的观点，其实是为心理学家不断否定的"形式训练说"的翻版。虽然没有得到研究的支持，但这种策略学习的"渗透观"对许多教师和研究人员很有吸引力，很多人有意无意地秉持或实践着这一观点。在策略的学习与培养上更新观念，转变观点，是我国教育实践领域的一项重要任务。

二是策略的学习宜借助双内容的样例，通过例中学的方式进行。心理学的研究证实，策略的学习宜结合具体内容的学习进行，这就是说，习得化归的策略，要在解二元一次方程组、求平行四边形的面积等内容的学习中进行。在这种学习情境中，学习者一方面要学习学科的特定内容（如解二元一次方程组），又要学习该内容中蕴含的策略。如果我们把蕴含有策略的特定内容作为策略的例子，那么这一例子因其两方面的内容都要学习而被心理学家称为双内容样例。对这一样例的特殊性，特级教师宁鸿彬作了一个形象的比喻。他将学生要学习的阅读、写作的策略比做是蜜，而把体现这些策略的特定内容（语文课文）比做蜜水。学生学习课文这一例子（双内容样例）时，要像喝蜜水一样，自己从中品味出蜜来（宁鸿彬，1998）。科学和数学学科也一样，学生也要从蕴含有蜜（策略）的蜜水（该学科的特定内容）中自己品味出其中的"蜜"来。在从这种双内容的样例中学习时，学习者和教师常犯的一个错误是，将绝大部分的精力集中在学科特定内容（如课文内容、解二元一次方程组）的学习上，对于其中蕴含的策略则缺少有意识的关注，从而滑到"渗透观"的立场上，未能充分发挥这类策略例证的作用。这是学生和教师都需要注意的地方。

四、原有知识及其作用的比较

在各科的学习中，对学生的原有知识在学习中的作用，怎么强调都不过分。学生的原有知识在不同学科中的体现形式各有特色。在英语学科中，相对于英语学习而言，学生的原有知识主要是其具有的有关母语和其母语文化的知识。如学生习得的汉语拼音知识、汉语语法知识以及本土文化（如龙象征着威严、王权；把人比做老鼠喻其胆小等）的知识。在科学学科中，学生的原有知识主要是其在日常生活中形成的对世界认识的日常观念（参见本书第五章的介绍），此外，学生在数学学科习得的数学概念、程序也是其进一步学习科学（主要是物理、化学等学科）的重要基础。在社会学科中，学生原有知识也主要体现在学生日常生活中形成的对社会的一些认识，如学生通过阅读小说、观看电影、电视剧而形成的对历史人物和历史事件的看法。

学生的原有知识有时会对相应学科内容的学习起到促进作用，有时则会起到干扰作用。如学生在数学课上学会了小数、分数的运算技能，这种原有知识会促进他们对科学学科中涉及数学计算内容的学习。学生在日常生活中获得帮助家长做家务、帮助其他小朋友学习等体验，会有助于他们在社会科上习得"关爱他人"的态度。这些是学生的原有知识对学科新的内容的学习起到促进作用的情况。在学科学习与教学的实践中，更应引起我们关注的是原有知识对新学习的消极作用。如学生习得的日常观念中有很多与科学的观念相冲突，而且由于这些日常观念在学生的生活中不断得到强化而变得非常稳固，它们还倾向于排斥新习得的科学观念。学生习得的汉语语法规范在其英语语法的学习中也会起到干扰作用，学生会根据汉语的习惯而造出 open the lamp（开灯）、What means?（什么意思）等中式英语来。在历史学科中，学生从文学作品、影视作品中形成的对历史的常识性认识会干扰学生对真实历史的学习。如学生看了大量有关清朝的历史剧后，会产生疑问：清朝的皇帝这么亲政爱民、治国有方，孙中山为什么还要推翻清朝？国外学者在历史学科的教学研究中也发现，学生从大众媒体上看了许多迪斯尼影片之后，会对学校历史内容的学习产生干扰，学生倾向于相信迪斯尼影片中描绘的历史而不相信历史教科书中描绘的历史，这种现象被一些学者称为"迪斯尼效应"（Alexander，2006）。

193

第二节　不同学科学习任务学习的比较

一、社会学科与语文学科文本学习的比较

社会学科（主要是历史、地理）和语文学科的教科书都涉及大量的文本，学生要从这些文本中进行学习。将二者的学习进行比较，有助于我们更明确地认识各自文本学习的重点和规律。

首先，从文本的作用来看，社会科中的文本所起的作用是呈现需要学生学习的内容，历史、地理教科书中用文字表述的内容是需要学生学习的内容，主要是有组织的知识。语文学科中的文本具体是指课文。根据叶圣陶的思想，语文学科主要的教学目标是技能，这里的课文是例示构成技能的概念规则的，这就是说，课文只是一种凭借，学习者借此来学习要达成的语文技能的目标。

其次，从文与道的关系来看，社会科与语文学科文本学习的侧重点不同。"文"是指文本的语言形式，"道"是指文本通过语言文字传递的内容或道理。在社会科中，学生通过文本要学习的是语言文字传递的信息，即"道"。如介绍"太平天国"的有关文本，学生要从中习得有关太平天国的有组织的知识。在语

文学科中，学生通过文本（课文）要学习的是如何遣词造句、布局谋篇的技能，这些技能反映的是表达思想内容的语言形式的规律。如果在语文学科中，学生通过课文的学习只知道了课文的内容而对于课文是如何表达这一内容的规律却没有掌握，这样的课就不是语文课了。《晏子使楚》这篇课文，放在社会科上，学生应习得其中的内容，即楚王如何刁难晏子，晏子又如何机智应对，或者从课文的内容出发，进一步引申到对人的尊重、对国家的尊重等态度的学习上，学生学习的侧重点是文本传递的"道"。这篇课文如果作为语文学科的文本，学生要从这篇课文中学习阅读、写作的有关技能，如学习如何利用篇章图式来读懂或记住文本的内容，学习如何选词造句来准确生动地描写人物，学生学习的侧重点放在如何表达"道"的"文"的规律上。在社会学科的学习与教学中，教师一般都能在"文"与"道"的关系上作出正确定位，但在语文学科的文本学习上，很多教师常将学生学习和自己教学的重点放在"道"上，这样的课有可能成为社会科的课，而语文学科本身要达成的目标却在无形中被废弃了。因此，语文学科的教师要多从学科比较的视角来审视课文的教学，想想同样的课文，放在语文课上教和放在社会课、科学课上教有什么不同，如何教才能反映或体现语文学科学习的特点和要求。如语文教科书中有一篇《叫三声夸克》的科普课文，其中涉及诸如原子、原子核、基本粒子、光子、介子等物理学术语。对于在语文课上教这篇课文，有位老师作了如下思考：1. 假如物理教师来教学这篇文章，他会怎么做？2. 在阅读教学中，学生有科学知识或其他方面的障碍时，是不是要语文教师来解决？假如语文教师在教学中有解释其他学科知识的义务，那么其他学科的教师又干什么？3. 语文教师和其他学科教师的区别又是什么？（陶成生，2002）对诸如这些问题的思考，有助于语文老师明确自己的教学目标，从而避免在教学目标的定位上出现大的偏差。

此外，对社会学科文本学习中的"文"的处理要以促进"道"的学习为目的。社会学科和语文学科的文本都是文章，都要符合一定的文章规范。语文学科主要学习的就是这些规范。在社会学科，也有可能会遇到如何处理这类规范的问题。此时，需要学习者和教师注意的是，学习社会科文本中的这些规范，是为了更好地促进对文本内容的学习。如历史教科书内容的一种组织方式是点面结合，"点"指的是具有典型意义的重点事例，"面"指的是面上的一些材料。如在介绍我国的原始人群时，历史教科书提及了元谋人、蓝田人和北京人三者，对前两者只是一笔带过，重点介绍了北京人（赵恒烈，2005）。这种点面结合的手法在语文学科的相关文本（如《开国大典》）中也有体现。但用在社会学科的文本上，学习者要用其来深入理解教科书的有关内容：我国历史的开端始于元谋人生活的时代，地域上涉及北方和南方，对元谋人、蓝田人的面上的介绍，有助于我们深入认识我国历史发端的概貌，如果只讲北京人，则这种概貌就不完整。学生从历史教科书的这段文本中要学习的是我国历史发端的有组织知识，而点面结合的方法则对文本中涉及的诸多知识提供了一个组织框架，使学习者将这些知识以有组织的方式加以习得。但学习者这里要学习的不是点面结合的写作手法，而是有组织的知识，点面结合的手法对这种有组织知识的学习起到支持、促进作用，相当于一种组织知识的图式。这样看来，社会科文本学习中的"文"的学习，是学生"道"的学习的重要条件或基础，但不是主要的学习目标。

二、文言文与英语课文学习的比较

语文学科中的文言文学习与英语学科中的课文学习有很大的类似性，将二者加以比较有助于我们更清楚地认识它们各自的学习规律。

文言文与英语课文中都体现着与现代汉语既有联系或类似又有区别的语法规则。如果将现代汉语的语法规则作为学生已经具备的原有知识基础看待，则这种原有知识基础对文言文中的语法规则学习的影响与对英语课文中的语法规则学习的影响一样，既有促进作用，有时也会有干扰作用。从文言文和英语课文中习得相应的语法规则时，学生现代母语语法规则的作用都应得到重视。此外，学习者从文言文和英语课文中学习相应的语法规则时，需要达到的掌握程度也有所区别。中小学生利用文言文学习其中的语法规则，如宾语前置、名词作动词用等，习得之后需要利用这些语法规则来理解新的文言句子，但不需要按这些规则来写出或说出文言句式来。而学生从英语课文中学习相应的语法规则时，既需要利用这些规则来理解新的句子的含义，又需要按这些规则写出或说出正确规范的英语句子来。

文言文学习和英语课文学习中都涉及大量的事实学习，这种事实学习主要是符号表征学习，即学习文言文的汉字符号代表的现代汉语的意思或英文的单词、固定短语代表的汉语意思。从学习的类型上看，二者没有什么区别，但在具体的学习机制上，二者又有所不同。对英语单词、固定短语，学习者头脑中通常不具备原有的联想，学习者看到 ethnology 这一生词，不会回想起与之相关的内容。而对于文言文中的字词，学习者头脑中通常具有相关的联想，如在现代汉语的词语学习中，学生知道了"同舟共济"中的"济"是"渡河"的意思，即在"济"和"渡河"之间形成了联系。在学习文言文"楚人未及济"时，"济"引发的"渡河"联想就有助于学生学习"济"的含义。但学生对文言字词形成的联想并不总是对文言字词意义的学习起促进作用，起干扰作用的情况也时常可见。如对于"是可忍，孰不可忍"，"当是时"等文言句子中的"是"，学生在现代汉语中形成的"是"是表示判断的动词，这一认识会对文言句子中"是"的学习起干扰作用。因而文言文中的字词意义的学习，要更多地考虑到学生有关这些字词的现代汉语意思的知识基础。此外，英语课文中单词的学习，除了要学习

195

单词代表的汉语意思外，还要以言语连锁的形式习得构成英语单词的字母或字母组合的顺序，这是英语单词学习的一项重要任务。但在文言文的字词学习中，除了个别生僻的文言字词外，许多字词的学习只需学习它们表示的现代汉语意思，而不需要对构成字词的部件进行学习，这种学习可能已在语文学科的现代汉语内容的学习中完成了。

相比较而言，文言文与英语课文的学习涉及到的学习结果、学习规律大体相同，最明显的不同之处是文言文的学习中学生具有的现代汉语的有关知识对其文言文学习有重要影响，这是需要学生和教师在文言文的学习与教学中给予特别关注的。

三、绘画与作文学习比较

绘画和作文是两个表面看来明显不同的学习任务，但细细分析之下，两者的学习规律却有很多相类似的地方，这就是说，阐明了两者在学习上的共同规律，原来会教学生绘画的老师也可以根据绘画学习的规律来指导学生的作文；原来会教学生作文老师，也可以根据作文学习的规律来指导学生的绘画，教师可以胜任两个不同任务的教学，从而有可能较好地完成综合学科的教学任务。

从学习结果的角度看，绘画与作文这两种明显不同的学习任务，要求学生习得的学习结果是相同的。根据布卢姆认知目标分类学（修订版）的观点，这两种学习任务都要求学生基于概念性知识、程序性知识和元认知知识创造一种产品，所不同的是，这种产品分别是画作和作文。学生要进行这种创造，需以各自学习任务中对不同知识的掌握为基础。如两者都需要构思、起草、修改的创造程序，都需要许多创作的规则。在作文的学习中，学生要学习用字、词、句等语言来表达思想，在绘画学习中，学生要学习用点、线、面、颜色、明暗等艺术语言来表达自己的思想。在作文学习中，学生要学习许多字、词、句表情达意的规则，如用褒义词表达赞赏的感情，用短的、有节奏感的句式表达欢快的感情，根据文章的中心对相关材料进行或详或略的记叙等；在绘画学习中，学生也要学习用艺术语言表情达意的规则，如用明亮的颜色突出主要的人物或事物，而对于次要的人物或事物，则用较暗的颜色，在安排画面内容时，将主要人物或中心人物放在画面的中央，其余人物或事物分散在四周，按"黄金分割比"的要求来安排画面的大小等。在绘画和作文的学习中，还涉及动作技能的学习。在作文学习中，不管是用笔书写还是电脑录入，学习者都要具备按一定时间和空间模式运、握笔或敲打键盘的动作，这种动作技能通常是在作文学习之前的识字、写字或阅读课上习得的。在绘画学习中，画作的最终完成是通过学习者的动作技能来实现的，如中国画画石的技法，通常是按起笔、运笔、皴擦的顺序完成的，每一步都涉及手及手腕部位肌肉的协调运动，这种肌肉运动是否符合相关的肌肉运动规则，是否流畅，会直接影响最终画作的质量。许多人、物的画法，不管是用铅笔还是水彩笔，虽然其中有智慧技能的成分（如刚才提及的构图规则），但最终完成画作都需要熟练的动作技能。绘画中的动作技能学习可以在绘画学习之前习得，也可以在绘画的同时进行学习和练习。

从学习方式上看，绘画和作文也颇为类似，二者的学习都涉及从例中学习。从例子的特性上看，绘画和作文的例证都是完整的作品（画作或作文），而创作作品的程序、步骤、规则却没有呈现在例证中，学习者看不到，这正如古语所云，"鸳鸯绣成与君看，不把金针度与人"。学习者仅仅观察、模仿最终的成品而学习不到导致成品的程序，这样学习的效率是很低的。作文学习中的"多读多写"，绘画学习中的"临摹画法"受到诟病就是这一情况的反映（姚今迈，1996）。为提高学生学习的效率，需要把作品完成的过程呈现给学习者。在作文教学中强调的认知示范，要求教师把自己写作文时心里所思所想的内容说给学生听，或者采用作文构思单的形式将导致作文的构思过程呈现给学生，让他们知道如何去构思和写作文。在绘画教学中，有优秀教师提出边讲边画的方法（姚今迈，1996），将画作完成的过程演示给学生看，而不只是挂出一幅画作直接要求学生模仿。还有教师在教绘画时，也不是只让学生照着实际物体（如树木）去画，而是教给学生观察树木的方法和树的生长规律，用这些规律来指导画树，发现学生的写生效果有明显改进（姚今迈，1996）。可见，不管是作文还是绘画，只要把作文或绘画的"金针"教给学生，就能促进他们的学习。这里的"金针"主要是一些导致或构成最终产品的规则、规律、程序等知识类型。

197

第三节　学科学习心理研究：心理学与教育相结合的必由之路

一、心理学与教育相结合的发展历程

梅耶考察了心理学创建至今100多年的时间内心理学与教育相结合走过的道路。他将这一发展历程划分为三个阶段：单向道阶段、死胡同阶段和双向道阶段（Mayer，2008）。

单向道阶段大致是在20世纪早期，这时的心理学家乐观地认为，心理学研究结果正确地应用于教育可以改进学校的教学，教育要接受心理学的指导。桑代克等心理学家曾在这方面作过尝试。如桑代克用其学习是形成联结的思想，分析了算术、阅读等学科中的许多联结。但总的来说，这种心理学到教育的单向运用在当时并没有取得明显成功，主要原因在于当时心理学的理论还不够成熟，不能为教育提供有力的指导。

死胡同阶段大致是在20世纪中期。在这一时期，心理学家和教育工作者对彼此的研究都不关注：心理学家醉心于实验室动物学习的研究，或者研究人在实验室环境中对无意义音节的学习，这些研究都远离教育实践；而教育工作者则关注具体的实践问题，如一种教学方法是否比另一种教学方法好，但在研究这些实

践中的问题时，他们很少用学生是如何学习的理论来加以指导。

双向道阶段大致从 20 世纪末开始至今。在这一阶段，心理学的理论和研究方法都有了大的发展。心理学家十分关注学生在真实的课堂环境中是如何学习的，尤其关注的是学生是如何学习算术、阅读、写作、科学等学校学科的，这使得心理学的研究较之以前的研究更贴近教育实际。此时，心理学与教育的关系是双向互惠的：心理学家通过阐明学生是如何学习与发展的而对教育实践提供指导；教育工作者则提出实践中的问题，要求心理学去研究学生在真实的学习情境中是如何学习的。

从心理学与教育相结合的发展历程来看，对学生在学校学科上如何学习的研究，关注的是学生在真实情境中的学习，其研究结果可对学科教育实践提供更有针对性的指导，同时，学生在学科学习中遇到的问题又可以推动心理学的研究不断深入，从而在心理学与教育之间形成一种良性互动的关系。下面结合学科学习的研究对学科学习心理研究的这一意义作进一步阐发。

二、心理学对教育实践的指导

心理学有关学生学习的研究对于我们深入认识和解决教育实践中遇到的问题颇有启发。

如当代学习心理学认为，学习是知识的建构（Mayer，2008），是学习者在头脑中建构或重新组织知识的表征。而导致学习者建构知识的机制是学习者的自我解释（self-explaining）活动，这是一种自己向自己解释以求弄清楚文本或其他媒介中呈现的新信息意义的活动（Chi，2000）。学生通过自我解释来进行知识建构和学习的规律在样例学习（参见本书第三章）和动作技能学习中很明显。在动作技能学习中，学习者完成练习后要有一段时间来对自己获得的和别人提供的反馈信息进行加工、解释，以便弄清楚这些反馈对于改进技能的意义（王小明，2009）。学习者对反馈信息的这种解释活动就是一种自我解释活动。

研究发现，自我解释活动是学生进行学习的重要机制，任何教学措施都要以支持、促进这种学习机制为要务，而不能干扰或替代这种学习机制，否则，学生的学习就会受到不良影响。为此，研究者们对教学措施的提供提出了一些建议。在样例学习中，一种重要的教学措施是教师为学生解释样例，这种活动被称为教学解释。伦考提出，在进行样例学习时，应当让学习者的自我解释尽可能地多，教学解释应尽可能少，而且最好应学习者的要求提供（Renkl，2002）。在动作技能学习中，一种重要的教学措施是给学习者提供结果的知识，有关结果的知识的研究也发现，在练习期间不宜过多、过于频繁地给学习者呈现结果的知识，练习后不宜立即呈现本次练习的结果的知识，以免干扰学习者对反馈信息的加工，而且，最好由学习者来决定何时呈现结果的知识（王小明，2009）。

世纪之初我国开展的教育改革，倡导"自主、合作、探究"的学习方式。在教育实践中，教育工作者很困惑的问题是，教师的讲授还要不要了？教师讲授是否与学生的探究相冲突？从心理学对学生学习机制的研究来看，这一问题很容易理解。不管是探究还是讲授，最终目的是一样的，那就是要促进学生的学习。要用好这两种教学的方式，就需要教师了解学生是怎样学习的。而学习心理学的研究告诉我们，学生自我解释的建构活动是其学习的重要机制，任何教学措施都要围绕这一机制进行选择和设计。和教学解释与结果的知识的提供一样，教师的讲授是有必要的，如在学生的探究活动中，学生有很多进行自我解释的机会，但在学生难以作出自我解释或其自我解释有错误时，就需要教师的讲授。但教师的讲授不宜过多，以免干扰或抑制学生的自我解释活动，而且最好应学生的要求进行讲授。江苏洋思中学提出了"先学后教，当堂训练"的教学改革措施，其中对讲授的处理，强调在学生事先学习的基础上由已经学好的学生或教师有针对性地进行讲授，这样就使得讲授更好地适应了学生学习的规律，从而能起到促进学生学习的作用。脱离对学生学习机制的考察来孤立地探讨讲授和发现、探究孰优孰劣，对改进教师的教学实践是没有多大助益的。

199

三、教育实践推动心理学研究深入发展

心理学的现有理论和研究不解决教育实践中的所有问题，因而教育实践中冒出的问题其实给心理学提出了具体的研究课题，对这些问题的深究，也会促进心理学理论朝着更贴近教育实践的方向发展。

如在初中数学教学中，实践者遇到如下的操作几何和演绎几何的问题：对"三角形的内角和等于180°"这一定理，是让学生通过操作将多个三角形拼在一起而得出这一定理，还是应通过几何证明的方法来导出这一定理？再推而广之，"两个负数相乘，结果为正"。为让学生习得这一规则，是直接告诉初中学生"负负得正"的计算规则还是通过复杂的证明来得出负负相乘为什么为正的结论？心理学的学习理论认为，不能让学生孤立地学习程序性知识（如计算的程序、规则），还要让学生习得这些程序为什么是这样的道理，即陈述性知识，这样所习得的程序性知识才能有较好的迁移效果。这似乎说明，对"三角形的内角和等于180°"、"负负得正"的学习，还要让学生学习为什么是这样的道理，正如学"长方形的面积等于长乘以宽"的同时，还要学习面积为什么等于长乘以宽的道理。这样的解释并不能消除实践者的困惑：几何和代数的证明对于一定年龄阶段的学习者而言显得过于繁难，是不是值得学习者学习这些内容？或者学习这些证明对他们以后的学习到底有什么效果？这种效果在不同内容领域（如几何

和代数）是否一样？心理学对陈述性知识与程序性知识关系的看法是就一般情况而论的，实践中提出的问题其实是在要求心理学的理论在具体的内容领域得到进一步的验证乃至发展，使学习的理论能够更深入细致、更有针对性地解决或解释学科教学实践中的具体问题。

【建议参考资料】

1. 王小明. 学科心理学的过去、现在与未来［J］. 宁波大学学报（教育科学版），1999（2）.

2. 王小明. 教学论——心理学取向［M］. 上海：上海教育出版社，2005.

3. 迈耶. 教育心理学的生机——学科学习与教学心理学［M］. 姚梅林，严文蕃，译. 南京：江苏教育出版社，2005.

4. 皮连生. 教学设计［M］. 2 版. 北京：高等教育出版社，2009.

【问题与思考】

1. 学科学习心理的研究如何促进心理学与教学的结合？

2. 梅耶提出的心理学与教育相结合的三阶段是什么？

3. 英语、社会科中的概念性知识学习有什么特殊之处？

4. 阐释学生从文本中进行学习的心理学规律。

5. 从学习结果类型及学习规律的角度，比较学生学习英语课文和学习语文课文的异同。

6. 举例说明对不同学科学习规律的比较如何促进对特定学科学习规律的认识。

参考文献

中文参考文献：

1. 安德森. 学习，教学和评估的分类学：布卢姆教育目标分类学 [M]. 皮连生，译. 上海：华东师范大学出版社，2008.

2. 奥苏伯尔，诺瓦克，黑伊西. 教育心理学：认知观点 [M]. 佘星南，译. 北京：人民教育出版社，1994.

3. 班杜拉. 思想与行动的社会基础：社会认知论 [M]. 林颖，译. 上海：华东师范大学出版社，2001.

4. 包育彬，陈素燕. 中学英语任务教学的策略与艺术 [M]. 杭州：浙江大学出版社，2004.

5. 鲍尔，希尔加德. 学习论：学习活动的规律探索 [M]. 邵瑞珍，译. 上海：上海教育出版社，1987.

6. 蔡道法. 数学教育心理学 [M]. 上海：上海科技教育出版社，1993.

7. 曹才翰，章建跃. 数学教育心理学 [M]. 北京：北京师范大学出版社，1999.

8. 查如棠，金正扬，徐金海，徐家良. 袁瑢语文教学三十年 [M]. 上海：上海教育出版社，1983.

9. 陈尔寿. 中国著名特级教师教学思想录（中学地理卷）[M]. 南京：江苏教育出版社，1997.

10. 陈刚. 自然学科学习与教学设计 [M]. 上海：上海教育出版社，2005.

11. 成尚荣. 引领孩子们亲历科学：小学科学教学案例解读 [M]. 南京：江苏教育出版社，2001.

12. 德里斯科尔. 学习心理学：面向教学的取向 [M]. 王小明，译. 上海：华东师范大学出版社，2008.

13. 冯忠良. 教育心理学 [M]. 北京：人民教育出版社，2000.

14. 高觉敷，叶浩生. 西方教育心理学发展史 [M]. 福州：福建教育出版社，1996.

15. 顾黄初，李杏保. 二十世纪后期中国语文教育论集 [M]. 成都：四川教育出版社，2000.

16. 顾黄初. 语文教育论稿 [M]. 北京：人民教育出版社，1995.

17. 郝京华. 科学（3—6年级）课程标准（实验稿）解读 [M]. 武汉：湖北教育出版社，2002.

18. 何更生，吴红耘. 语文学习与教学设计（中学卷）[M]. 上海：上海教育出版社，2004.

19. 邹贤敏. 洪镇涛：打开"学习语言"的大门 [M]. 武汉：湖北教育出版社，2001.

20. 胡本炎. 小学数学教育心理研究 [M]. 上海：华东师范大学出版社，1998.

21. 胡谊. 专长心理学：解开人才及其成长的密码［M］. 上海：华东师范大学出版社，2006.

22. 黄爱华. 黄爱华与智慧课堂［M］. 北京：北京师范大学出版社，2006.

23. 黄远振. 新课程英语教与学［M］. 福州：福建教育出版社，2003.

24. 加涅，韦杰，戈勒斯，等. 教学设计原理［M］. 王小明，庞维国，陈保华，等，译. 5 版. 上海：华东师范大学出版社，2007.

25. 加涅. 学习的条件和教学论［M］. 皮连生，王映学，郑葳，等，译. 上海：华东师范大学出版社，1999.

26. 贾冠杰. 外语教育心理学［M］. 南宁：广西教育出版社，1996.

27. 瞿葆奎. 教育学文集：教学（下册）［M］. 北京：人民教育出版社，1990.

28. 李海林. 1978—2005 语文教育研究大系（理论卷）［M］. 上海：上海教育出版社，2005.

29. 李培俊. 学习学概论［M］. 北京：国防工业出版社，2006.

30. 李培实. 中国著名特级教师教学思想录（小学自然卷）［M］. 南京：江苏教育出版社，1996.

31. 李士锜. PME：数学教育心理［M］. 上海：华东师范大学出版社，2001.

32. 林崇德. 发展心理学［M］. 北京：人民教育出版社，1995.

33. 刘植义. 中国著名特级教师教学思想录（中学生物卷）［M］. 南京：江苏教育出版社，1997.

34. 卢新祁. 小学科学教学法［M］. 长春：东北师范大学出版社，2005.

35. 吕叔湘. 吕叔湘语文论集［M］. 北京：商务印书馆，1983.

36. 马俊明. 中国著名特级教师教学思想录（中学外语卷）［M］. 南京：江苏教育出版社，1997.

37. 迈耶. 教育心理学的生机［M］. 姚梅林，译. 南京：江苏教育出版社，2005.

38. 莫海玲. 我国初中物理教科书中的前概念研究［D］. 上海：华东师范大学课程与教学系，2010.

39. 聂幼犁. 中学历史教育论［M］. 上海：学林出版社，1999.

40. 宁鸿彬. 语文教学的思考与实践［M］. 北京：教育科学出版社，1998.

41. 皮连生，王小明，王映学. 现代认知学习心理学［M］. 北京：警官教育出版社，1998.

42. 皮连生. 教学设计［M］. 2 版. 北京：高等教育出版社，2009.

43. 皮连生. 教育心理学［M］. 3 版. 上海：上海教育出版社，2004.

44. 皮连生. 教育心理学［M］. 4 版. 上海：上海教育出版社，2011.

45. 皮连生. 学与教的心理学［M］. 3 版. 上海：华东师范大学出版社，2003.

46. 皮连生. 知识分类与目标导向教学：理论与实践［M］. 上海：华东师范大学出版社，1998.

47. 皮连生. 智育心理学［M］. 北京：人民教育出版社，1996.

48. 皮连生. 智育心理学［M］. 2 版. 北京：人民教育出版社，2008.

49. 钱学森. 关于思维科学［M］. 上海：上海人民出版社，1986.

202

50. 乔际平. 物理学习心理学［M］. 北京：高等教育出版社，1991.

51. 邵瑞珍. 学与教的心理学［M］. 上海：华东师范大学出版社，1990.

52. 申克. 学习理论：教育的视角［M］. 韦小满，译. 3 版. 南京：江苏教育出版社，2003.

53. 沈蘅仲. 语文教学散论［M］. 上海：上海教育出版社，1983.

54. 史密斯，雷根. 教学设计［M］. 庞维国，译. 3 版. 上海：华东师范大学出版社，2008.

55. 苏寿桐. 中国著名特级教师教学思想录（中学历史卷）［M］. 南京：江苏教育出版社，1997.

56. 孙春福. "至于"造句指导一得：《给颜黎民的信》课后练 3 的教学［J］. 小学语文教师，1992（4）.

57. 孙鸣. 英语学习与教学设计：学科教学论新体系［M］. 上海：上海教育出版社，2004.

58. 陶成生. 新课标在实践中出现的问题［J］. 语文建设，2002（12）：16.

59. 王本华. 重读张志公·走进新课标：语文教育现代化［M］. 武汉：湖北教育出版社，2004.

60. 王凯符，孙移山. 写作概论［M］. 北京：光明日报出版社，1986.

61. 王小明. 语文学习与教学设计（小学卷）［M］. 上海：上海教育出版社，2004.

62. 王小明. 教学论：心理学取向［M］. 上海：上海教育出版社，2005.

63. 王小明. 学习心理学［M］. 北京：中国轻工业出版社，2009.

64. 王旋. 语文能力结构初探［M］//蔡澄清. 全国语文特级教师教学经验选. 合肥：安徽教育出版社，1986.

65. 魏永红. 任务型外语教学研究［M］. 上海：华东师范大学出版社，2004.

66. 吴本虎. 英语学习策略［M］. 合肥：安徽教育出版社，2002.

67. 吴铎. 中国著名特级教师教学思想录（中学政治卷）［M］. 南京：江苏教育出版社，1997.

68. 吴慧珠. 中国著名特级教师教学思想录（小学思想品德卷）［M］. 南京：江苏教育出版社，1996.

69. 谢德民. 论学习：学习科学与学习指导的探索［M］. 北京：人民出版社，1992.

70. 许燕. 场依存性与数学应用题教学初探［M］//谢斯俊，张厚粲. 认知方式：一个人格维度的试验研究. 北京：北京师范大学出版社，1988：118–132.

71. 严文清，郭跃进. 初中英语新课程教学法［M］. 长春：东北师范大学出版社，2004.

72. 杨心德，蔡维静. 社会学科学习与教学设计［M］. 上海：上海教育出版社，2005.

73. 杨远军. 语感的特征和养成［J］. 语文教学与研究，1997（12）：34.

74. 杨再隋. 中国著名特级教师教学思想录（小学语文卷）［M］. 南京：江苏教育出版社，1996.

75. 姚今迈. 中国著名特级教师教学思想录（中小学美术卷）［M］. 南京：江苏教育出版社，1996.

76. 叶圣陶. 叶圣陶语文教育论集（上下册）［M］. 北京：教育科学出版社，1980.

77. 伊红，钟旭天，陈士军. 初中数学教学案例专题研究［M］. 杭州：浙江大学出版社，2005.

78. 于友西，叶小兵，赵亚夫. 历史学科教育学［M］. 北京：首都师范大学出版社，1999.

79. 郁波. 走进课堂：小学科学新课程案例与评析［M］. 北京：高等教育出版社，2003.

80. 喻伯军. 小学科学教学案例专题研究［M］. 杭州：浙江大学出版社，2005.

81. 张奠宙. 中国数学双基教学［M］. 上海：上海教育出版社，2006.

82. 张光璎，杨丽娜. 北京市特级教师小学语文教案精选［M］. 北京：首都师范大学出版社，1995.

83. 张卿. 学与教的历史轨迹［M］. 济南：山东教育出版社，1995.

84. 教育部师范教育司. 张思中与十六字外语教学法［M］. 北京：北京师范大学出版社，2006.

85. 张伟. 张伟小学语文"球形"阅读教学原理与应用［M］. 济南：山东教育出版社，1997.

86. 张宪魁. 物理科学方法教育［M］. 青岛：青岛海洋大学出版社，2000.

87. 章兼中，俞红珍. 英语教育心理学［M］. 北京：警官教育出版社，1998.

88. 章兼中. 外语教学心理学［M］. 合肥：安徽教育出版社，1986.

89. 赵恒烈. 赵恒烈历史教育选集［M］. 北京：人民教育出版社，2005.

90. 郑桂华，王荣生. 1978—2005 语文教育研究大系（中学教学卷）［M］. 上海：上海教育出版社，2007.

91. 郑君文，张恩华. 数学学习论［M］. 南宁：广西教育出版社，1996.

92. 中国教育学会地理教学研究会. 地理教学研究（第二辑）［M］. 上海：上海教育出版社，1984.

93. 中国教育学会地理教学研究会. 地理教学研究（第三辑）［M］. 上海：上海教育出版社，1986.

94. 中华人民共和国教育部. 科学（3—6 年级）课程标准（实验稿）［S］. 北京：北京师范大学出版社，2001.

95. 中华人民共和国教育部. 生物课程标准（实验稿）［S］. 北京：北京师范大学出版社，2001.

96. 中华人民共和国教育部. 物理课程标准（实验稿）［S］. 北京：北京师范大学出版社，2001.

97. 中华人民共和国教育部. 英语课程标准（实验稿）［S］. 北京：北京师范大学出版社，2001.

98. 钟德赣，吴惟粤，冯起德. 钟德赣中学语文反刍式单元教学法［M］. 济南：山东教育出版社，1999.

99. 周桂海. 洋思教学模式解读：我这样教数学［M］. 南京：南京师范大学出版社，2003.

英文参考文献:

1. ALEXANDER P A. Psychology in learning and instruction [M]. Upper Saddle River, N. J. : Pearson/ Merrill Prentice Hall, 2006.

2. ANDERSON L W, KRATHWOHL D R, BLOOM B S. A taxonomy for learning, teaching and assessing: a revision of Bloom's taxonomy of educational objectives [M]. New York: Longman, 2001.

3. ANDERSON J R, SHUNN C D. Implications of the ACT-R learning theory: no magic bullets [M] // GLASER R. Advances in instructional psychology: educational design and cognitive science. Hillsdale, N. J. : Lawrence Erlbaum Associates, 2000.

4. ANDERSON J R. Acquisition of cognitive skill [J]. Psychological Review, 1982, 89 (4): 369 –406.

5. ANDERSON J R. Learning and memory: an integrated approach [M]. 2nd. ed. New York: John Wiley & Sons, Inc. , 2000.

6. ATKINSON R K, DERRY S J, RENKL A, et al. Learning from examples: instructional principles from the worked examples research [J]. Review of Educational Research, 2000, 72 (2): 181 –214.

7. BRUER J T. Schools for thought: a science of learning in the classroom [M]. Cambridge, Mass. : The MIT Press, 1993.

8. BRUNING R H, SCHRAW G J, RONNING R R, et al. Cognitive psychology and instruction [M]. 2nd. ed. Upper Saddle River, N. J. : Pearson/ Merrill Prentice Hall, 1995.

9. BRUNING R H, SCHRAW G J, NORBY M M. Cognitive psychology and instruction [M]. 5th. ed. Boston: Pearson, 2011.

10. BUEHL M M, ALEXANDER P A, MURPHY P K. Beliefs about schooled knowledge: domain specific or domain general? [J]. Contemporary Educational Psychology, 2002 (27): 416.

11. CHI M T H. Self-explaining expository texts: the dual processes of generating inferences and repairing mental medels [M] // GLASER R. Advances in instructional psychology. Vol. 5. Hillsdale, N. J. : Lawrence Erlbaum Associates, 2000: 164.

12. COVINGTON M V. The will to learn: a guide for motivating young people [M]. Cambridge, Eng. : Cambridge University Press, 1998.

13. CORTE E. Instructional psychology: overview [M] // CORTE E, WEINERT F E. International encyclopedia of developmental and instructional psychology. New York: Pergamon, 1996: 35 – 36.

14. EGGEN P, KAUCHAK D. 教育心理学:透视课堂 [M]. 西安:陕西师范大学出版社, 2005.

15. EYSENCK M W. The blackwell dictionary of cognitive psychology [M]. Cambridge, Mass. : Basil Blackwell, 1990.

16. FARNHAM-DIGGORY S. Cognitive processes in education [M]. 2nd. ed. New York: Harper Collins Publishers, 1992.

17. GAGNÉ E D, YEKOVICH C W, YEKOVICH F R. The cognitive psychology of school

learning [M]. 2nd. ed. New York: Harper Collins, 1993.

18. HALL J F. Learning and memory [M]. 2nd. ed. Boston: Allyn and Bacon, 1989.

19. HARRIS T H, COOPER E J. Reading, thinking, and concept development: strategies for the classroom [M]. New York: College Entrance Examination Board, 1985.

20. KAHNEY H. Problem solving: current issues [M]. 2nd. ed. Buckingham: Open University Press, 1993.

21. LEAHEY T H, HARRIS R J. Learning and cognition [M]. 5th. ed. Upper Saddle River, N. J. : Pearson/Merrill Prentice Hall, 2001.

22. LEHMANN A C, ERICSSON K A. Research on expert performance and deliberate practice [M] //SMITH P K, PELLEGRINI A D. Psychology of education: major themes. Vol. III. London: Routledge Falmer, 2000: 406 – 410.

23. MARKMAN A B, GENTNER D. Thinking [J]. Annual Review of Psychology, 2001 (52): 231.

24. MAYER R E, CHANDLER P. When learning is just a click away: does simple user interaction foster deeper understanding of multimedia messages? [J]. Journal of Educational Psychology, 2001, 93 (2): 391.

25. MAYER R E. Educational psychology: a cognitive approach [M]. Boston: Little, Brown and Company, 1987.

26. MAYER R E. Learning and instruction [M]. Upper Saddle River, N. J. : Merrill Prentice Hall, 2003.

27. MAYER R E. The promise of educational psychology: learning in the content areas [M]. Upper Saddle River, N. J. : Merrill Prentice Hall, 1999.

28. MAYER R E. Learning and instruction [M]. 2nd. ed. Upper Saddle River, N. J. : Pearson/ Merrill Prentice Hall, 2008.

29. MAYER R E. Multimedia learning [M]. Cambridge, Eng. : Cambridge University Press. 2001.

30. MAYER R E. Multimedia learning [M] //ROSS B H. The psychology of learning and motivation. Boston: Academic Press, 2002 (41): 125 – 128.

31. MAYER R E. Should there be a three-strikes rule against pure discovery learning? [J]. American Psychologist, 2004, 59 (1): 14 – 19.

32. MEDIN D L, ROSS B H, MARKMAN A B. Cognitive Psychology [M]. 4th. ed. New York: John Wiley & Sons, Inc. , 2005.

33. ORMROD J E. Educational psychology [M]. Upper Saddle River, N. J. : Pearson/Merrill Prentice Hall, 2006.

34. PRESSLEY M, WOLOSHYN V. Cognitive strategy instruction that improves children's academic performance [M]. 2nd. ed. Brookline , Mass. : Brookline Books, 1995.

35. RENKL A, HILBERT T, SCHWORM S. Example-based learning in heuristic domains: a cognitive load theory account [J]. Educational Psychology Review, 2009 (21): 72 – 73.

36. RENKL A, ATKINSON R K. Learning from examples: fostering self-explanations in com-

puter-based learning environments [J]. Interactive Learning Environments, 2002, 10 (2).

37. RENKL A. Worked-out examples: instructional explanations support learning by self explanations [J]. Learning and Instruction, 2002 (12): 529-556.

38. RESNICK L B, FORD W W. The psychology of mathematics for instruction [M]. Hillsdale, N. J.: Lawrence Erlbaum Associates, 1981.

39. RESNICK L B. Instruction and the cultivation of thinking [M] //CORTE E. Learning and instruction: European research in an international context. Vol. 1. Leuven: Leuven University Press, 1987: 433.

40. ROSENSHINE B, MEISTER C. Cognitive strategy instruction in reading [M] //SHIMRON J. Literacy and education: essays in memory of Dina Feitelson. Cresskill, N. J.: Hampton Press, Inc., 1996.

41. SAMUELS S J. Adults use of text structure in the recall of a scientific journal article [J]. The Journal of Educational Research, 1988, 81 (3): 171.

42. SAWYER R K. The cambridge handbook of the learning sciences [M]. Cambridge, Eng.: Cambridge University Press, 2006.

43. SCHMIDT R A, LEE T D. Motor control and learning: a behavioral emphasis [M]. 3rd. ed. Champaign, I. L.: Human Kinetics, 1999.

44. SCHOTT F, DRISCOLL M P. On the architectonics of instructional theory [M] // TENNYSON R D. Instructional design: international perspective: Vol. 1: theory, research, and models. Hillsdale, N. J.: Lawrence Erlbaum Associates, 1997: 160.

45. STERNBERG R J, BEN-ZEEV T. Complex cognition: the psychology of human thought [M]. Oxford: Oxford University Press, 2001: 301.

46. VAN MERRIËNBOER J J G, SLUIJSMANS D M A. Toward a synthesis of cognitive load theory, four-component instructional design, and self-directed learning [J]. Educational Psychology Review, 2009 (21): 56.

47. VYGOTSKY L S. Mind in society: the development of higher psychological processes [M]. Cambridge Mass.: Harvard University Press, 1978.

48. WOOLEVER R M, SCOTT K P. Active learning in social studies: promoting cognitive and social growth [M]. Glenview: Scott, Foresman and Company, 1988.

49. ZHU X M, SIMON H A. Learning mathematics from examples and by doing [J]. Cognition and Instruction, 1987, 4 (3): 159.

图书在版编目（CIP）数据

学习心理学 ／ 王小明著. –北京：开明出版社，2012.10（2020.11 重印）

（新世纪心理与心理健康教育文库）

ISBN 978–7–5131–0227–8

Ⅰ.①学… Ⅱ.①王… Ⅲ.①学习心理学 Ⅳ.①G442

中国版本图书馆 CIP 数据核字（2011）第 119644 号

责任编辑：吴晨紫　王桢　刘智娜　何妍

书　　名：学习心理学

出 品 人：焦向英

出　　版：开明出版社

　　　　　（北京海淀区西三环北路 25 号 邮编 100089）

经　　销：全国新华书店

印　　刷：天津行知印刷有限公司

开　　本：700×1000 1/16

印　　张：13.5

字　　数：198 千字

版　　次：2012 年 10 月 北京第 1 版

印　　次：2020 年 11 月 第 4 次印刷

定　　价：36.00 元

印刷、装订质量问题，出版社负责调换货　　联系电话：(010)88817647